新装版『大日経』入門

慈悲のマンダラ世界

頼富本宏
Motohiro Yoritomi

大法輪閣

『大日経』入門

——慈悲のマンダラ世界

目次

装丁……Malpu Design（清水良洋）
カバー・扉写真……香川県歴史博物館・両界マンダラより、胎蔵マンダラ（頼富本宏監修・中村佳睦筆）

私たちの大日経

暮らしの中の密教

◇高野山の石塔群

団体で高野山に参ることを「団参」というが、いくら地元の観光バスを使っていても、高野山上に着くと、現地の観光案内人が待ち受けていて、奥の院や大塔・金堂などを案内してくれる。

とくに豊臣秀吉・明智光秀・徳川家康などの戦国大名をはじめ、歴史上の有名人のお墓が立ち並ぶ奥の院への参道では、案内人が落語家はだしのオチを持った軽妙な話で参詣人の笑いを取ってゆく。むしろ、正統派といおうか、堅い話しかしない案内人にあたると、何か損をした気になるタチの悪い参詣人もいるようだ。

ところで、「豊臣秀吉」のお墓も結構だが、少し知識のある人とか、知的レヴェルの高い参詣人になると、むしろ「墓」の形の方に注目する。裏参道の昭和の高度経済成長の時期に、財力と宣伝力とプラス信仰心で建てられたお墓は、一部に常識的、もしくは伝統的考えで建てられたお墓もないではないが、企業のイメージをダイレクトに表現した一種の広告塔の意味も兼ね具えている。

ところが、表参道の墓の多く、とくに徳川初期に建てられた石塔は、多くは五種類の形、つまり下から方形・円形・三角形・半円形・宝珠形を積み重ねた仏塔、すなわち五輪塔である。

もちろん、少し気のきいた案内人になると、単に笑いを取るだけではなく、高野山に巨石の生産がないこと、瀬戸内海の島から切り出したものが多いこと、中をくり抜いて軽くして船で運んだことなどを教えてくれることもある。

しかし、毛利家・松平家・浅野家など数基並んだ五輪塔の前で、五つの石にそれぞれ刻まれた地・水・火・風・空について説明してくれることはあっても、その意味や出典にまで話をしてくれることは少ない。

とはいえ、百聞は一見に如かずであり、高野山のイメージの一つとして、林立する墓石群、とくに巨大な五輪塔があり、それがひいては密教の新鮮なインパクトになっていることも忘れてはならない。

◇歯痛止めのまじない

最近でこそ都会部では、まず聞かれなくなったが、小さな子供が虫歯が痛んで泣きじゃくっているとき、年寄りのおばあさんが「アビラウンケン・ソワカと言ってごらん」と教えてくれたり、実際そのように書いた御札を頬ぺたに張ってくれたこともあったという。

もちろんそこでは、気絶した際に、昔、わらじを額に乗せていたのと同様に、いわゆる呪術の一種であって、対象に対する働きかけに重点が置かれているが、意味や根拠がはっきりしないわらじの場合とは異なって、少なくとも「アビラウンケン」とは、密教の中心である大日如来の真言であることは事実である。

また、その真言は、先に触れた五輪塔とも密接な関係を有している。後にこの本の中で詳しく取り上げたいが、五つの形から成る五輪塔は、下から順に地《ち》・水《すい》・火《か》・風《ふう》・空《くう》という五種の存在要素を垂直に配列

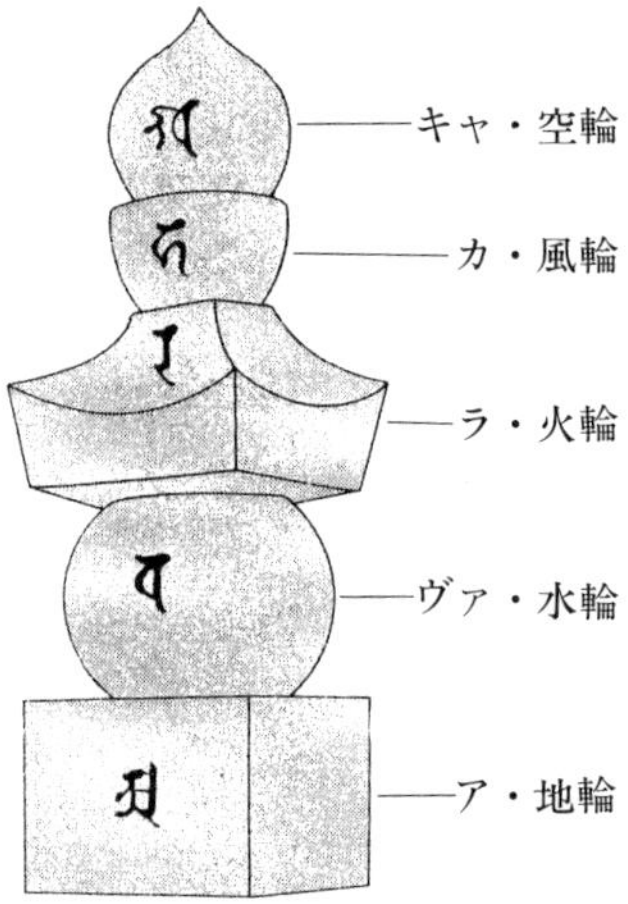

地・水・火・風・空を象徴する五輪塔

しているが、これを古代インドの聖語である梵語の文字、つまり梵字で表現すると、図のようにア・ヴァ・ラ・カ・キャとなる。

そして、この五つの文字を多少改変して、とくに第二番目のヴァを変化させたヴィとラを合わせて「勇者」（ヴィーラ）という意味を含み込ませたのが、密教の中心であり、とりわけ『大日経《だいにちきょう》』の本尊となる大日如来《だいにちにょらい》の真言となる「ア・ヴィ・ラ・ウン・ケン」なのである。

それが民間では、いつしか歯痛止めのまじないとして用いられているのが、何ともほほえましいといえる。

◇大日という名前

大日如来というほとけ、そしてそのほとけが本尊となって説かれる『大日経』という経典から由来する「大日」という言葉は、注意深く探せば私たちの日常生活の中にもいろいろと見出すことができる。

私は、平成七年一月に予期せぬ大震災にあった神戸市に住んでいるが、中央区という所に「大日通り」という区画がある。そこにある市場は「大日市場《いちば》」という。

「大日寺」という寺名が多いのは当然予想されることで、真言宗と天台宗を中心に全国に相当数存在しているが、最もわかりやすい例でいえば、弘法大師空海の開創と伝えられる四国八十八か所霊場の中にも、「大日寺」が三か寺含まれている。

すなわち、第四番と第十三番（いずれも徳島県）と第二十八番（高知県）の三か寺だが、四番と二十八番が寺名の通り大日如来を本尊とするのに対し、十三番の大日寺は、寺伝では弘法大師が大日如来像を刻み、堂宇を建立し、その尊像を本尊として「大日寺」としたとあるが、中世には阿波一宮《いちのみや》神社の別当寺《べっとうじ》であったので、明治の神仏分離にあたり、一宮の本地仏であった十一面観音を本尊として安置したという。

そういう特殊な事情で、現在は寺名の由来する大日如来像は脇仏となっている。古い寺になると、それぞれ歴史的栄枯盛衰の事情があるので、寺名や本尊が変わることも決して珍しくないが、原則として大日如来を祀るのが大日寺と考えて矛盾はない。

◇霊山と大日

寺名と並んで、意外と「大日」という名前が多く見られるのが、山岳の名称である。登山やトレッキングが好きな方は、新潟県北東部の飯豊《いいで》連峰の副峰・大日岳（二一二八メートル）を御存知かも知れないが、やはり「大日」の名称が多く見られるのは、山岳マンダラを形成する大峯《おおみね》・立山《たてやま》・白山《はくさん》などの霊山である。

まず、山岳修験、つまり山伏のメッカである大峯山の峰入りでは、吉野の金峯山寺《きんぷせんじ》からスタートする逆峰《ぎゃくぶ》コースにおいて、山上ケ岳・普賢ケ岳・仏性ケ岳・釈迦ケ岳とほとけの名前を持つ峰々を見て、ちょうど中間あたりに位置する大日岳に至る。そして、前鬼山《ぜんきさん》を経由して、地蔵岳から熊野本宮・新宮の方に下ってゆくのである。

また、北陸の名山である立山連峰では、阿弥陀如来の極楽浄土に擬される弥陀《みだ》ヶ原の北部に前大日岳（一七七九メートル）・大日岳（二四九八メートル）・奥大日岳（二六〇六メートル）の山々が連なっている。これらの連山の扇状地は、大日平《だいにちだいら》と呼ばれている。

立山と並ぶ北陸の名山である白山にも、「大日」の名前を持つ峰がある。それは、両白《りょうはく》山地の西端、福井県と石川県の県境に位置する大日山（一三六八メートル）で、ほとけの名前を持つ峰の少ない白山連峰では珍しい存在である。なお、加賀馬場《かがばんば》を貫流する手取《てどり》川の支流に大日川があるが、この川は大日岳に源を発している。

このように、大峯・立山・白山・飯豊などの霊山に「大日」の冠称を持つ山や岳が数多く見られることは決して偶然ではなく、聖なる山の世界が一種の聖域空間であるマンダラと等置されるとともに、密教の代表的なほとけである大日如来の名称を持つに至ったのであろう。

◇十三仏との出会い

必ずしも大日如来に限定されないが、私たちが多くのほとけたちにまじって大日如来の名前を見出すのは、身近な人が亡くなったあとの喪中の供養（逮夜《たいや》参り）とその後に定期的に営まれる法事のときに、それぞれ司るとされる十三種のほとけのグループである。これを十三仏《じゅうさんぶつ》と呼んでいることは御承知の方も多いと思う。

十三仏は、インドの仏教ですでに説かれていた中有《ちゅうう》（中陰《ちゅういん》ともいい、前世の寿命が尽きてから次の生へ輪廻転生するまでの中間的生存期間）の思想と、死後に前世の宗教的・倫理的判定を行う中国の十王《じゅうおう》思想が融合した上に、さらに日本の諸仏救済信仰が加重されて出来上ったものであり、室町時代の頃には、次のような仏事と、それぞれを司り、救済するほとけが配当されていたという。

(1)初七日忌　不動明王
(2)二七日忌　釈迦如来
(3)三七日忌　文殊菩薩
(4)四七日忌　普賢菩薩
(5)五七日忌　地蔵菩薩
(6)六七日忌　弥勒菩薩
(7)七七日忌　薬師如来
(8)百か日忌　観音菩薩
(9)一周忌　勢至菩薩
(10)三回忌　阿弥陀如来
(11)七回忌　阿閦《あしゅく》如来
(12)十三回忌　大日如来
(13)三十三回忌　虚空蔵《こくうぞう》菩薩

この十三仏の中では、大日如来は比較的遅い法事である十三回忌を司るとされている。最後の虚空蔵菩薩がなぜ法事の区切りともいえる三十三回忌に配当されたかについては、教義的・歴史的にもさらなる議論が必要であろうが、おそらく女子の十三参りに象徴される「十三」番目という概念が働いたものと考えられる。

その他のほとけたちの配列に関しては、不動明王が新仏の供養の最初にあたる初七日忌を司り、また地蔵菩薩が中有の一つの峠である五七日《ごしちにち》（三十五日）、薬師如来が『薬師経』に説かれる四十九灯明、四十九遍読経など、四十九というキーナンバーから七七日忌《しちしちにち》(四十九日)に配当されることはある程度納得がゆく。

また、釈迦如来の後に、脇侍を形成する文殊と普賢の両菩薩が、阿弥陀如来の前に同じく脇侍となる観音と勢至の両菩薩が位置することも自然の勢いといえる。

そして、問題の大日如来が十三回忌という遅い法事に配当され、同じく七回忌にやはり密教で重視された阿閦如来が前後して並んでいるのは、どうも両如来が「死」とは少し薄い関係で考えられていたような気がしてならない。

もちろん「ほとけ」である以上、死とは無関係でなく、現実に民間でいわれる「成仏」は、「迷わず成仏して下さい」という言葉がポピュラーなように「死に帰する」ニュアンスが濃いが、大日如来に代表される密教のほとけは、「即身成仏《そくしんじょうぶつ》」という重要概念と結びついて、生死を超越した理念性が顕著であるために、死者・亡者《もうじゃ》の追善回向《ついぜんえこう》の要素が色濃い十三仏の中では、終りに近い第十二番目のほとけとして扱われたのであろう。

◇空海が見出した『大日経』

いささか多岐にわたりすぎたが、現在の日本において、大日如来に代表される「大日」という用語とそれと直接に関連する諸事象を紹介した。そして、それを生み出した特筆すべき経典が、世にいう『大日経』であることはもう御理解いただけたと思う。

この『大日経』と総称される経典に関する漢訳とチベット訳の資料、残されている注釈書、経典そのもの成立事情、そして何よりもそこに説かれている重要な思想については、今後詳しく説明する予定であるが、この講義を始める最初として、『大日経』の不思議な御縁を紹介しておきたい。

まず、この『大日経』の重要性に最も早く気付いた日本人が誰であったかということだが、『今昔物語』にもあるように、それは入唐《にっとう》前の若き空海であったといわれている。

『今昔物語』の巻十一の「弘法大師、唐に渡り、真言の教えを伝えて帰り来れること」において、次のような話が伝えられている。

四国の室戸崎などで虚空蔵菩薩求聞持法《ぐもんじほう》を修法《しゅほう》し、明星が口に入るという神秘体験を得た空海は、そののち仏教の真髄を知りたいと仏に祈念すると、夢で『大毘盧遮那経《だいびるしゃなきょう》』(すなわち『大日経』)がそれであると教えられた。そして大和国の久米寺《くめでら》でこの経を見つけたが、理解に苦しみ、これを習うために延暦二十三年(八〇四)、遣唐使船に便乗して唐に渡ったという。

学問的にいうと、この話は『今昔物語』よりも時代的に遡る一連の『御遺告《ごゆいごう》』に認められる。より古い史料を探せば、直弟子の一人であった神護寺の真済《しんぜい》僧正に帰せられる『空海僧都《そうず》伝』に、

「夢に人有りていわく、大毘盧遮那経、これ汝が求むる所なりと」

とあり、久米寺の名前は出さないものの、空海に密教との決定的な出会いをもたらしたのが『大日経』であることは、かなり以前から人びとの間に信じられていたことは疑いない。

歴史的にいえば、『大日経』の日本への伝来は、いわゆる聖武天皇などによる天平写経の中にも数点存在していることから、奈良時代まで遡及することは明白である。

具体的にいえば、インドから中央アジアのシルクロード経由で中国に伝わった『大日経』が、密教の伝《でん》持《じ》の八祖《はっそ》の一人である善無畏三蔵《ぜんむいさんぞう》（六三七～七三五）によって漢訳されたのは、唐の開元十二年（七二四）であったが、それよりわずか十二年後の天平九年（七三七）に日本で初写され、その後、天平十九年（七四七）、天平勝宝五年（七五三）など数次にわたって書写されている。

とりわけ、奈良の西大寺に伝存する天平神護二年（七六六）に吉備由利《きびのゆり》が写経したものは著名である。なお、漢訳の数少ない注釈書である一行阿闍梨《いちぎょうあじゃり》撰の『大日経疏《だいにちきょうしょ》』（校訂したものが『大日経義釈《ぎしゃく》』）は、いわゆる天平写経には認められないが、九世紀後半に活躍した天台密教の学匠の智証大師円珍《えんちん》の『大日経義釈目録縁起《もくろくえんぎ》』によれば、奈良時代に玄昉《げんぼう》請来本と西大寺得清《とくせい》請来本があったと伝えている。

このように、弘法大師空海が初めて『大日経』を入手して紹介したというわけではないが、すでに求聞持法などの古密教の行法《ぎょうぼう》を人から教えられて実践していた空海が、当時の奈良仏教圏で、新来の『大日経』に巡り合ったことは十分にありえたことである。

そして、その冒頭部の教義を説いた「住心品《じゅうしんぼん》」に関しては、持ち前の語学力と、すでに二十四歳のときに著した儒・道・仏の三教の綱要書にもあたる『三教指帰《さんごうしいき》』（最初は『聾瞽《ろうこ》指帰』）の仏教知識である程度理解できたかも知れないが、実践法にあたる真言や印相《いんぞう》、そしてマンダラの表現や配置については、当時は伝承を受けた阿闍梨が皆無であり、いかに天才の空海であっても密教の中心地・長安へ行かなければ理解できないと決断したことは想像に難くない。

かの空海が縁を結び、本格的密教請来の直接動機となった『大日経』の思想と実践の再発見を問題提起しようというのが、いささか欲深い本書の試みである。

◇不思議な巡り合い

いかなるものであれ、現実の世界に姿・形をとって存在するとき、そこには他のものとの関係、いわゆる縁が成り立つ。「大日経入門」の口火として、最初に私たちの身の回りの『大日経』、そして弘法大師空海と『大日経』の出会いを紹介したが、ここで私個人との不思議な巡り合いを簡単に披露しておきたい。

最初の、文献的というか、いささか固い御縁は、私自身の学位をいただいた研究テーマが「密教仏の研究」ということであり、大日如来を中心とする五仏《ごぶつ》（五智《ごち》如来）が、どのように大乗仏教から展開して、密教のほとけとして成立し、さらに後世のタントラ密教として発展したかを俯瞰することであったので、当然のことながら、『大日経』と『金剛頂経《こんごうちょうぎょう》』という両部《りょうぶ》の大経《たいきょう》が、その構想の基本軸となっていたのである。

ところが、縁というものは、向こうから接近してくることもある。もちろん、その場合にはこちらから有効な軌道をとることが不可欠だが。昭和五十二年から高野山大学の松長有慶先生のお誘いを受けて西ヒマラヤのラダック地方のチベット仏教の現地調査を行い、思いもかけず、多くの金剛界《こんごうかい》マンダラ、金剛界の大日如来の壁画や仏像を見出すことができたのは本当に幸いだった。

もっとも、ラダックでは、両部の大経のもう一方である『金剛頂経』に説かれる金剛界の大日如来をはじめとする金剛界マンダラのほとけたちには出会ったが、残念ながら『大日経』系のマンダラや胎蔵大日如来などのほとけたちを見出すことはできなかった。

オリッサで発見された胎蔵大日如来

しかし、縁はまた新しい縁を生み出すもので、ラダックでのチベット密教の美術紹介を高く評価された佐和隆研博士から、東インドのオリッサ地方に新しく発掘された仏教遺跡があるから、一緒に調査に行かないかとお誘いを受け、昭和五十五年の十二月から五十六年の一月にかけて嵯峨美術短期大学と種智院大学で合同の現地調査を実施したところ、果して「ノウマクサンマンダボダナン・ア・ヴィーラ・ウン・ケン」という真言を刻んだ胎《たい》蔵《ぞう》大日如来像をはじめ、日本の胎蔵マンダラとまったく同じく長髪で宝冠をかぶった菩薩形《ぎょう》の胎蔵大日如来を数体発見することができた。

これこそ、まさにほとけの導きと心から感謝した次第である。

◇図像との巡り合い

私の場合、経典資料やそこに説かれる思想教義にも当然関心はあるが、先に触れたような因縁もあって、最近ではほとけの姿・形を表現した図像に大変興味を持っている。

そうすると、自然にそういう資料が身近に近づいてくるものである。弘法大師の千百五十年御遠忌《ごおんき》（昭和五十九年）の一、二年前であったと思うが、懇意にしていた京都の本屋さんから、「古い図像の巻物があるから買ってくれませんか」と頼まれ、幸いそう高価ではなかったので購入し、しばらく本堂の仏間の棚に置いたままにしていた。そのうち一巻は、非常に虫食いが激しく、少し開けて見ただけで、半年ほどそのままにしていたのである。

新発見の『胎蔵図像』系資料（山梨・放光寺）

ところが、恩師の佐和先生の急逝によって『密教美術大鑑』の編集委員の大役が回ってきて、その編集会議の席上、当時奈良国立博物館にいた有賀祥隆先生から「これは大変珍しいものですよ」といわれ、それなら本格的に調べてみようと思い立って調査すると、蓮《れん》華《げ》部《ぶ》諸尊の護摩《ごま》次第《しだい》に、『大日経』・胎蔵マンダラの三種ある図像系統のうち、『胎蔵図像《たいぞうずぞう》』の鎌倉初期の写本の図像をそのまま挿入したものであることが判明した。

一度生じた不思議な縁は、それにとどまらなかったのである。平成八年五月、山梨県櫛形《くしかた》町の春仙美術館で開館五周年記念として開催された「信仰の美術――密教の表現と甲斐の諸仏――」展の図録に、私が調べて『仏教芸術』に紹介した『胎蔵図像』建久本の図像を持つ護摩次第（現在、奈良国立博物館寄託）とまったく同一の図像を持つ諸尊法《しょそんぼう》資料が収録されていたのである。それを初めて見たとき、身体が震えるのを覚えた。

早速、山梨に赴き、当時、御存命だった西川新次・元山梨県立美術館長の御紹介を得た春仙美術館の小池満紀子学芸員の御尽力で、現所蔵者の甲斐の名刹・放光寺（住職・清雲俊元師）の御許可をいただき、内容と図像を詳しく検討したところ、平安中期に活躍した醍醐《だいご》の学僧実運《じちうん》（一一〇五〜一一六〇）の撰した別尊法《べつそんぼう》の集成『諸尊要鈔《しよそんようしよう》』の第八巻の断片にあたることがわかった。挿入されている図像は、やはり『胎蔵図像』系のものであったのである。

私はインド、日本と場所は非常に離れていても、『大日経』、そして胎蔵マンダラとの深いつながりを感じた。以下では、その思想と実践、造型表現された美術と現代を生きる私たちへのメッセージを順に紹介してゆきたい。

大日経の成立前夜

密教の時代へ

◎『大日経』成立前夜

何事においても、無から有が生じることは少なく、ほとんどの場合、成立の要素・要因が先行するものの中に含まれており、それが因縁が熟することによって現れてくるのである。いわゆる本格的な密教経典の嚆矢《こうし》となり、インドの密教史の一つの時代を画したのみならず、わが国においては、弘法大師空海の入唐求法《ぐほう》の直接の要因となったとされる『大日経』の成立についても、その先行要素となったいくつかの要因が考えられる。

そこで、まず最初に、『大日経』成立の「前夜」ともいうべき、当時の仏教状況の概略を紹介しておくことが好都合と思われる。

◎大乗仏教の成立

先日、チベット仏教などの研究領域で瞠目すべき活躍をしているT先生と、ある出版社の企画会議で同席し、あとの会食のときに出た話であるが、ある講演の後で、一人の老人がおもむろに質問して、「先生がマンダラについて、あれこれと説明してくださることは有難いですが、それでは一言でいえば、マンダラとは何ですか」と言ったという。

実は、私も同じような経験をしたことがある。仏教の重要な思想について、できるだけわかりやすいようにいくつかの面から話をしたつもりだったのに、話が終って司会者が質問を受けつけると、「あれこれと説明はしていただいたのですが、一言でいえば、仏教とは何ですか」とさも得意げに聞く。最初のときは少しあわてて、「仏教にはいろいろな捉え方があるのですよ」と断って、一生懸命に説明したが、同じようなケースを二、三度体験すると、こちらも聴衆の傾向と対策がある程度つかめるようになる。

すなわち、平均的日本人は、客観的かつ分析的な説明を多く受けるよりも、禅家もしくはかつての妙好《みようこう》人《にん》の一言のように、非常に気のきいた、しかもインパクトの強い一言の方が印象に残り、本人もわかった気になるということだと理解できるようになった。

実際、私は自坊で檀信徒の方などに彼岸や御盆のときに法話をする場合は、あまり分析的な話をせずに、一点だけの効果を考慮したワンポイント法話を心がけている。

話を返して、『大日経』の成立事情に戻ると、一言で「本格的な密教の成立」と要約することも不可能ではないが、その時代背景の理解が必要なので、当時、つまり五・六世紀のインドの仏教について、やはり必要最小限の話をしておくことは不可欠だろう。

紀元前五世紀頃に興ったと推測される釈尊の仏教は、祖先供養のための祭祀を至上とするバラモン教にあきたらない人びとに魅力的な対象となった。とくに、自らの熟慮によって、迷いの苦しみから解脱《げだつ》することができるという自業自得的発想は、固定されたカースト制と呼ばれる身分制度に絶望した人びとには、まさに希求されるところであった。

仏陀釈尊の登場（仏）と教え（法）の確立、そして信奉者・修行者（僧）の参加という三条件（三宝《さんぼう》）が完備した仏教教団は、偉大な指導者である釈尊の亡きあとも、仏舎利・仏塔という「仏」を帰依所《きえしょ》とする人びとと、それよりも仏の説いた普遍的な真理である「法」を拠り所とする人びとの二つのグループを形成しながらも、インドの古代社会の中で有効に存在していた。

けれども、紀元前後の頃、つまり西洋でキリストが活躍しだす頃になると、従来の仏教の上に新しい要素を内包した仏教運動が興起してきた。これが世にいう大乗仏教である。

大乗仏教の多様な思想的、かつ実践的特色を詳しく紹介する余裕はないので、ここでは要点のみを列挙すると、以下の五点をあげることができる。

まず第一は、歴史的にさとりを開いた釈尊を唯一の拠り所としていた初期の仏教とは異なり、大乗仏教では阿弥陀如来や阿閦如来などの、まったく新顔の仏が登場したことである。換言すれば、仏の複数化といえるが、これは後述するように、仏になるための修行をしている段階（因位《いんに》）にある菩薩が、複数化したことに対応する。その菩薩が誓願《せいがん》と修行の結果、後に成仏する仏を、後世では報身仏《ほうじんぶつ》と呼ぶようになった。阿弥陀如来を代表とするこれらの仏たちは、この世ではなく、現在のこの瞬間に別の方角、たとえば西方の極楽浄土にいらっしゃるので、他方仏《たほうぶつ》と呼ぶことも少なくない。

第二は、それらの如来たちの見習いともいうべき、菩薩たちの活躍である。初期の仏教でも仏陀の伝記

（仏伝）や、前生《ぜんしょう》の善い行為を説いたジャータカ（本生話《ほんじょうわ》）などで、成道《じょうどう》前の釈尊を菩薩（さとりを求めて修行するもの）と称することはあったが、それはいわば固有名詞的で、単数の菩薩であった。

ところが、仏の複数化と表裏一体となって菩薩も複数化し、しかもそれが普遍化して、われわれ凡夫にも菩薩の可能性が提起された。世にいう「誰でも菩薩」である。もっとも、そのための必要条件も考察され、『維摩経《ゆいまきょう》』のような大乗経典では、およそ存在するものは固有の本性を持たず、それらに自らを執着させて迷っていると明らかに知る空性《くうしょう》の智恵と、他の迷えるものを種々の手立てを用いて救済する方便《ほうべん》の慈悲の、二つの要素を不可欠としている。

第三に、少し異なった側面から大乗仏教の人気獲得の大きな看板となったのが、いわゆる回向《えこう》の思想と実践である。釈尊の仏教では、さとりもまよいも、自らがまいた種子は自らが刈りとるのが原則であった。この点は、絶対者である神が裁いたり、許したりするキリスト教やイスラーム教とは大きく相違しており、十九世紀から二十世紀初頭にかけて仏教が主に西欧から高く評価されたのは、主としてその倫理的な自発性と合理性によるものであった。

けれども、現在の日本やチベットなどの大乗仏教を見て気がつくように、そこでは葬式や法事のように、他のための仏事が中心となっている。いわゆる回向であるが、それを論理的に支えたのが、先述の菩薩の二条件であったと思われる。

まず、空性の智恵の深い認識によって、自と他をはじめ、あらゆるものに対する固定的な執われがなくなる。加えて、悩み苦しんでいる人びとに対して、何らかの行為をしてあげようとする慈悲の精神が発揮される。

それとともに、『般若経《はんにやきよう》』や『法華経《ほけきよう》』などの大乗経典には、般若波羅蜜《はんにゃはらみつ》に代表される、実に不思議な力がこめられている。後世の日本の資料になるが、弘法大師空海の『般若心経秘鍵《はんにゃしんぎょうひけん》』の文に見られる、

「受持《じゅじ》、講供《こうく》すれば、苦を抜き、楽を与え」

という表現のように、他人、とくに故人のために経典を読んだり、他の人に解説したりすることによって、そこから生み出される宗教的エネルギー（功徳力《くどくりき》）が自分だけではなく、他の人にもふり向けられるという、回向の思想が流行したのである。

第四に、先に触れた宗教的エネルギー（功徳力）を生み出す母体として、いくつかの要素が考えられたが、中でもインド古来の聖語信仰から、特定の音、および言葉に神秘的な威力を保持する働きが認められたことである。これを陀羅尼《だらに》（総持《そうじ》とも意訳する）と称していることは、あまねく知られている。

陀羅尼は、現存しているほとんどすべての大乗経典に説かれているが、成立のプロセスとしては同じ経典の中でも少し時代が下った頃、付加されたと考えられる。要するに、大乗後期になって急速に発達したものと推測される。

最初は、経典のエッセンスの一種として、その意味を保持し、記憶させる意義が中心であったが、次第に特定の尊格（ほとけ）と結びつくこととなり、のちには信仰する者を守ったり、さまざまな苦難・厄難から救済するという現世利益《げんぜりやく》の側面が、色濃く表現されるようになったのである。

最後に、以上の諸要素が併存し始めると、阿弥陀如来、観音菩薩、文殊菩薩など多種多様のほとけたち

が登場することとなり、次第にほとけたちの万神殿（パンテオン）が形成される傾向が生じてきた。

それと同時に、紀元後一世紀のイラン人系クシャーン朝の時代になって、初めて仏像が登場してきたのである。この仏像の成立に関しては、以前から大乗仏教非関与説と、関与説が鋭く対立して、未だ決着がついていない。

残念ながら、ここで詳しく論じる余裕を持たないが、私自身は、少し逆説的になるが、空《くう》の思想があればこそ、聖なるものが仮の顕現として、人間に近い像の姿を取って、現れることができるのではないかと考えている。

◇大乗仏教から密教へ

紀元前後の頃からの大乗仏教の成立と、次の歴史的変化である密教の登場までの期間は、少し長い目にとれば約五百年あるが、一口でいえば、密教は大乗仏教の五つの要素のうちのいくつかを、積極的に展開させたものということができる。

とくに、仏と菩薩の複数化と普遍化は、仏に象徴される聖なるものと、私たちを意味する俗なるものが、何らかの状況下において交流し、合一化しうるという神秘主義的大前提を可能ならしめることとなり、「速時《そくじ》成仏」・「即身《そくしん》成仏」の思想を生み出して行った。さらには、その実現の手段として、聖なるもののシミュレーションとしての三密行《さんみつぎょう》が確立されるのであるが、その前段階として、先掲の陀羅尼が急激に発展してきた。

ところで、『般若経』や『法華経』などの大乗経典から、本講義の『大日経』が直接に展開し、結びついたのではない。そこには、先行するいくつかの未組織的な密教経典が介在していることを忘れてはならない。

私たちは、『大日経』のような本格的な密教経典に先行するいくつかの未体系的な密教経典を、初期密教経典と呼び習わしている。

	初期密教	中期密教
成立推定年代	四〜六世紀	七世紀
代表聖典	諸陀羅尼経典 変化《へんげ》観音経典	大日経 金剛頂経
中心尊格	釈迦 変化観音	大日如来 金剛界五仏
主要目的	現世利益	成仏
マンダラ	未整備	整備
実践修行	陀羅尼読誦 （一密行）	印・真言・三摩地《さんまじ》 （三密行）

その中には、後述する『蘇悉地経《そしつじきょう》』、『不空羂索《ふくうけんじゃく》神変真言経《じんぺんしんごんきょう》』、『金剛手灌頂《こんごうしゅかんじょう》タントラ』などが知られているが、いま、それらの初期密教経典と、『大日経』と『金剛頂経』を二本柱とする中期密教経典の内容を比較すると、表のごとくなろう。

補足して説明すると初期密教経典では、本尊となるべき中心尊格としては、まだ釈迦如来か、あるいは十一面観音、千手観音、不空羂索《ふくうけんじゃく》観音などの多くの顔や手を持った、いわゆる変化《へんげ》観音が中心となる。

経典に説かれる密教の目的としては、『不空羂索神変真言経』に見られる二十種利益《りやく》では、「身に衆病《しゅびょう》（種々な病気）がない」などの現世的利益が列挙されているが、『大日経』や『金剛頂経』では、むしろ実際に信仰し、実践する行者が成仏できることに関心が移る。

また、密教経典の中心となるマンダラについては、『大日経』では、百余を越えるほとけたちが整然とマンダラに位置しているのに対し、『蘇悉地経』では、仏母《ぶつも》や部主《ぶしゅ》などの役割を持ったほとけたちが登場してくるが、まだまだ整然とした体系にはなっていない。

最後に、具体的な修行法でいえば、初期密教経典では、本尊となる不空羂索や十一面などの変化観音の陀羅尼が中心となっており、それを唱えることによって、十種とか二十種の利益が得られることとなるのである。

インドの不空羂索観音

この陀羅尼は、『般若経』などの大乗経典では、経典そのもののエッセンスを比較的短文の聖語として集約し、それを保持し、憶持する点が重視されたが、密教経典では、むしろほとけの内実と働きを象徴する聖句として、より積極的に評価され、陀羅尼そのものが経典の中枢とされるに至ったことは大変興味深い。
言葉をかえれば、手段から目的へと変化したといえよう。

◇『華厳経』からの流れ

先に、『般若経』や『法華経』などの大乗経典から、いきなり『大日経』が出来上ったのではないといったが、数ある大乗経典の中でも『華厳経《けごんきょう》』は、直接・間接を含めて、『大日経』に大きな影響を与えたことは事実である。

なかでも、本尊となる毘盧遮那《びるしゃな》如来について、後世の密教家たちは、『華厳経』の本尊を盧遮那仏《るしゃなぶつ》、もしくは盧舎那仏、『大日経』などのものを毘盧遮那仏と呼んで区別することがあるが、これはあくまで教判的価値判断に基づく解釈であって、原語はいずれも「ヴィルシャナ（日本発音）」である。

いま、『華厳経』諸本のうち、最も訳出の古い仏駄跋陀羅《ぶつだばだら》訳（五世紀中頃）の『大方広仏華厳経《だいほうこうぶつけごんきょう》』六十巻（通称『六十華厳経』）を取り上げると、次のような記述が認められる。

「如来法身《ほっしん》、法界《ほっかい》と等《ひと》し。あまねく衆生《しゅじょう》に応じて、ことごとく対現《たいげん》す」

「如来、あまねく為《ため》に世に出でおこり、あまねく十方《じっぽう》を照らし、ことごとく余《あまり》なし。如来法身、無等等《むとうどう》にして、無上智《むじょうち》をもって説法を演《の》ぶ」

「仏慧《ぶつえ》、無辺にして虚空《こくう》と等し。如来法身、不思議なるが故に、能《よ》く顕現して、十方を照らす」

「法身、諸法界、一切十方仏国土《ぶっこくど》に充満す」

これらの表現から知られるように、『華厳経』の本尊の盧遮那如来は、歴史上や信仰上のほとけではなく、真理の当体を尊格化した法身と規定されている。

そして、その法身が真理（さとり）の空間表現である法界にほかならないと説かれ、宇宙に遍満する法身盧遮那如来が、一切十方において同時に存在している。いわば、一即一切、一切即一の重々無尽《じゅうじゅうむじん》の蓮華《れんげ》蔵《ぞう》世界が現出することになるのである。

このような法界身ともいうべき盧遮那如来が、先述の『般若経』や『法華経』に説かれる十方無数の個別的・限定的性格の強い報身的な多仏を、一つの法界として普遍的に統合する十方遍満仏として要請されたことは、想像に難くない。

法身の性格を持つ仏格として適切な存在は、化身《けしん》の要素を切り離せない釈迦如来や、法蔵《ほうぞう》菩薩としての四十八願など典型的な報身仏である阿弥陀如来では難しい。そこには、より大宇宙的なイメージが強い仏格が必要とされる。そこに求められたのが、元来異邦的要素が濃く、しかも太陽や光明の信仰とも結びついた毘盧遮那如来ではなかったかと推測される。

東大寺の大仏をはじめ、先にイスラーム急進派によって爆破予告がされたアフガニスタンのバーミヤンの巨大石仏（のち二〇〇一年に破壊された）、そして中国の雲崗《うんこう》の曇曜《どんよう》五窟や龍門《りゅうもん》の奉先寺《ほうせんじ》窟の石仏が巨像で、しかも衣などに千仏が無数に表現されている宇宙仏の姿をとるのは、決して偶然ではない。

◇仏《ぶつ》・蓮《れん》・金《こん》の三部形式

『大日経』を構成するいくつかの要素の中に、仏部《ぶつぶ》・蓮華《れんげ》部・金剛《こんごう》部という三種のほとけたちのグループがあることは、あまねく知られている。

インド・アジャンター石窟の脇侍、金剛手

そして、のちに『大日経』に基づいて修行する際には、これらの三部が順に、身《しん》・口《く》・意《い》の三密《さんみつ》に配当されることとなり、行法《ぎょうぼう》の中で体系化されるのである（三部三昧耶《さんぶさんまや》）。

上記の三部のうち、仏部とは、大日如来を中心に、伝統的な如来である釈迦如来を含む。これに対し、蓮華部とは、観音を代表とする尊格グループであり、古くは蓮華手《れんげしゅ》と呼ばれ、左右いずれかの手に、慈悲の象徴である蓮華（ハスの花）を持っていた。

他方の金剛手《こんごうしゅ》は、別に執金剛《しゅこんごう》・持金剛《じこんごう》とも称されるように、手に武器の一種である金剛杵《こんごうしょ》を持つ尊格グループで、力を象徴するほとけたちの集まりである。

これら三種のほとけたちのグループは、『大日経』よりも少し早く成立したと考えられる『陀羅尼集経《だらにじっきょう》』（初唐の阿地瞿多《あちくった》訳）や『蘇悉地経』（『大日経』と同じ善無畏訳）などに登場しているが、西インドのアジャンターやエローラの石窟寺院の外部や内部に多数浮き彫りされている、如来像を中心として両側に蓮華手（観音）と金剛手が侍立する三尊仏と、無関係ではないだろう。

『大日経』では、これらの単純な三尊仏が、それぞれ多数の関連尊（眷属《けんぞく》）を従えたので、壮大なマンダラとなっているが、エッセンスは図（三二頁）のように非常にシンプルな三尊仏であったのである。

なお、『蘇悉地経』では、これらの仏・蓮・金の三部に対して、別に「仏母」と「明王《みょうおう》」を次のように配置している。

	仏部	**蓮華部**	**金剛部**
尊格	仏《ぶつ》	観音	金剛
修法《しゅほう》	息災《そくさい》	増益《そうやく》	降伏《ごうぶく》
仏母	仏眼《ぶつげん》	白衣《びゃくえ》	忙莽雞《もうもうけい》
明王	金輪王仏頂《きんりんおうぶっちょう》	馬頭観自在《ばとうかんじざい》	三世勝金剛《さんぜしょうこんごう》

このうち、仏母とは、字の通りでは「仏の母」を意味するが、マンダラでは元来は男女のほとけがあって、その配偶によって子供のほとけが生じるという家族・種族論を持っている。

とくにチベット密教のパンテオンでは、仏と仏母の間の嫡子が観音や文殊などの菩薩とされている。

また、明王とは、喜劇タレントのような「明るい王」ではなく、「明」は「呪明《じゅみょう》」、つまり威力を持った聖なる言葉を意味している。言葉とその力に対する絶大な信仰を持つインドでは、特有の真言・陀羅尼を持つ尊格には偉大な力がそなわり、それによってほとけたちを守り、信仰する者を救ってくださると考えた。そして、仏・蓮・金それぞれの部族には専属の明王が誕生し、それらが後に有名な五大明王となってゆくのである。

胎蔵マンダラの基本構成

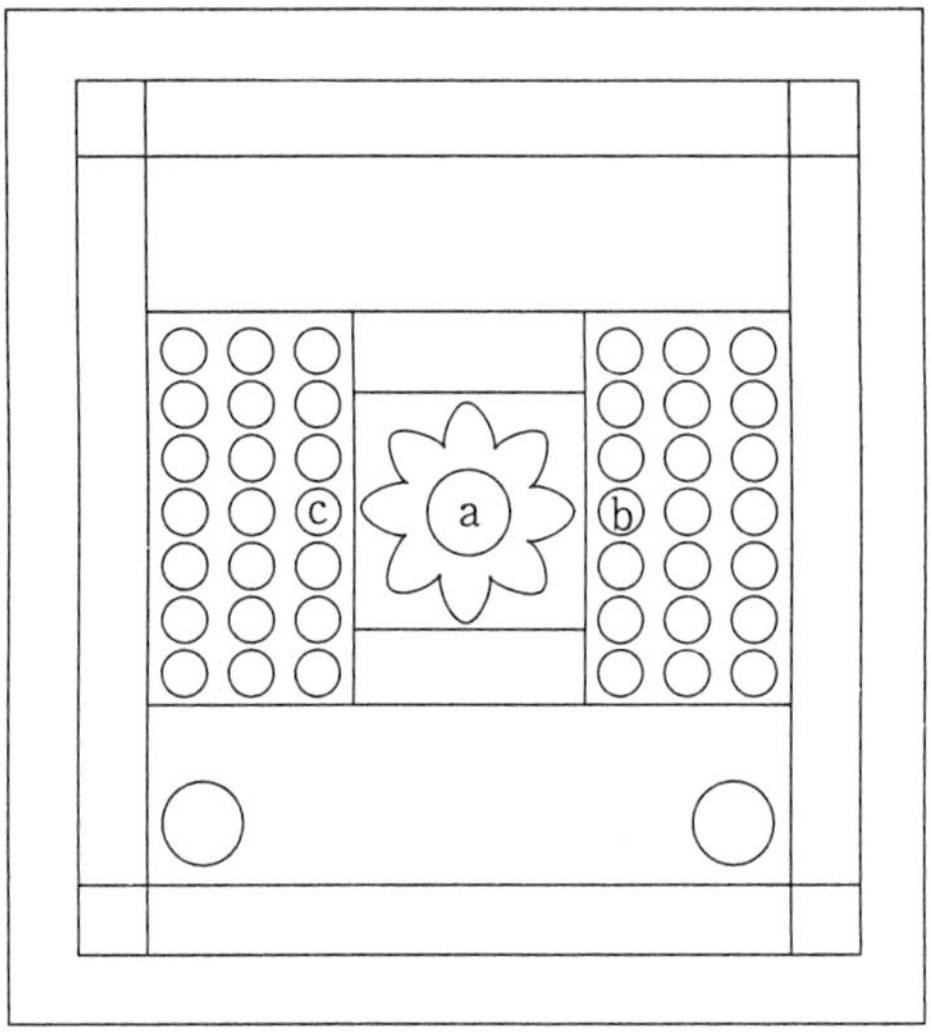

a.大日如来
b.金剛薩埵（金剛手）
c.聖観音

◇『大日経』に直結する『金剛手灌頂タントラ』

『大日経』を生み出した直接の先行経典は、チベットで高く評価された『金剛手灌頂タントラ』である。この経典は中国で漢訳されなかったので、日本においても長い間注目されなかった。ところが、故酒井真典博士（高野山・遍照光院前住職）がそのチベット語テキストを翻訳し、『大日経』と対比されたことから学者の関心を集めるところとなり、私もそのマンダラ構成に注目した。

なかでも、マンダラ中央部の八葉蓮華輪《はちようれんげりん》は、『大日経』の胎蔵マンダラにおける中台《ちゅうだい》八葉院《はちよういん》の原型となっている。

また、同経では、観音・金剛手・文殊・弥勒・普賢・地蔵・虚空蔵・除蓋障《じょがいしょう》のいわゆる八大菩薩が、八方から中尊の大日如来を取り囲んでいる。私は、この八大菩薩が『大日経』では、普賢菩薩を除いて重要な場所に配列され、「観音院」・「金剛手院」・「文殊院」・「地蔵院」・「除蓋障院」などを形成したと考えている。なぜ普賢菩薩だけが除外されたかというと、後述するように普賢菩薩は、『華厳経』で重視される菩薩の代表であり、その影響を受けて『大日経』では、数ある菩薩の中でも聴聞《ちょうもん》菩薩の筆頭に置かれた。そのため、胎蔵マンダラでも中台八葉院の東南隅に配されて東方宝幢《ほうどう》如来の補佐をする大役に預ったが、独特の院を形成するには至らなかったのである。

なお八大菩薩は、これまで『金剛頂経』の十六大菩薩に押されて、ほとんど注意を払われることがなかった。しかしながら、西インドのエローラ石窟、東インドのオリッサ地方の密教遺跡、インドネシアのボロブドゥール大塔隣りのチャンディ・ムンドゥー寺外壁、そして最近紹介された中国の安西楡林窟《あんせいゆりんくつ》壁画など、多くの八大菩薩の類例が紹介されている。そして、その中尊が、しばしば定印《じょういん》を結ぶ如来像であることを勘案すると、私は八大菩薩こそ『大日経』・胎蔵マンダラの重要な構成要素であると確信している。

次は、いよいよ『大日経』の成立過程を再構成してみたい。

大日経の成立と伝播

――本格的密教の登場

◇『大日経』の成立

現在、日本の真言宗や天台宗などのいわゆる密教系の宗派でも、『大日経』そのものを読み通すことはほとんどない。それにかわって、『理趣経《りしゆきよう》』と『般若心経』、そして『法華経』(『観音経』を含む)が実用的な経典として人気を得ているのが現状だが、密教、とくに真言密教における教義やマンダラの面、さらには戒律や実践の面でも、この『大日経』が中心的役割を果していることを忘れてはならない。

この『大日経』は、いつ頃、どこで、どのようにして成立したのだろうか。

まず、「いつ頃」という最初の問題だが、この場合基準となるのが、漢訳の『大日経』の訳出である。中国と日本の庶民の間で流行した『父母恩重経《ぶもおんじゆうきよう》』などの例外を除けば、仏教の経典は、釈尊の国インドで生まれた。だから古代インドの言葉である梵語《ぼんご》(サンスクリット語)、または俗語のパーリ語で書かれており、いずれも含めて梵本《ぼんぽん》と呼んでいる。

ところが、『大日経』の場合、原典にあたる梵本は早く散逸してしまい、八世紀以後の仏教の論書や密教の別尊法《べつそんぽう》に、「住心品《じゆうしんぼん》」の有名な教えである「三句《さんく》の法門《ほうもん》」や、「供養次第法《くようしだいほう》」に説かれる戒律の部分などが梵語で引用されているにすぎない。

そこで、中心になるのが、唐の玄宗《げんそう》の治世である開元《かいげん》十三年(七二五)に、インドからやってきた密教僧の善無畏三蔵(六三七~七三五)と、その中国人の弟子である一行禅師(六八三~七二七)によって翻訳された『大毘盧遮那成仏神変加持経《だいびるしやなじようぶつじんぺんかじきよう》』七巻である。

この漢訳の表題、および現在チベット訳の中に伝えられる梵語の表題の意味は、「大毘盧遮那(大日)如来のさとりによって不思議に加持《かじ》された(大乗経典)」ということであるが、少し長いので、わが国では一般に『大日経』と称している。

そして、この漢訳『大日経』が訳出された開元十三年は、当時の中国では、後世、美人の誉れの高い楊《よう》貴妃《きひ》とのロマンスで名高い玄宗皇帝が、まだ政治に情熱を燃やしていた、世にいう「開元の治」の絶頂期であった。この七二五年をもって『大日経』成立の下限と見ることができる。

◇成立の上限年代

一方、その上限年代を設定することは容易ではない。なぜならば、聖なるものを至上視する宗教の国インドでは、人間の記録である歴史に対する観念が乏しく、歴史的な記録をほとんど残さないからだ。この点、『漢書《かんじょ》』・『唐書《とうじょ》』などの王朝の正史類をはじめ、記録文献の宝庫である中国とは雲泥の差がある。

そこで、やはり参考にされるのが、仏教の国インドに入って仏教寺院で勉学した中国僧の旅行記である。この点に早く注目したのは、近代密教学の父と言われている故栂尾祥雲博士（一八八一〜一九五三）である。高野山大学で密教学の研究にサンスクリット語・チベット語を用いる研究法を導入した栂尾博士は、史的考察法にも卓越した見識を示し、『大日経』の成立年代と成立地について、画期的な主張をしたのである。

栂尾博士は、七世紀の前半に中国からインドに渡り、五天竺《ごてんじく》と呼ばれたインド各地を旅行した玄奘《げんじょう》三蔵（六〇二〜六六四）の『大唐西域記《だいとうさいいきき》』に密教に関する記事が見当らず、それに対して七世紀後半にインドを巡礼した義浄《ぎじょう》三蔵（六三五〜七一三）の『西域求法高僧伝《さいいきぐほうこうそうでん》』に密教に関する記事が明瞭に認められることから、『大日経』の成立は、玄奘と義浄の渡印の間、つまり七世紀の中葉とする説を主張した。

この説に対して、後に渡辺照宏博士は、『西遊記』に登場する三蔵法師のモデルになった玄奘は、法相《ほっそう》唯識《ゆいしき》の修学が主目的であったため、密教的な要素をあえて無視した可能性が高いとし、むしろ玄奘が中国へ帰った後の永徽《えいき》六年（六五五）、多量の梵本を持って長安に来たものの、受け容れられず、空しく去ったインド僧福生《ふくしょう》（別名・那提《なだい》）に注意を払うべきだとしている。

確かに、福生がわずかに訳出した三部の経典の中の『師子荘厳王菩薩請問経《しししょうごんおうぼさつしょうもんぎょう》』には、『大日経』成立の一因となった金剛手・観音・文殊・普賢・弥勒・虚空蔵・地蔵・除蓋障の八大菩薩が初めて登場している。また、玄奘の『大唐西域記』をより注意して読めば、その中に女性のほとけである多羅《たら》菩薩や広野鬼《こうやき》（太元帥《たいげんすい》明王の起源）など、広義の密教系の尊格を見出すことができる。

したがって、渡辺博士の指摘のように、玄奘が密教、とくに私が初期密教と呼ぶ変化《へんげ》観音を中心とした密教を知っていたことは事実である。現に、玄奘には『十一面神呪心経《じゅういちめんじんじゅしんぎょう》』など一連の変化観音陀羅尼経典の翻訳がある。

けれども、それらはくり返し述べるように、いわゆる初期密教であり、大日如来が本尊となって、三密行を中心にすえた体系的な密教、すなわち中期密教である『大日経』が出来上っていたとするには至らないだろう。

ここでは、栂尾説を一応の参考にして、次の義浄の場合の検討に移ろう。

◇幻の名僧・無行

栂尾博士が注意を喚起した『大日経』成立の上限は、唐代の経典目録の代表である『開元釈教録《かいげんしやくきようろく》』の善無畏訳経の個所で、

「その時、沙門《しやもん》（僧侶）無行《むぎよう》、西のかた天竺（インド）に遊び、学おわって帰廻せんといい、北天《ほくてん》（北インド）に至って不幸にして卒す。

もちかえるところの梵本、勅ありて迎え帰り、このごろ西京（長安）の華厳寺にありて収掌せり。（善）無畏（三蔵）、沙門一行（禅師）と、数本の梵経、ならびに総持《そうじ》（陀羅尼）のいまだ訳せざるを簡《えら》び、（中略）大毘盧遮那経（大日経）を訳せり」

とあることに基づいている。

堅苦しい原文を一部省略したが、要約すると、中国人の仏教僧である無行は、インドに留学して仏教を勉強していたが、いざ帰国の旅の途中、不幸にして北インドで客死した。しかし、同行の者がいたのか、中国まで伝わったその所持品のサンスクリット経本は、皇帝（政府）の命令で、長安の華厳寺に保管されていた。

数十年ののち、インド人の密教僧の善無畏三蔵と弟子の一行禅師は、それらの梵本テキストの中からまだ訳出されていなかった密教経典を選び出し、翻訳したのが、日本密教の運命を決定した『大日経』であったのである。

この薄幸の名僧・無行には、「南荊州《けいしゆう》（現在の湖南省あたり）沙門の無行、天竺国にありて、唐国に致《いた》す書」一巻というインドから中国の同僚の僧たちにあてた手紙があったといい、天台宗の慈覚大師円仁《えんにん》

（七九四〜八六四）の請来目録にその書名が載っているが、残念ながら現存していない。

弘法大師空海と同じ頃、中国の五台山などで活躍して幻の名僧と呼ばれる霊仙《れいせん》三蔵や、平城《へいぜい》天皇の皇太子でありながら、藤原薬子《くすこ》の変で失脚し、空海の弟子となった後、日本人で初めて中国からインドを目指し、マレー半島で虎に殺されたという真如《しんにょ》法親王などとともに、異国に散った名僧として改めてその菩提をとむらいたい。

なお、話を『大日経』成立の上限と関わる義浄三蔵の頃の密教の状況に戻すと、義浄の『西域求法高僧伝』に当時の中国人の入竺僧《にゅうじくそう》（インド留学僧）五十六人の伝記をあげる中で、四人の密教修行僧を取り上げている。数としては必ずしも多数派ではないが、「明呪《みょうじゅ》」、「禁呪《きんじゅ》」の名前のもとに、真言や陀羅尼を専門とする仏教、すなわち密教が流行しており、七世紀のインドを代表する仏教勢力になりつつあったと考えられる。

とくに、「道琳《どうりん》」という僧の伝記の中に、

「まさに持明呪蔵《じみょうじゅぞう》というべし。しかるに相承《そうじょう》していわく、この呪蔵は、梵本十万頌《じゅ》あり」

とあることは重要である。

なぜならば、インドのサンスクリット原典が「十万頌《じゅ》」、つまり二行三十二母音の定型詩にして十万詩あったとする伝承は、中期密教の『金剛頂経』、ならびに『大日経』に共通する有名な伝承であったからである。

さらに加えて、義浄と同時代の入竺僧の常愍《じょうびん》の旅行記の中に、

「王城の南道の左右に精舎《しょうじゃ》（仏院）あり。高さ二十余丈、中に毘盧遮那（大日）像あり。霊験《れいげん》（利益）掲焉《けいえん》（高き）なり」

とあることを合わせ考えると、やはり七世紀の中頃には、『大日経』に象徴される本格的な密教が、すでに流行していたことを示しているといえよう。

◇『大日経』のふるさと

後に詳しく紹介するように、『大日経』そのものは、構造的に二つの部分から成っている。漢訳でいえば、七巻・三十六品《ほん》（章）あるうち、前の六巻・三十一品がいわゆる「本経《ほんぎょう》」であって、残りの一巻・五品は「供養次第法《くようしだいぼう》」といわれている。要するに、本経に付属する儀軌《ぎき》（実践次第）であり、チベット訳では、「供養次第法」にあたる部分は、いわゆる「仏説《ぶっせつ》」ではなく、歴史上の人物が撰述したことになっている。

漢訳の伝承でも、客死した無行の請来したテキストは本経にあたる部分で、付属儀軌の「供養次第法」にあたる梵本は、善無畏が自ら持っていたとしている。

いささか複雑な解釈だが、比較的つじつまがあうことから、『大日経』そのものが構造的に二つの部分から成り、前者の本経の部分が一足早く成立したことは承認してよいだろう。

次に、古来、議論の多い『大日経』のふるさとについて述べてみよう。

日本密教の根本ともいうべき『大日経』であるから、昔からその成立地に関しても多くの議論がなされてきた。加えて、釈尊の国インドも国土が広くて、古くから「五天竺」という表現がなされてきた。具体的には、「北インド」・「東インド」・「南インド」・「西インド」、そして「中インド」である。

このうち、「東インド」（東天竺）を除く四つの地方に対して、過去・現在の著名な密教学者が論争に加わってきた。

（一）北インド説

『大日経』の成立地を、現在の北西インド、もしくは近接するパキスタン、アフガニスタンに比定する説は、かつての著名な密教学者に支持が多い。

この主な理由は、以下の二つの伝承によっている。

第一に、開元十六年（七二八）に、崔牧《さいぼく》が撰述したと伝えられる『大日経序』に、北インドの勃嚕羅《ぼろら》国（現在のパキスタン領バルティスタン）の城北の石窟に蔵されていた『大日経』を猿が持ち出し、木こりが集めて国王に献上したという。

これは、いわば神話であり、まったく無視する意見もある。しかし、神話といえどもそれなりの背景があり、清水谷恭順氏は、この伝説の価値を認めて北インド説を支持する。

第二の伝承は、霊妙寺《れいみょうじ》の僧であった不可思議《ふかしぎ》の撰した『大毘盧遮那経供養次第法疏《だいびるしゃなきょうくようしだいほうしょ》』に説かれるものである。すなわち、善無畏三蔵がインドから中国への旅の途中、北インドの乾陀羅《けんだら》国（現在のパキスタン領ガンダーラ地方）の金粟王《こんぞくおう》（カニシュカ王か）の仏塔において仏の加護を祈ったところ、空中に『大日経』第七巻の「供養次第法」の文字が現れたという。ここでは本経の前六巻ではなく、付経ともいうべき「供養次第法」である意味が問われなくてはならないが、ともあれ『大日経』と関連していることは否定できない。

なお、仏教美術史家の小野玄妙氏は、迦畢《かぴ》試国《し》（現在のアフガニスタンのコーダーマン盆地など）が仏教文化の中心地であったことなどにより、北インド説に加担している。

（二）南インド説

『大日経』の南インド成立を説く学者は、松本文三郎博士以外には数少ない。松本博士は、特定の地名をあげないが、

①原典請来者の無行が、南インド旅行中にそれを得たのではないか。

②両部の大経のもう一方である『金剛頂経』の南インド成立はほぼ確実であるので、『大日経』もその可能性がある。

などの理由で、南インド説を主張している。

◇西インドと中インドの両説

（三）西インド説

以上の二説が、現在やや力を失っているのに対し、この西インド説と次項の中インド説は、戦前・戦後

のそれぞれ著名な密教学者が意見を述べていることもあり、有力な見解とされている。

最初に西インド説という画期的な説を主張したのは、先に触れた栂尾祥雲博士である。栂尾氏は、名著『秘密仏教史』でこの問題に触れ、以下の点に注目して、西インド、とくに羅茶《らた》国（もしくは蘇剌侘《そらた》国、現在の西インドのグジャラート州カティヤワール半島南部地方）を成立の候補地にあげた。

①義浄の『西域求法高僧伝』に、道琳・玄照《げんしょう》などの中国僧が西インドで密教（密呪《みつじゅ》）を学んだことを記している。

②『大日経』では、教理を説く「住心品」で、地・水・火・風・空の五大《ごだい》の比喩として、水界がすべての人びとに歓楽を与えるものとし、また「具縁品《ぐえんぼん》」では、大海を渡ることなどを説く。これらは、海を知る人びとによって編纂された証拠である。

③『大日経』では、マンダラを説く「具縁品」をはじめ、尊像が登場する個所で、それらの衣裳に関する記述が現在も見られる「パタ」など比較的軽装を示している。これは寒冷地ではありえない。

④この羅茶国、ならびに隣接する代臘毘《だいらび》国（同じく西インドのカティヤワール半島東部）は、当時東ローマ・ペルシャなどとの交易で栄えており、さまざまな文化が交流していた。『大日経』をはじめ、密教は、どちらかといえば混淆主義（シンクレティズム）の色彩が濃い。

栂尾氏の見解に対して、以下の点を補強したのが宮坂宥勝博士である。

①「住心品」に説かれる百六十の心（人間の心の種々相）のうち、「塩心」・「海等心」・「商人心」などの用語が見られるが、このうち前二者は海との関係が深い。

エローラ石窟の定印如来・八大菩薩マンダラ

また、「商人心」については、当時の西インドが、西方諸国との海上交易で栄えていたことは明らかである。これらの言葉は、当時の西インドの状況とよく付合する。

②大日如来というほとけは、その宇宙的性格などインド以外の異教的要素も含んでいるのではないか。

その点、西インドは西方世界への窓口であり、文化の接触地帯としては最適である。

なお、これまでの段階では、西インド起源説は、以上の好条件にもかかわらず、仏像・仏画などの密教系遺品が少ないのが難点であった。たとえば、西インドを代表するアジャンター石窟（後期窟、五世紀～八世紀）には、金胎《こんたい》両系の尊像は皆無であり、少し時代の下るエローラ石窟（後期窟、六世紀～九世紀）では、金剛界系智拳《ちけん》印《いん》大日如来像、金剛薩埵《こんごうさった》などの『金剛頂経』系のほとけ、ならびにターラー（多羅）、ジャンバラ（宝蔵神《ほうぞうじん》）などの通密教像が知られるのみであった。

ところが、以前に私や松長恵史氏が紹介した、エローラ石窟第十二窟の壁面に浮き彫りされている定印如来像を中心に井桁《いげた》状九分構造で表現されている八大菩薩マンダラの典拠を求めると、やはり中央アジアの安西楡林窟などで発見されている大日如来と八大菩薩像の類似例から、エローラ石窟の場合も、阿弥陀如来と八大菩薩と考えるよりも、胎蔵大日如来と八大菩薩と考える可能性が高くなってくる。

もっとも、この定印如来と八大菩薩マンダラの場合、作風的に考えて八世紀から九世紀の作と思われ、たとえ『大日経』系の美術と認めても、経典成立当時のものではなかろう。

インド仏教の拠点・ナーランダー寺院

(四) 中インド説

従来の『大日経』のふるさと論争において、西インド説と勢力を分けあったのが、中インド成立説であった。ここでいう「中インド」は、玄奘のいう「中天竺」、すなわち釈尊の活躍した仏蹟を中心とするガンジス河中流地域であって、現在のマディヤプラデーシュ州をさす「中央インド」のことではない。

中インド説は、わが国の密教学界に大きな衝撃を与えた大村西崖氏の『密教発達志』の中で、まず主張された。

その主眼点は、次の通りである。
①『大日経』の漢訳者である善無畏三蔵の伝記にあるように、彼が中インドのナーランダー寺院で、身・口・意の三密行がすでに完備していた密教を伝授されたことは明白である。ここには、『大日経』に関する言及はないが、『大日経』と『金剛頂経』がその中心であったと考えられる。

②義浄の『西域求法高僧伝』の記述から、『大日経』の梵本を北インドまでもたらした無行は、ナーランダーで学んだことは疑いない。

大村説は、成立地の解明に力点を置いたものではない。けれども多数の漢訳資料を用いてナーランダー寺院の隆盛を説いたことは興味深い。

『大日経』の成立地問題に対して、先年、大村説に賛意を示したのが松長有慶博士である。

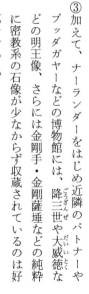

松長氏の論点は、次のようである。

①善無畏は、中インドのナーランダー寺院で、『大日経』の相承を受けたと考えるのが自然である。

②同地は、大乗仏教が興隆して以後、四~五世紀のグプタ期の隆盛以来、仏教の中心地であり、複雑な成立過程を持つ『大日経』も、仏教研究の長い伝統を持つナーランダーで編纂された可能性が高い。

③加えて、ナーランダーをはじめ近隣のパトナーやブッダガヤーなどの博物館には、降三世《ごうざんぜ》や大威徳《だいいとく》などの明王像、さらには金剛手・金剛薩埵などの純粋に密教系の石像が少なからず収蔵されているのは好都合である。

金剛薩埵と四供養菩薩

これらのビハール州から出土した密教系の遺品に関しては、私たちは後にナーランダー遺跡から、小型仏塔の周囲に刻まれた金剛界四仏の三昧耶形《さんまやぎょう》を発見した。金剛薩埵を中心とする四供養菩薩《しくよう》との五尊石像も報告されている。

また、私たちが調査した昭和五十五年以後の収蔵品の中から、最近、如来形の胎蔵大日如来像が名古屋大学の宮治昭教授によって報告され、私もそれに賛意を表するものである。

それゆえ、中インド説の場合も、比較的根拠の弱かった遺品、とくに古い系統に属すると思われる如来形タイプ、つまり日本の大日如来像のように宝冠をかぶらない如来形の胎蔵大日如来像が見つかったことは、有利に作用することは事実である。

◇東インド説への展望

しかしながら、それでもなお、私は『大日経』が成立したインドの地理的、かつ精神的風土を実際に現地で体験した結果、以下の西インド説と中インド説の条件をすべて満足し、しかも歴史的にも善無畏三蔵や般若三蔵《はんにゃ》とも結びつく、東インドの重要性を強く提起したい。

残念ながら、オリッサ州に代表される東インドは、日本人の憧れる仏蹟地域ではなく、またアジャンター・エローラの両石窟に代表される観光コースではなかったので、これまで、製鉄・石炭などを扱う商社の人びとや、土着のダンスや絵画など民族学に関心のある人びとにしか知られていなかったが、まさに『華厳経』や『大日経』と密接に結びついた、密教の聖地であったことは違いない。

次に、東インド説を詳しく紹介しよう。

大日経とオリッサ

その風土と歴史状況

先に、代表的密教経典である『大日経』の成立地に関して、古来、北インド・南インド・西インド、そして中インドの各説があることを紹介した。

なかでも、ナーランダーを中心とする中インド説と、巨大都市ボンベイ（最近はムンバイという）北方のカティヤワール半島を中心とする西インド説が有力である理由も説明した。

これに対し、玄奘三蔵のいう五天竺のうち、オリッサ州を中心とする東インドだけは注目されることがなかったのは、不思議でならない。

◇東インド・オリッサ説の登場

インド東部の雑踏の大都会カルカッタから南西に約四百五十キロの地点にあるオリッサ州の州都ブバネーシュワルには、飛行機で約五十分、列車で八時間かかる。

オリッサ地方は、近世までの文献では、オディィサ（Odisa）と呼ばれているが、語源的には「米」と関係を持つ。牛が水田の草を食うのどかな田園風景からも知られるように、古くよりオリッサは、「米が成育する地方」、「米を食する地方」と理解されていたことがわかる。

ところが、私たち仏教者が開祖と仰ぐ仏陀釈尊が直接活動したいわゆる仏蹟ではないという先入観が強く働いて、これまで日本の学者はもちろん、一般の人びとにもほとんど注目されることはなかった。

とはいえ、オリッサはまったく仏教と無縁であったわけではない。最も有名な話は、仏教を保護した王として知られているアショーカ王が、紀元前三世紀の頃、オリッサにあったカリンガ王国を武力征服したことである。

このとき、十五万人以上を捕虜とし、双方とも無数の死傷者を出した。その結果、戦争の悲惨さを後悔したアショーカ王は、武力による征服から、法（宗教・倫理）による征服へ、その方針を転換することになったのである。

現在でも、オリッサでは二か所にアショーカ王が仏法を鼓吹するために刻ませた法勅碑文が残されている。なかでも、州都ブバネーシュワル南方十一キロのダウリには、現在日本山妙法寺によって白亜の大塔が建立されているが、その山裾に巨大な岩に刻まれた象の前半身と刻文が残されている。この碑文には、「すべての人民はわが子なり」という表現があることで知られている。

オリッサが、仏教の歴史の中で次に重視されるのは、七世紀の前半に、中国の仏教僧・玄奘三蔵（インド滞在・六二八〜六四二）がインドを一周する旅行の途中、「烏茶国」・「恭御陀国」と呼ばれていたオリッサを通過したことである。

なお、最近の学説の中には、玄奘三蔵はインドの一部しか実際に旅行せず、南インドや西インドは伝聞資料によって著述したという大胆な説がある。傾聴に値する見解であるが、現在の段階では少なくとも東インドまでは行ったと考えている。

とくに、オリッサ北部の烏茶国に関しては、

「烏茶国は、周囲七千余里、大都城は周囲二十余里ある。土地は肥沃で、農業は盛んである。（中略）

学芸を好んで飽きることがなく、多くのものは、仏法を信じている。

寺院（伽藍《がらん》）は百余か所、僧侶は一万余人で、みな大乗仏教を学んでいる。天祠《てんし》（ヒンドゥー教寺院か）は五十か所、異教の人びとが雑居している。（抄訳）」

と記述しているが、このように大乗仏教が栄えて、しかもヒンドゥー教と混合して社会生活が行われている文化状況は、『大日経』の成立背景とよく一致しているということができる。

樹下の巨大仏頭

◇胎蔵大日如来像の発見

東インドのオリッサ州、とくに後述するラトナギリ・ラリタギリ・ウダヤギリの三遺跡に代表されるカタック地方が『大日経』のふるさとではないかと言い出したのは私であるが、そのきっかけを見出されたのは、故佐和隆研博士である。

佐和博士は、はるか昔の昭和四十年代の頃、インド旅行中に、オリッサ州のラトナギリ遺跡が発掘中で多くの仏像

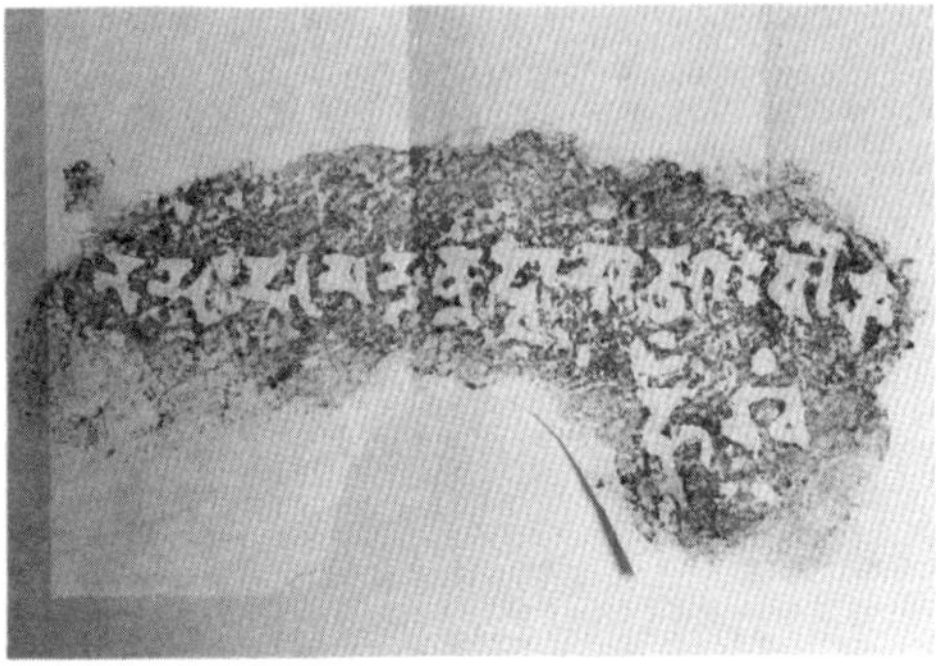

大日如来の真言の拓本

が掘り出されたとの情報を、当時留学中の豊原大成氏より得、予定を変更して早速現地に入って、バンヤン樹の下に放置されている巨大な仏頭や、二メートルを越す観音像などの模様を帰国後に『仏教芸術』誌に紹介された。

その中でも、とくに禅定印《ぜんじょういん》を結んだ菩薩形の像に注目され、わが国の胎蔵マンダラに見られる大日如来の図像と非常によく似ていることから、その可能性を指摘された。

しかしながら、佐和博士の慧眼にもかかわらず、オリッサが日本人の思い入れの多い仏蹟（釈尊の故地）ではなく、しかも佐和博士の仮説を証明する強力な文献資料がなかったこともあって、その後しばらく他の学者によって追跡調査、確認調査がなされることはなかったようである。

ところが縁が熟して昭和五十五年になって、佐和博士を団長とする嵯峨美術短期大学と私の所属する種智院大学の合同調査団が再び同地を訪れ、より詳細な調査を実施した結果、先述の石像が、間違いなく『大日経』に説かれる胎蔵大日如来であることが確認されたのみならず、隣接するラリタギリ遺跡からは、胎蔵大日の真言をはっきりと刻んだ異形タイプの大日如来像が発見されたのである。縁があるとは、こういうことをいうのであろうか。

前者のラトナギリ遺跡の大日如来像は、水田の中になだらかに広がる丘陵地の北部、巨大な僧院に付属する一辺四メートル余りの小さな祠堂の跡から発掘された。

紹介が遅れたが、ラトナギリ遺跡は、オリッサの州都ブバネーシュワルから東北に六十キロほどの、水田と丘陵が交錯するところにある。「瑞穂《みずほ》の国・オリッサ」がまるでパノラマのように広がっている。

この像は、日本の大日如来像と比較しても酷似していることは明らかである。すなわち、煩悩を離れたはずの如来であるにもかかわらず、長髪で、しかも胸飾りや腕輪などの装身具を身につけている。しかし、日本の胎蔵大日如来像と同様に、手の平を重ね合わせた禅定印を結び、しかも高くセットした長髪の上には、ベルト状の宝冠をいただいている。これは、「仏の中の仏」(Buddha of Buddha)、つまり「最高のほとけ」を意味するもので、密教では修行が終って宗教的免許皆伝を示す灌頂《かんじょう》の儀式で、必ず宝冠(宝をちりばめた冠)をかぶせる作法を行うことと無関係ではない。

このように、日本の胎蔵大日如来と全同ともいえる姿をとる仏像だが、この遺跡の発掘責任者であり、かつインドでは数少ない仏教美術・考古学研究の第一人者であるD・ミトラ女史(元インド考古局長官)も、最初はこの像を疑問符をつけながら文殊菩薩の一種(ヴァーク)としていた。

その理由は、インド屈指の考古学者である彼女でさえ、梵本資料が存在していない『大日経』には無知で、十二世紀頃まで時代の下る後期密教の図像資料(『サーダナマーラー』)に頼っていたからだ。

幸い、佐和先生の御縁もあって、昭和五十七年からミトラ女史と親しく学問的意見交換を行う機会を得て、二度ほど彼女が隠退したカルカッタの自宅を訪問させていただいた。もう八十歳に手が届こうとしているが、学問的情熱は衰えず、最近の論文では私の英文論文を参考にして、胎蔵大日如来と八大菩薩に詳しく言及している。

まことに、学問に国境や世代の差異がないことを痛感した次第である。

◇タイプの異なる二つの大日如来像

ラトナギリの第四祠堂から発掘された長髪・宝冠の菩薩形をとる石像が、一部の学者の異論にもかかわらず、胎蔵

左脇侍の聖観音

大日如来という学界の承認を得ることができたのは、左右の両側に配置される脇侍尊との関係によるものだ。

まず、右辺は金剛薩埵の高浮き彫り像である。三尊の中では最も破損の度合いが激しく、腕はかき落とされたようになっている。だが、持物《じもつ》（右手は金剛杵、左手は金剛鈴《れい》）から推して、金剛手菩薩が密教化した金剛薩埵であることは疑いない。

左辺の尊像も、ほぼ同寸法で三体がセットになっていたことを示している。この像の右手は、つぼみの蓮華（ハス）をつまむ形になっている。頭部には、五仏を配置するいわゆる五仏宝冠をいただくが、上部に定印をとる阿弥陀化仏《けぶつ》を置いている。同像が、日本でいう聖《しょう》観音であることは論をまたない。

このように、左右に聖観音と金剛薩埵を配する中央のほとけが、先述の像容から総合して胎蔵大日如来と考えるのは、当然のことである。

もちろん、日本に伝わる胎蔵マンダラと比較すると、観音院の中心である聖観音と金剛手院の中心である金剛薩埵の位置が逆である。けれども、私がこれまで折に触れて論じてきたごとく、三尊形式における蓮華手と金剛手の位置は、初期では不安定であり、また後代でも東インドを中心に、左辺に蓮華手、右辺に金剛手を配する三尊形式が残っている。なお、胎蔵系のマンダラは、金剛界系マンダラと東西の位置が逆になることも記憶にとどめておこう。ともあれ、これら三尊を配する小祠堂が「大日堂」であることは明らかである。

如来形の大日如来

もう一体の胎蔵大日如来像は、ラトナギリの南西に位置するラリタギリ遺跡の現地収蔵庫に保管されている。同像は高さ一一〇センチ、幅七五センチの石板に高浮き彫りされた比較的小規模の石像で、石質はインドのデカン高原の中部と東インドに特有の変成岩コンダライト石である。

像容は一面二臂《いちめんにひ》で、定印を結んで、獅子座《ししざ》に坐している。これだけでは、むしろ仏教と類似した宗教であるジャイナ教のジナ（勝者）像と間違われやすく、地元ではそう考えられていた。同様の如来形をとる石像がもう一体、同じラリタギリの収蔵庫に保管されている。

しかし、幸いなことに、われわれは同像の光背の上部に彫られている胎蔵大日如来の真言を見出すことができた。同真言は、サンスクリット語で、書体は七世紀から八世紀にかけてのものに近い。

日本の四度加行《しどけぎょう》の『胎蔵界念誦次第《たいぞうかいねんじゅしだい》』に用いられる「ノウマクサンマンダボダナン・アビラウンケン」という大日如来の真言と大略一致するが、一部に微妙な違いが認められる。これは、「ア・ビ・ラ」の部分が、元来は「ヴィーラ（勇者＝仏陀）」に対する呼びかけであったものが、『大日経疏』を著した一行禅師や、それを重視した弘法大師空海によって、むしろ地・水・火・風・空の五大の教義として確立されたものと思われる。

いずれにしても、日本と同様に、菩薩形と如来形という二種のタイプをとる大日如来像が、わずか十キロと離れていないオリッサの二つの遺跡から発見されたことは、重大な意味を持っている。つまり、複数の図像と系統が存在していたことを示しているからだ。

◇胎蔵マンダラのほとけたち

東インドを『大日経』のふるさとと考える第二の理由は、他の地域に比べて胎蔵マンダラに登場するほとけが、数多く出土していることである。

まず、四つの手に数珠・羂索《けんじゃく》・蓮華を持ち、残りの手で与願印《よがんいん》を結ぶ四臂の不空羂索観音は、ラトナギリ・ラリタギリ・ウダヤギリの三遺跡をはじめ、オリッサ地方に多数認めることができる。

次に、以前に強調した観音・金剛手・文殊・弥勒・普賢・地蔵・虚空蔵・除蓋障といういわゆる八大菩薩が、ラトナギリ・ウタヤギリ・ラリタギリの三遺跡から十数例出土し、仏教尊像の基本となっていることを取り上げておかねばならぬ。

後に、『大日経』のマンダラを説明する際に強調したいが、これらの菩薩の有力な働きなしには、胎蔵マンダラはもちろん、『大日経』そのものも成り立たないといっても過言ではない。

長くラトナギリ遺跡に野ざらしであった八大菩薩に囲まれた大日如来像は、インド密教の歴史を見ていたのだろう。

野ざらしの大日・八大菩薩

『般若心経』を密教的に解釈したことで有名な弘法大師空海が、希代の名著『般若心経秘鍵』を著すことができたのも、ヒントは『大日経』にあったことは疑いない。そこでは八大菩薩のうちの観音・弥勒・文殊・普賢が重要な役割を果しているからである。

このほか、『大日経』に説かれる胎蔵マンダラの最外周である最外院《さいげいん》に登場する帝釈天《たいしゃくてん》をはじめとする十二天《じゅうにてん》の基本となる十方天《じっぽうてん》、閻魔妃《えんまひ》などの七母天《しちもてん》も少し時代は下るが、オリッサに多数あるヒンドゥー教の寺院に認められる。

『大日経』は、仏教と民衆宗教のヒンドゥー教が共存した風土のもとに成立したのである。

善無畏三蔵

◇善無畏三蔵とオリッサ

先に紹介した『大日経』成立の北インド説、および中インド説の根拠の一つは、同経の漢訳者の善無畏三蔵に注目したものであった。確かに彼がナーランダー僧院で仏教を修学したことは、多くの史料が承認している。

ここで、密教僧の伝記を収録する『宋高僧伝《そうこうそうでん》』の善無畏伝を見ると、

「その先は、中天竺よりす。国難によって分れて烏茶国《うだこく》（オリッサ）に王たり。父を仏手《ぶつしゅ》という」

とある。

すなわち、善無畏の先祖は中インドにいたが、その後に分家して隣接の烏茶国の王になったという。

ところで、当時のオリッサの王朝は、仏教を保護したことで有名なバウマカラ（Bhaumakara）王朝であったことでは、諸学者の見解が一致している。その王統の中に少し時代が下るが、善無畏のインド名シュバカラシンハ（Śubhakarasiṃha）と同名であるシュバカラの名称を持った王が、数人存在していることは大変に興味深い。実際に現地を踏査した感触では、ナーランダー僧院と北部オリッサは、直線距離にすると数百キロ以内に収まるものであり、インドでは決して遠い距離ではない。

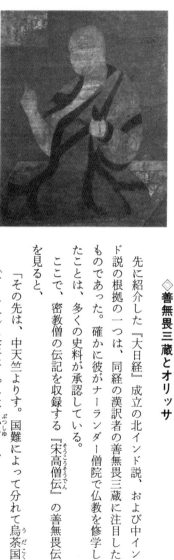

無能勝明妃（台座中央）をともなう釈迦如来

また、平成十年十二月の私にとっては五回目のオリッサ旅行では、近年、ラトナギリ遺跡に建てられた考古博物館の収蔵仏像の中に、釈迦如来像の台座部分に、小像ながら独特の姿をとる無能勝明妃《むのうしょうみょうひ》を表す作例を見出したが、実はこのような図像も善無畏三蔵と関係が深いのである。

もっとも、マンダラに慣れ親しんでいるはずの人びとでも、「無能勝」という珍しい名前のほとけが、しかも男女の夫婦尊として存在しているということを知っている人は数少ないだろう。

少し難しい話をすると、同じ『大日経』でも、漢訳とチベット訳では、マンダラに登場するほとけの内容と配列と位置に大きな差違がある。その中でも代表的なのは、如来を守護する無能勝（「他の者に負けない」の意味）明王の夫婦で、とくに明妃と呼ばれる妻は、平手で悪しき者を叱りつけるという。日本の密教では、その真言を唱えることがわずかながらあるが、ほとけとしては八大明王の一尊として登場する以外は、ほとんど知られていない。

その無能勝明妃を台座に浮き彫りした釈迦如来像が、『大日経』のふるさとと私が推定しているオリッサ州のラトナギリ遺跡から出土したことは、大きな意味を持っている。

なぜならば、『大日経』の原文では、この無能勝夫婦は「真言主《しんごんしゅ》の下にあり」と説かれているが、この「真言主」

に対して、大日如来とする解釈（チベット訳主流系）と釈迦如来とする解釈（漢訳系）の二つの理解法があり、オリッサとも縁の深い善無畏三蔵の訳出になる漢訳の『大日経』では、無能勝明妃は釈迦如来に付属している。

わが国の胎蔵マンダラの図像も、もちろん漢訳の系統に属しており、無能勝明王・明妃は釈迦如来の下に描かれている。このようにして、オリッサと善無畏と『大日経』との強い結びつきが、改めて確認されたのである。

◇『華厳経』との近親性

大乗経典の一つである『華厳経』と『大日経』が密接な関連を持つことは、すでに紹介した。本尊がともに「ヴァイローチャナ」であり、内容に海に関する記述が多いことなどが注意をひく。

この『華厳経』がオリッサと浅からぬ関係を持っている。第一に、有名な善財童子《ぜんざいどうじ》の求法物語を説く「入法界品《にゅうほっかいぼん》」に登場する地名の中に、トーサラ・ナガラ、カリンガヴァナ・ナガラなどの東インドの地名が重要な役割を果している。

第二に、唐代密教のみならず、空海にも大きな影響を与えた西明寺円照《さいみょうじえんしょう》の『貞元釈教目録《じょうげんしゃくきょうもくろく》』によれば、オリッサ（烏荼国）の清浄師子王《しょうじょうしし》が、『華厳経』の「入法界品」にあたる『四十巻華厳経』の自ら書写した梵本を、唐の高宗《こうそう》皇帝に献じたという。それを後に空海の梵語の先生であったインド僧の般若三蔵が訳出し、その新経を空海が日本に持ち帰っていることは、何という不思議な縁だろうか。

この清浄師子王の梵名は、例の善無畏三蔵と同じシュバカラシンハであるが、バウマカラ王朝のどの王に比定するかはインドの学者の間でも意見が分かれている。

ただ、大感激したことであるが、平成八年七月、十四年ぶりでオリッサを訪れ、ラリタギリの収蔵庫へ立ち寄ったら、いつの間にか英文の紹介文が掲示されており、そこに私が述べた善無畏三蔵・般若三蔵などのことが詳しく説明されていたのである。インドと日本は決して遠くはないのだ。

◇ジャワ密教とのつながり

西インド説を主張した栂尾祥雲説の根拠の一つに、『大日経』の各所に海に関する記述があることをあげている。この点をいうならば、オリッサはインド有数の海浜国で、北に接するベンガルとともに豊富な海産物で知られている。

同じく西インド説の根拠の一つに、『大日経』に登場する諸尊が比較的軽装である点に注目している。しかし、パタと呼ばれる衣裳は、西インドに限定されるものではなく、それを身にまとうオリッサのダンスがインドでも人気を得ているように、『大日経』に説かれる諸尊の衣裳とよく符合する。

最後に、東インド説を強力に支えるものとして、東南アジア、とくにインドネシアの密教との親密な関係を列挙しておこう。

ジャワ・スマトラなど東南アジアの一部に、金剛界・胎蔵双方の密教の遺品が残っている。また、最近では松長恵史氏の新しい研究によって、後期密教の初期的導入を示唆する立体マンダラ（金銅製の仏像を並べたもの）が見出されたことも今後の楽しみである。

『大日経』・胎蔵系に限っていえば、古代ジャワの仏教綱要書である『聖大乗真言理趣論《しょうだいじょうしんごんりしゅろん》』に、『大日経』の実践面を主に説く「具縁品」の一部が引用されていることが知られているが、佐和博士の調査によれば、スマトラには胎蔵大日如来と考えられる石像が、幾体か野ざらしのまま放置されていたという。

また、日本にも知人の多いインドの代表的密教学者のローケーシュ・チャンドラ博士は、世界文化遺産であるボロブドゥール大塔に金剛界マンダラの要素を認めるとともに、隣接する仏教の祠堂であるチャンディ・ムンドゥーを胎蔵マンダラの一変形として把握し、金胎両部《こんたいりょうぶ》を読みとろうとする。

少し強引な印象は否めないが、確かに外壁に見事に浮き彫りされている八大菩薩は、図像的にはオリッサのそれと十分に整合しないとはいえ、八尊の内容はまったく同軌である。八大菩薩を『大日経』だけで包括するのは問題だが、『大日経』が八大菩薩の系譜に属する経典であることは承認してよいだろう。さらに、本尊にあたる如来と蓮華手・金剛手の両脇侍から成る三尊を、胎蔵マンダラを構成する仏・蓮・金の三尊と解釈すると、ローケーシュ・チャンドラ博士の解釈も不可能ではない。

ともあれ、東南アジアは、ベンガル湾をはさんで東インド、および南インドと強く結びついている。七世紀から九世紀にかけてのインド東海岸の著名な港としては、西ベンガルのタームラリプティ、オリッサのチャリトラ、プーリー、そして南インドのカンチープラムなどが知られており、これらの港からインドの密教が東南アジアにも伝播したのである。

現代社会の混迷も深まり、無常の風が吹き荒れる現在、『大日経』の思想的可能性をこれから俎上《そじょう》に上げたいが、鏡のごときベンガル湾の朝日を見ながら、大日如来のリアリティを垣間見た昔を思い出している。

大日経の資料と構成

教義と実践

◇『大日経』の資料

人びとに広く信仰された大乗経典は、『般若心経』であれ、『法華経』であれ、『阿弥陀経』であれ、インド（ネパールも含む）で著された梵本（サンスクリット語等の写本）と、中国で翻訳された漢訳本と、チベットでチベット語に翻訳されたチベット訳の三種の文献資料を持っている。

『大日経』とともに「両部の大経」と呼ばれる『金剛頂経』も、まさにそのようになっている。

肝心の『大日経』の場合、果してどうだろうか。

結論から先にいうと、インドで成立したはずなのに、梵本としては現在の段階では発見されていない。

もっとも、他の漢訳とチベット訳のように、保存に適した紙に書かれた経典ではなく、インドの梵本は、白樺の木の樹皮やターラ（多羅《たら》）という名前の植物の葉に刻まれることが多かったので、腐ったり、破損されたりしやすい。時代の下るネパール梵本が多く遺っているのは、材質が紙だからである。

また、インドそのものが高温・多湿の国であるので、保存が極端に難しく、わずかに発見された梵本の大部分は、中央アジアの砂に埋った遺跡からタイムカプセルのように運良く見つけられたものである。したがって、梵本が見つかっていないこと自体は、他の仏教経典と比較しても必ずしも特異なことではない。

むしろ、特筆すべきは、漢訳の方かも知れない。なぜならば、すでに紹介したごとく、『大日経』は、有名な玄宗皇帝の開元十三年（七二五）に、シルクロード経由で来唐したインド僧の善無畏三蔵と、中国人の弟子であった一行禅師の二人によって、漢語に訳出されたが、その漢訳『大毘盧遮那成仏神変加持経』七巻が唯一の漢訳経典である。

ここで、「唯一」ということにこだわったのは、現代の出版事情もそうであるが、はやっているもの、受けているものであれば、同じ経典が種々の人によって、何度も翻訳されるものである。

わが国の古典の定番である『源氏物語』についていえば、船橋聖一の『源氏』もあれば、村山リウの『源氏』もある。最近では、人生経験の豊富な瀬戸内寂聴の『源氏』もファンが多いそうだ。

仏教の経典では、やはり人気の高い『般若心経』が、玄奘訳を筆頭に、鳩摩羅什《くまらじゅう》訳など計七種の漢訳がある。日蓮宗をはじめ、同宗系の新興宗教で絶対視される『法華経』は、唱題《しょうだい》として知られている羅什訳の『妙法蓮華経《みょうほうれんげきょう》』など三種の漢訳がある。

『大日経』のライバルともいうべき『金剛頂経』も例外ではなく、『大日経』に遅れること二十八年の天宝十二年（七五三）に、中国密教の大家である不空《ふくう》三蔵（七〇五～七七四）が翻訳した『金剛頂一切如《こんごうちょういっさいにょ》来真実摂大乗現証大教王経《らいしんじつしょうだいじょうげんしょうだいきょうおうきょう》』三巻（別称『三巻本教王経』）のほかに、約二百年後の北宋代の初めには、インドからやってきた施護《せご》三蔵によって、『仏説一切如来真実摂大乗現証三昧大教王経《ぶっせついっさいにょらいしんじつしょうだいじょうげんしょうさんまいだいきょうおうきょう》』三十巻（別称『三十巻本教王経』）が訳出されている。量が十倍に膨れ上っていることも無視できない。

このように、有力な経典、流行した経典は、何度も翻訳されるのに対し、『大日経』は、わずかに一回だけしか翻訳されていない。しかも、伝承によると、その梵本（主要部分）は、インド留学から帰国の途中、北西インドで客死した中国人僧の無行の所持していたテキストだといわれている。

以上のような歴史状況から考えると、梵本が現存しないのは、すぐ後から流行してくる『金剛頂経』と比較して、『大日経』の流行と影響力が必ずしも十分でなかった可能性が考えられる。

また、中国でも、確かに後世の密教に与えた思想的影響は少なくない。後に詳しく紹介するように、『大日経』の冒頭の章であり、主に教義を説く「住心品」は、日本と韓国の密教に決定的影響を与えたことは忘れてはならない。

ただ、漢訳が一つしかなかったことは、すでに北宋の初め（十世紀）の頃には、インドで『大日経』の流行が終息し、それ以後の密教は、弟分にあたる『金剛頂経』と、それを土台として新たに生理的な行法や性的な行法を体系化した後期密教の時代になっていたことを示しているといえよう。

近年、日本の密教とチベットの密教の違いに注目し、とくに後者の持つ宗教的パワーを高く評価する意見も少なくない。方法論を誤ったとはいえ、麻原彰晃のオウム真理教（現アーレフ）もその範疇に属するものといえるだろう。

両者の質的違いは、密教の思想と歴史を考える者にとって不可欠の視点であるが、とくに過去の結果を冷静に判断する歴史の立場からは、『大日経』・『金剛頂経』をベースとする中国・日本の密教と、それ以後の後期密教を最高位に置くチベットの密教とは、やはりウェイトを置くステージが違っていたことは心にとどめておかねばならない。

話は前後してしまったが、チベット語に翻訳された『大日経』が一本伝わっている。このチベット訳の『大日経』は、八二四年に編纂されたとされる公式経典目録の『デンカルマ目録』に記載されており、チベットの仏教史でいう「旧訳」にあたる。訳者は、インド僧のシーレーンドラボーディとチベット僧のペーチェクの共訳である。

チベットの仏教史では、十一世紀の前半頃、新しい仏教の復興に多大の貢献を果したリンチェンサンポ（九五八～一〇五五）の翻訳以降の訳経を「新訳」と称しているが、歴史は正直なもので、『大日経』は旧訳、『金剛頂経』は新訳である。

こんな所にも、両経の相違を如実に反映しているのである。

◇いくつかの注釈書

機念ながら梵本の見つかっていないことは紹介したが、サンスクリット語で書かれたであろう注釈書も現存していない。

もっとも、九世紀の頃に大乗仏教と密教をともに学んでいた著名な学匠のカマラシーラ（蓮華戒《れんげかい》）の著した『修習次第《しゅじゅうしだい》』に、『大日経』のキャッチフレーズともいうべき「三句《さんく》の法門《ほうもん》」が引用され、さらに十二世紀頃の諸尊観想の儀軌《ぎき》『サーダナマーラー』に『大日経』の実践修行の部分などが引用されていることを見ると、『大日経』がインドで成立し、インドで人びとに信仰され、かつ実践されていたことは事実である。

『大日経』を理解する上で不可欠な注釈書は、漢訳の『大日経』が翻訳された直後に、師匠であるインド僧の善無畏三蔵が、弟子である中国人の一行禅師にその内容を解説した『大日経疏』二十巻である。

なお、天台教学や禅などの仏教思想に造詣が深く、しかも唐代に生きた中国人インテリの一般的傾向として、中国の民衆宗教の道教にも通暁していた一行禅師は、『大日経』漢訳の事実上の責任者であるとともに、『大日経疏』の撰者であった。

一行禅師

したがって、後述するように、「大日如来」と「即身成仏」という密教の根本用語は、いずれも博識を誇る一行禅師の新造語と思われる。

道教学の権威である福永光司・元京大教授によれば、『大日経疏』に初めて登場する「即身成仏」という四字の熟語は、道教に説く「即身地仙」もしくは「即身不死」を意識したものという。確かに、臥薪嘗胆《がしんしょうたん》、四面楚《しめんそ》歌《か》などの四字熟語は、歴史を誇る中国の人びとの知的所産であり、密教のみならず、儒教・道教、さらには天文学など自然科学にも広範な知識を持っていた一行だからこそ成し得た偉業であったのである。

なお、『大日経疏』の撰述年次は不明であるが、開元十三年の『大日経』の訳出以降であろう。そして、不幸にも開元十五年（七二七）九月には、重病の床につき、十月八日には四十五歳の短い生涯を終えている。

そのためか、『大日経疏』の文章は、必ずしも十分な修訂が加えられておらず、難解・不可解な個所も少なくない。

後になって、委嘱を受けた智儼《ちごん》と温古《おんこ》が校訂したのが『大日経義釈』であり、十四巻本が多く用いられている。

両者は、もとは同一でも、現形では相違している。空海が『大日経疏』を重視し、また慈覚大師円仁と智証大師円珍が、ともに『大日経義釈』を持ち帰ったことによって、真言宗では『大日経疏』を、天台宗では『大日経義釈』を用いるのが伝統となっている。

このほか、漢文で書かれた注釈書としては、晩唐期の新羅《しらぎ》国の僧であった不可思議の『大毘盧遮那経供養次第法疏』二巻があるが、これは実践法を説いた部分のみの解説である。

◇チベット訳が残る注釈書

いわゆる近代仏教学では、漢訳経典だけではなく、サンスクリット語とチベット語の資料を対照するのが常識となっているが、くり返すように、『大日経』の注釈書等には梵本資料が報告されていない。

しかし、幸いなことに、八世紀の頃にインドで活躍した密教の学匠ブッダグヒヤ（Buddhaguhya）が著した二種の注釈書のチベット訳が各種のチベット大蔵経に収録されており、それを利用することができる。

(1)『毘盧遮那現等覚《げんとうがく》タントラ要義《ようぎ》』（通称『大日経略釈《りやくしやく》』）

(2)『毘盧遮那現等覚神変加持大タントラ疏』（通称『大日経広《こう》釈』）

このうち、前者は『大日経』の要点を簡潔にまとめたもので、一種のレジュメにあたる。ちなみに「現等覚」とは、明瞭に悟ることを意味する。大日如来の別名は現等覚如来である。

これに対し、後者の『大日経広釈』は、経典の本文に対して、各語を説明した逐語釈であり、量的にも大部である。

この『大日経広釈』にも、漢訳の『大日経疏』の場合と同様、訳出されたまま校訂を受けていない未校訂本と、数百年後の十五世紀にチベットの学匠であったションヌペーによって手が加えられた校訂本がある。

校訂本の末尾の跋文《ばつぶん》（奥書）によると、『大日経広釈』に引用する『大日経』の本文は、いわゆる旧訳であったため、当時（十五世紀頃）流行の『大日経』の本文との間にかなりの相違が生じていたようである。そこで、当時の『大日経』の本文と合致するように、主に経典の部分を改訂したのが校訂本であるという。

現在、日本の密教で常用されている『理趣経』の場合もそうであるが、経典は生きているものであり、多く使われ、信仰されるほど文章や思想の多様性が増加してゆく。

したがって、一つの固定的な解釈にのみ固執することは、ややもすればその経典の秘めた生命力を損なうことになってしまう。

なお、八世紀に活躍したブッダグヒヤは、当然のことながら、すぐ後から大流行してきた『金剛頂経』を知っていた。そして、『金剛頂経』に対する注釈書すら書いている。

同様に、漢文の注釈書である『大日経疏』を撰述した一行禅師も、『金剛頂経』を知っている。それは、『大日経』の翻訳者である善無畏三蔵に師事する以前に、『金剛頂経』系密教の請来者である金剛智《こんごうち》三蔵に教えを受けていたからだ。

それゆえ、一行禅師の『大日経疏』には、「金剛頂宗」という言葉も使われている。つまり一行は、『大日経』と『金剛頂経』が系統の異なる経典であることを意識していたのである。このような状況を考えると、『大日経』の注釈書においては、インドでも、中国でもすでに後発の『金剛頂経』が視野に入っていたといえよう。

◇『大日経』の構成

『大日経』を解説するにあたっては、漢訳の『大日経』をベースにして紹介したい。なぜならば、やはり日本の密教、とくに『大日経』を支えたのは、漢訳の『大日経』と漢語で書かれた『大日経疏』、もしくは『大日経義釈』であったからである。

とはいえ、同じ内容の経典が、風土と文化の異なったチベットにおいても信仰された事実は無視できない意味を持つ。両者における共通点は、いずれの文化圏においても受容されたことを示しており、逆に相違点は、いずれか（場合によっては双方とも）の文化圏において変容をとげたことを表しているからである。

そこで、『大日経』の構成について、漢訳（供養次第法を含む）七巻三十六品を順に並べるとともに、チベット訳の『大日経』の章品の順を下にアラビア数字で表示すると、次のようになる。

〔**大日経**〕

入真言門住心品《にゅうしんごんもんじゅうしんぼん》　第一　1
入曼《にゅうまん》（漫）茶羅《だら》具縁《ぐえん》真言《しんごん》品　第二　2
息障《そくしょう》品　第三　3
普通真言蔵《ふつうしんごんぞう》品　第四　4
世間成就《せけんじょうじゅ》品　第五　5
悉地出現《しつじしゅつげん》品　第六　5
成就悉地《じょうじゅしつじ》品　第七　6
転字輪曼茶羅行《てんじりんまんだらぎょう》品　第八　10
密印《みっちん》品　第九　11
字輪《じりん》品　第十　12
秘密曼茶羅《ひみつまんだら》品　第十一　13
入秘密曼茶羅法《にゅうひみつまんだらほう》品　第十二　14
入秘密曼茶羅位《い》品　第十三　16
秘密八印《ひみつはっちん》品　第十四　15
持明禁戒《じみょうきんかい》品　第十五　17
阿闍梨真実智《あじゃりしんじっち》品　第十六　18
布字《ふじ》品　第十七　19
受方便学処《じゅほうべんがくしょ》品　第十八　20
説百字生《せつひゃくじしょう》品　第十九　21
百字果相応《ひゃくじかそうおう》品　第二十　22
百字位成《いじょう》品　第二十一　23

百字成就持誦《じようじゆじじゆ》品	第二十二	24
百字真言法《しんごんほう》品	第二十三	25
説菩提性《せつぼだいしよう》品	第二十四	26
三三昧耶《さんざんまや》品	第二十五	27
説如来《せつによらい》品	第二十六	28
世出世護摩《せしゆつせごま》法《ほう》品	第二十七	29
説本尊三昧《せつほんぞんさんまい》品	第二十八	7
説無相三昧《せつむそうさんまい》品	第二十九	8
世出世持誦《せしゆつせじじゆ》品	第三十	9
嘱累《しよくるい》品	第三十一	29
〔供養次第法〕		
真言行学処《しんごんぎようがくしよ》品	第一	別の儀軌
増益守護清浄行《そうやくしゆごしようじようぎよう》品	第二	別の儀軌
供養儀式《くようぎしき》品	第三	別の儀軌
持誦法則《じじゆほつそく》品	第四	別の儀軌
真言事業《しんごんじごう》品	第五	別の儀軌

この対比表から、いくつかの事実を読みとることができる。まず第一に、漢訳では、末尾に付されるものの、同一経典として扱われていた供養次第法が、チベット訳では独立した儀軌と考えられ、作者名も記されていることである。

漢訳の場合も、供養次第法の部分のみは善無畏が所持していた梵本から翻訳したという説もあるくらいなので、厳密には切り離して考えるべきかも知れない。

第二に、一見して明らかなように、漢訳とチベット訳では、一部の章品の順序に出入がある。これは、八世紀の漢訳と九世紀のチベット訳のテキストが異なっていたことを示しており、人びとの信仰に支えられた経典は、たえず変化していたことを証明している。

構成的にいえば、「成就悉地品」の後に、「説本尊三昧品」・「説無相三昧品」・「世出世持誦品」の三章品を続けるチベット訳の方が論理的な構成となっている。

第三に、日本の伝統密教では、冒頭の第一章の「入真言門住心品」、つまり「真言の教えに入って心を考察する章」こそが、『大日経』の教理を説く重要部分であり、次の「入曼荼羅具縁真言品」（チベット訳では「身《しん》曼荼羅を建立する真言蔵《しんごんぞう》の章」）以下は、教理を踏まえた上での具体的実践修行を説くとする解釈がある。

これは、とくに日本の密教で、「教相《きょうそう》」（思想・教義）と「事相《じそう》」（実践・作法）という二分法が固定化して以後、強力に出来上った概念であり、『大日経疏』を学ぶ場合でも、「住心品」は講義・講伝として教えることができるが、「具縁品」以下は、「奥《おく》の疏《しょ》」として阿闍梨（師匠）の伝授を必要とするとされているのである。

この点、事教二相の区分が困難な『金剛頂経』とは、好対照をなしている。

次に、いくつかの視点から『大日経』の構成を眺めてみると、仏教の基本概念の一つである三学《さんがく》（学ぶべき三つの重要要素）をあてはめれば、以下のようになろう。

(1)戒《かい》（いましめ）　「持明禁戒品」
(2)定《じょう》（精神集中）　「具縁品」
(3)慧《え》（正しい智恵）　「住心品」

概念の整合性にウェイトを置く哲学や、善悪の規律を軸とする倫理とは違って、宗教である仏教は、これらの三要素を不可欠とするのみならず、さらに「結果」、もしくは「効果」にも無関心ではいられない。

密教では、聖なるほとけ、およびそれと掛け橋を結んで渡り始めた修行者の功徳力《くどくりき》などによって生じる結果功徳を「悉地《しつじ》」と呼んでいる。

これを説くのが、「悉地出現品」や「成就悉地品」などで、最近はやりの超能力とも無関係ではない。

このほか、実践修行に限っていうと、密教が座標軸に用いる身・口・意に関して、

(1)身（身体）　「密印品」

(2)口（言葉）　「普通真言蔵品」

(3)意（精神）　「具縁品」

と配当することもできる。

さらに、後に詳しく紹介するマンダラについていえば、尊形《そんぎょう》と象徴物と文字のマンダラが、以下の章品に説かれている。

(1)尊形マンダラ　「具縁品」

(2)象徴物マンダラ　「秘密曼荼羅品」

(3)文字マンダラ　「転字輪曼荼羅行品」

このように『大日経』は、三十数章品の中に仏教の重要な要素を自在に織り込みながら、私たちに密教を語っているのである。

大日如来誕生

新しいほとけの成立

◇『大日経』の本尊

先年、北京で清東陵《しんとうりょう》や文化大革命を逃れた金銅仏などの調査をしているときに、ダイアナ元皇太子妃の葬儀があり、またカルカッタの聖母マザーテレサの死を知った。北京のホテルでも、杭州のホテルでも、日本の衛星放送を美しい画面で見ることができる。世界は、確かに狭くなった。時には目を広く開かないと、地域内や国内の情報だけでは、新しいインパクトを生み出すことは難しい。

よく言われていることだが、日本の仏教の現状を思想・実践・制度・習俗など何らかの視点から価値判断しようとする場合には、議論の比較の間接資料として、他国の仏教に関心を払う必要がある。よく聞く話だが、「親戚を見ればその家庭がわかる」という言葉も、あながち誇張ではあるまい。

さて、『大日経』という用語は後世の略称で、中国の古い史料にはまったく見られない。ただし、「大日」という言葉そのものは、漢訳の『大日経』や注釈書の『大日経疏』に説かれている。つまり善無畏三蔵と一行禅師の師弟が作った言葉だ。

『大日経』では、第一章品である「住心品」の冒頭に、本尊となる大日如来（正確には毘盧遮那如来）が重要な役割をもって登場してくる。

以下、そのいくつかのポイントを取り上げていこう。

まず、経典の冒頭を漢訳でたどれば、次のようにある。

「一時《いちじ》、薄伽梵《ばがぼん》は、如来の加持《かじ》する広大金剛法界宮《こうだいこんごうほっかいぐう》に住したもう。一切の持金剛者《じこんごうしゃ》は、皆ことごとく集会《しゅうえ》す。

（中略）

菩薩の身《しん》をもって、獅子座《ししざ》となす」

胎蔵大日如来（御室版）

解説を加えると、薄伽梵とは、梵語の bhagavan の音写である。供養を受くべき尊き師の意味で、大日如来をさす。意訳して世尊《せそん》ということも多い。

つまり、本経の最初の場面設定としては、本尊たる大日如来が、あるとき、自らの不思議な力によって（出生《しゅっしょう》した）広大、かつ金剛石（ダイヤモンド）のように高貴で堅固なさとりの世界に住しておられたことになる。

ここでは、いわゆる「法身《ほっしん》」（さとりをその本質とする在り方）という規定は、『華厳経』のようには直接説かれていないが、「法界宮殿《ほっかいぐうでん》」（さとりの宮殿）という間接的表現の中に、大日如来が、釈尊のような歴史性を含んだ存在ではなく、『華厳経』の盧舎那仏のごとく、世界の全体を象徴するコスモス的なほとけのカテゴリーにあったことがわかる。

そのことは、回りを取り囲む眷属仏（つき従うほとけ）の内容によっても、さらに傍証される。

上記の引用では、「一切の持金剛者」が「集会す」とあったが、通常の経典では、釈迦如来を取り囲むのは、阿難《あなん》や舎利弗《しゃりほつ》（『般若心経』では、舎利子《しゃりし》）などの声聞《しょうもん》・比丘《びく》（出家僧侶）であり、『阿弥陀経』や『法華経』などの大乗経典では、それぞれ観音と勢至、文殊と普賢といういわゆる脇侍の菩薩たちであったのに対し、密教経典である『大日経』では、人間性の顕著な比丘や、誓願と修行のシンボルである菩薩ではなく、「持金剛者」（執金剛ともいう）と呼ばれる特異なグループが大日如来を取り囲んでいる事実に注目しなければならない。

この持金剛は、かつては「ヴァジュラパーニ」（金剛手）や「ヴァジュラダラ」（執金剛）と呼ばれた釈尊のボディガードで、金剛杵（ヴァジュラ）という古代インドの武器を持って、仏教のシンボル釈尊を守る精霊的存在であった。

つまり、歴史的人間ではなく、また高位の神でもない。初期の仏教で活躍するヤクシャなどの半神的・精霊的存在であり、仏教で好まれた四天王とも近い関係にある。

こうした持金剛という尊格グループは、それの持つ神秘的な力のために、次第に単なるボディガードから、不思議な力を持つ密教の支持母体と見なされるようになり、結果的には密教を支えるほとけの集団となったのである。『大日経』や『金剛頂経』に説かれる「金剛部」は、このような持金剛のグループが、菩薩を中心として強大なファミリー（部族）を形成したものである。

先の引用の最後の「菩薩の身をもって、獅子座となす」という個所は、従来、難解な部分で、一行禅師もかなり無理をして説明している。

けれども、思い切っていうならば、それは漢訳者などの誤解で、「菩薩の身でありながら、獅子に座す」と逆接に読む方が適切である。

なぜならば、従来の仏教の常識では、さとりを開いた如来、とくに釈迦如来が百獣の王たる獅子にたとえられて、その上に坐すことができる。実に「獅子吼《ししく》」（ライオンが吠える）とは、仏教では釈尊の説法を指している。

ところが、のちに説法のエキスパートである文殊菩薩がその実力を買われて、獅子に坐す表現が流行したことを例外として、菩薩は原則として百獣の王の獅子に乗ることはない。

もう一つ重要なポイントは、大日如来の図像表現である。周知のように、大日如来を姿形で表現する場合、いわゆる「如来」でありながら、身には首飾りや腕輪（腕釧《わんせん》と臂釧《ひせん》）をつけ、さらに長髪で宝冠をかぶっている。このような表現は、身に大衣《だいえ》をまとうだけで、髪も剃髪した螺髪《らほつ》頭の如来形ではない。むしろ、菩薩形と呼ぶべきであり、わが国でも『胎蔵図像』のような異種の資料を除けば、彫像も画像もほとんど菩薩形で大日如来を表すが、その根拠は、先述の「菩薩の身でありながら」という経文なのである。

◇「大日」たる理由

古来、『大日経』の本尊たる大日如来を規定する重要な経文として名高いのは、「住心品」にある次の短い一文である。

「いわゆる三時《さんじ》を越えたる如来の日《ひ》、加持したもうがゆえに、身語意平等句《しんごいびょうどうく》の法門なり」

この個所も大変難解であり、注釈書の『大日経疏』も多くの筆を割いている。とくに、「三時（過去・現在・未来）を越えたる如来の日」という言葉が、「大日如来」が通常の太陽を意味する「日」を超越している理由を、以下の三つの視点から興味深く論じている。

(1)除暗遍明《じょあんへんみょう》
(2)能成衆務《のうじょうしゅうむ》
(3)光無消滅《こうむしょうめつ》

いま、『大日経疏』に説くところを要約して説明すると、梵音《ぼんおん》（サンスクリット語発音）の「毘盧遮那」（vairocana）は太陽の意味を持つが、「大毘盧遮那」、つまり「大日」と称せられる第一の理由は、闇を除き、あらゆるものを平等に照らし出すことにある。一方、世間の太陽は、昼だけ照らして、夜は照らさないなど完全ではない。

第二に、太陽は、あらゆる草樹を生長させるなど、すべての生命を育み、成就させる働きを具備している。

第三に、太陽が赫々《かくかく》と照らしているにもかかわらず、周りに厚い雲がかかると、消えてしまったように見える。しかし、太陽は覆われても消滅することがないように、大日如来の光明も決して消滅することはない。

このように『大日経疏』は、太陽、もしくはそれをさらに越えたものにたとえて、大日如来の徳性を強調している。

◇本地と加持への展開

先に掲げた「如来の日」というキーワードに接して、「加持したもうがゆえ」という第二に重要なワードが登場する。『大日経』の本尊である大毘盧遮那如来（大日如来）が、哲学的には大宇宙を総体として捉える法界仏《ほっかいぶつ》（法身）であることは、すでに多くの人びとによって論じられている。

前項で触れた「法界宮殿に住す」も同趣旨であるが、その問題をさらに展開させるきっかけとなったのが、「加持」の概念である。

すなわち、法界身《ほっかいしん》・法身という存在をトータルで捉えることは決して難しくないが、密教は単なる存在論ではなく、そこには必ず作用（働き）が要求される。作用なき理論は、哲学としてはハイレヴェルであっても、宗教としては無意味である。

『大日経疏』は「加持」、すなわちほとけの聖なる力を受ける働きを仏身《ぶっしん》（ほとけのあり方）の中に組み入れて、次のように説く。

「薄伽梵は、すなわち毘盧遮那の本地法身《ほんじほっしん》なり。次に如来というは、これ仏の加持身《かじしん》なり、その所住のところを受用身《じゆゆうしん》と名づく。すなわちこの身《しん》をもって、仏の加持住所《かじじゆうしょ》となす。

（中略）

すなわち、無相の法身と無二無別《むにむべつ》なり」

要約すると、一つの大日如来に「本質的存在」（本地法身）と「作用を受け持つ現象的存在」（加持受用身《かじじゆゆうしん》）との二種のあり方があることを認めている。

そして、そのいずれもが「さとりの存在」（法身）であるとしたことは、常に生きとし生けるものの中に仏の現れを見ようとする密教の思想傾向と合致する。

このうち、本地法身とは、それ自体がさとりの当体であることを意味し、別に自性法身《じしょうほっしん》と呼ばれることもある。のちに発達した『金剛頂経』系の仏の考え方（仏身論）では、その言葉を用いることが多い。

ところが、本質的・本体的な存在は、その絶対性のゆえに、修行や救済などの変化《へんげ》的要素を読み込みにくい。キリスト教やイスラーム教などの一神教であれば、絶対的要素のみならず、相対的・現象的要素も神の属性に包み込むことができる。人格神の場合はなおさらである。

しかるに、『華厳経』の盧舎那仏や『大日経』の大日如来のように、理念的要素の色濃いほとけの場合は、本体（本地）と連続性を持ちながら、しかも私たちの現象世界とも通路（チャンネル）を持ったほとけの存在が必要不可欠である。

この点に関しては、大乗仏教においてすでに受用身（報身）という仏の存在が登場していた。それは、誓願という宗教的決断と修行という宗教エネルギーの蓄積と燃焼によって、結果的に出現すべき仏のあり方である。その代表例が、阿弥陀如来と薬師如来という庶民に人気のあった二体の如来であったことは周く知られている。

そこに新しい要素として脚光を浴びたのが、「加持」という聖と俗の接点となる強力な発想であったことは容易に理解される。

「加持」とは、「加護《かご》」ともいい、聖なるものが他のものに対して何らかの影響・効果を与えることで、哲学的というよりは、むしろ宗教的な概念である。

日本密教の確立者となった弘法大師空海が、主著の『即身成仏義《そくしんじょうぶつぎ》』の中で、

「加持とは、如来の大悲《だいひ》（大いなる慈悲）と衆生《しゅじょう》の信心とを表す。仏日《ぶつにち》（仏の太陽）の影、衆生の心水《しんすい》（心の水）に現ずるを加といい、行者の心水、よく仏日を感ずるを持と名づく」

という風に「加持」という語を二分し、仏（聖）と我（俗）の二極からの掛け橋を新たに設けようとしたことも記憶にとどめたい。

いずれにしても、「加持受用」（聖なる力を受け、それを享受する）という質的差異をカヴァーできる働きを得たことによって、『大日経』の大日如来は、単なる理念的存在ではなく、「行動できる」仏となったのである。

なお、学問的にもう少し厳密にいうと、『大日経』の本尊となる毘盧遮那仏（大日如来）が、経典中に

説かれるように、広大なる金剛法界宮でさとりの楽しみを享受している場合、あるいは実際のマンダラに姿・形をとって現れる場合は、顕教的《けんぎょう》仏身論の立場から、法身ではなくて、受用身（報身）と理解することも不可能でない。

実際のところ、チベット訳の残る注釈書でも、金剛界マンダラにおいて実際に登場する金剛界大日如来は、大乗仏教の阿弥陀如来のように、受用身の概念で理解することがある。

しかし、大切なポイントは、宇宙的実在を姿・形を越えた全体性として捉えるか（本地法身）、または姿・形を持つ具体的存在として表現するか（加持受用身）の相違であって、『大日経』（正確には『大日経疏』）の真意は、両者の間には本質的な差違はないとしているのである。

◇存在性の強化

大日如来が全体として表現される宇宙仏の要素を持つことを指摘してきたが、具体性を好む密教経典としての『大日経』は、新たな発想を導入することによって、そのリアリティ（現実感）をより強固なものにして行った。

それが、五大《ごだい》・五輪《ごりん》の存在論である。その詳細と後世の六大への展開は、のちに再説したいが、大日如来との関連に限って少し触れておきたい。

マンダラの諸尊配置など、より密教的な要素を説く「入曼荼羅具縁真言品」（略称「具縁品」）では、聞き手である執金剛菩薩が、世尊毘盧遮那（大日）如来に対して、「大勤勇《だいごんゆう》（勇者）」と称される理由を、次のように説いている。

「これによって、諸《もろもろ》の世間、号して大勤勇と名づく。

我（は）、本不生《ほんぷしょう》を覚《さと》り、語言《ごごん》の道を出過《しゅか》（超越）し、諸々の過《あやま》ちを解脱《げだつ》することを得て、因縁《いんねん》を遠離《おんり》せり。空は虚空《こくう》に等しと知って、如実相《にょじつそう》（真実）の智、生ず」

すなわち大日如来は、死魔《しま》や煩悩魔《ぼんのうま》等の魔軍を打ち破り、さとりを開いて、人びとを救うことにより、大勤勇（大いなる勇者）と呼ばれるのである。

『大日経』は、この「さとり」を五つのポイントから説く。それが、同じ「具縁品」に説かれる字門《じもん》・字《じ》義《ぎ》説、換言すれば、アルファベットの一字によって表現される以下のような思想項目である。

(1)阿《あ》（a）字門（一切諸法《いっさいしょほう》）本《もと》より不生《ふしょう》なるがゆえに。
(2)縛《ば》（va）字門（一切諸法）語言道断《ごごんどうだん》なるがゆえに。
(3)羅《ら》（ra）字門（一切諸法）諸塵染《じんぜん》を離れたるがゆえに。
(4)訶《か》（ha）字門（一切諸法）因不可得《いんふかとく》なるがゆえに。
(5)迦《きゃ》（kha）字門（一切諸法）虚空に等しく不可得なるがゆえに。

この五種の字門・字義説をベースにして、『大日経』は、「師匠が知るべき真実の智恵の章」（「阿闍梨真実智品」第十六）において、それを地・水・火・風・空という大宇宙の五種の存在要素（五大・五輪）と対比している。

のみならず、「秘密の（身体）マンダラの章」（「秘密曼荼羅品」第十一）では、上記の五大・五輪を、観想・瞑想を行う真言行者の身体小宇宙の上に投影し、ここに大日如来に象徴される大宇宙と、身体の五つの部分からなる小宇宙が五大・五輪を通じて結びつくことになるのである。

これこそが、『大日経』が生み出した宇宙方程式である五大五輪観であるが、それを表にすると次のようになる。

〈五大・五輪〉	〈五字〉	〈五形《ぎょう》〉	〈五支《し》〉
地	ア（a）	方形	下半身
水	ヴァ（va）	円形	腹部
火	ラ（ra）	三角形	心臓
風	カ（ha）	半円形	眉間
空	キャ（kha）	宝珠形	頭頂

用意周到な『大日経』は、これらの五つの存在要素の総体が宇宙仏（コスモ・ブッダ）にほかならないことを証明するために、最後の仕上げをしている。それは、大日如来の真言である「ア・ヴィ・ラ・ウン・ケン（a vīra hūṃ khaṃ）」は、この五大・五輪の種字《しゅじ》（一音節の梵字）を変形させたものであり、とりわけ第二句と三句を合成したヴィーラ（勇者）は、伝統的に「大勤勇」と呼ばれる大日如来のあだ名である。

このように、地・水・火・風・空の存在要素から成る大宇宙も、実に大日如来の秘密のサインによって象徴されているのである。

◇大日如来の姿・形

本来なら無限定・無限大である宇宙仏の大日如来も、私たちに対して現れるときには、何らかの可視的形象をとる。歴代の仏教信者たちがそれを姿・形に表して伝えたのが図像であるが、『大日経』の本尊の（胎蔵）大日如来については、両の手の平を組み合わせる定印の姿が知られており、インド・チベット・中国・日本のいずれの密教圏でも例外はない。

これは、「具縁品」に説かれる、

チベット系の胎蔵大日如来

「三昧《さんまい》（瞑想）に住す」

という言葉を忠実に表現した結果であろう。確かに、大日如来のような宇宙仏を表すときは、凝縮性のある定印が適している。

一方、後世、マンダラや仏像・仏画に表現する際に、人びとの解釈が分れたのは、漢訳でいえば、

「髪髻冠《ほつけいかん》」

という合成単語のせいである。

髪は、もちろん「かみ」であり、髻は、髪の毛を集めて束ねたもとどりを意味するが、両者と冠の合成語を解釈する場合に、

異形タイプの胎蔵大日如来（胎蔵図像）

(1)髪髻のような冠
(2)髪髻と冠

という二様の解釈に分かれた。いずれも可能であり、決して間違いではない。

結果として、前者からは長髪をまげのようにして、それを冠と捉えた（冠をかぶらない）大日如来と、後者からは高く結い上げたもとどりの上にさらに冠をかぶった大日如来が出現することになった。

この合成語の読み方には、古く栂尾祥雲博士の指摘があったが、そののち石田尚豊博士が『胎蔵図像』と『胎蔵旧図様』という二種の図像資料に基づいて詳しく説明された。

さらに私たちが東インドのオリッサ地方から、二様の表現に該当する石造の大日如来像を発見したことによって、二つの解釈が密教のふるさとインドにもあったことが証明された。

これも不思議な因縁かも知れない。

三句の法門

さとりへの三つの秘訣

◇三つの教え

密教経典の代表の一つである『大日経』において、私たちを代表して仏（毘盧遮那如来、つまり大日如来）に質問するのが、金剛手菩薩である。手に密教法具（元来は武器）の金剛杵を持つことによって金剛手という名前のついたこの菩薩は、真実の智恵とそれから生み出される力（エネルギー）を象徴している。そのパワーのゆえに、「執金剛」とも、「秘密主《ひみつしゅ》」とも呼ばれることもある。

私たちの『大日経』において思想・教義を説く「住心品」では、まず最初にこの金剛手菩薩が、

「ほとけの智恵（一切智智《いっさいちち》）は、どのようなものでしょうか」

という単刀直入な質問をすることから始まるのである。

この点は、ほとけの因縁や物語に重点を置いた『法華経』や『維摩経』などの他の大乗経典と、大きく異なるところだろう。

この大命題というべき根本的な質問に対して、密教の本尊である大日如来もまた、決して遠慮することなく、実にストレートに答えるのが、次の三句である。

味わい深い名表現なので、まず原文を紹介しよう。

「仏のいわく、菩提心《ぼだいしん》を因《いん》とし、大悲《だいひ》を根《こん》とし、方便《ほうべん》を究竟《くきょう》とすと」

この原文のままでは、主語が省略されていて不明瞭なので、それを補って現代訳を加えてみよう。

「仏がおっしゃるには、最高の真実は、さとりの心を出発点とし、大いなる慈悲を基本とし、それら

を応用する手だてを究極の目的とします」

古来、上記の言葉を「三句の法門」と呼んで、『大日経』のエッセンスと見なされてきたことは、周知の事実である。

なお、仏教学的にいえば、故勝又俊教博士の精緻な研究によって、この画期的な三句の法門の源流が、大乗仏教の思想教学の一方の中心となったインドの瑜伽行唯識派《ゆがぎょうゆいしきは》の中心論書である『大乗荘厳経論《だいじょうしょうごんきょうろん》』の「発心品《ほっしんぼん》」や、後期大乗経典の一つである『大方等大集経《だいほうとうだいじつきょう》』に見出すことも可能であるが、話が末節に及ぶので、ここでは触れない。

◇発心こそ肝要

根本教義ともいうべき三句の法門の主語は、原文では省略されているが、金剛手菩薩の質問から補えば、「一切智智」という言葉である。

この見慣れない用語は、二つの部分から成っており、「一切智」とは「すべてを知る者」で、具体的には仏・如来をさす。後半の「智」は、そのまま智恵であり、全体では「すべてを知る者の智恵」となる。そして、すべてを知る者とは、もちろん仏のことなので、先述のように「仏の智恵」ということになる。もっとも、仏教でも大乗仏教と密教は、さとりの境地を体現した仏の内実を考える場合でも、衆生である私たちの視点を保持するのが基本的スタンスであるので、「仏の智恵」も砂上の楼閣のような幻影ではなく、私たちをはじめ、生きとし生けるものの努力目標とも成りうる可能性を秘めている。

そこで、いささか意訳であるが、少し抽象的に「最高の真実」と呼んでおきたい。

前置きが長くなったが、三つの言葉のうち、第一句が「菩提心を因とし」である。この菩提心という言葉が、長い仏教の歴史の上でも、大乗仏教の後半期から中心的な概念となり、多くの論書が作られた。とくに密教では、おそらく晩唐期の中国で『菩提心論《ぼだいしんろん》』（略称）という絶好の書物が編纂され、弘法大師空海の思想にも決定的な影響を与えたことは無視できない。

密教と同様に神秘主義的色彩が強く、さとりとまよいの間に断絶を認めない禅でも、この菩提心を重視する。その共通する理由は何かと考えると、ヒントは「菩提心」という言葉そのものにある。いつものように言葉を二つの要素に分解して説明すると、一見して明らかなごとく、「菩提心」という言葉は、「菩提」と「心」という二つの意味概念から構成されている。

このうち、「菩提」とは「さとり」の意味であるので、内容的には「仏」と異ならない。なぜならば、「さとり」を体得し、実現したのが「仏」であり、仏を仏たらしめるのは「さとり」であるから。

一方の「心」は、後に「住心《じゅうしん》」という『大日経』のもう一つのキーワードと関連して詳しく取り上げたいが、「心」は、私たちの存在表現の代表的基準である。最近では、急激に勢力を拡大してきた「脳」に押され、とくに「脳波」という新たな要素に睡眠や精神集中などの生理的分野を侵食されているが、それでも私たちは、依然として「心」を自己存在の原則的基盤としている。

そうすると、「菩提心」という言葉は、最初からその中に「仏」と「私」の両方の世界を含んでいるのであり、「成仏」を最大の関心事とする大乗仏教、とくに密教では、これに勝るぴったりとした概念はない。

それゆえにこそ、『大日経』の中心テーマである三句の法門の冒頭に、「さとりの心を原因とする」と高らかに掲げられたのであろう。

◎「さとりの心」の内容

『大日経』は三句の法門を説いたあと、「菩提」と「心」のそれぞれの内容について、説明を加えている。「菩提」に対しては、次に有名な言葉が続くので、そのまま原文を掲げよう。

「秘密主よ、いかんが菩提とならば、いわく、実《じつ》の如く自心《じしん》を知るなり」

現代訳にすると、

「金剛手菩薩よ、何がさとりの心でしょうかと尋ねるなら、それはみずからの心をありのままに知ることである」

ということになろうか。

この部分が、世にいう「如実知自心《にょじっちじしん》」で、密教の高僧が色紙や軸などに好んで染筆《せんぴつ》する名文句の代表となっている。

「実の如く自心を知る」の解釈はのちに譲るが、ここでも大命題の「菩提」と「心」が、密接不可分に関連している点は留意しておく必要がある。

経典は、続けて、この完全なるさとりは、大空（虚空）のごとく特徴や属性を持たず（無相）、まったく認識されるべきものではないとする。

こうした論理は、『般若経』などに説く空の教えと同じであり、菩提、すなわちさとりは世俗の現象を超越したものであることは否定できない。したがって『大日経』でも、「菩提」の説明には、否定文、すなわち「無」（英語では not）が圧倒的に多く見られることは歴然としている。

しかし、密教経典である『大日経』は、先の三句の総体である最高の真実（一切智智）に対して、次のように積極的にその働きを強調している点に注意を払わなければならない。

「世尊よ、たとえば虚空は、あらゆる構想作用を離れて、それを概念化することも、また概念化しないこともないように、最高の真実も、あらゆる構想作用を超越しています。

世尊よ、たとえば大地は、すべての衆生を支える拠り所であるように、最高の真実も、天や人や阿《あ》修《しゅ》羅《ら》の拠り所であります。

世尊よ、たとえば火は、あらゆる薪《まき》を焼きつくして余すところがないように、最高の真実も、すべての無知の薪を焼きつくして余すところがありません。

世尊よ、たとえば風は、すべての塵《ちり》を吹き払ってしまうように、最高の真実も、すべての煩悩の塵を吹き払ってしまいます。

世尊よ、たとえば水は、すべての衆生がこれによって喜び元気づくように、最高の真実も、あらゆる世間の人びとに利益と楽しみを与えるのです」

以上のように、菩提とは大乗仏教の空の思想と同じく、ものには固有の本質はなく、それに誤って執着するのが煩悩の原因だと正しく知るとともに、地・水・火・風・空の五つの存在要素（五大）によって象徴される最高の真実とも異ならない積極面を内包しているのである。

◇二種のさとりの心

『大日経』そのものと、漢文の注釈書である『大日経疏』では、先に紹介したように、「菩提」と「心」に分けて説明を加えているが、チベット訳のみ残るブッダグヒヤの『大日経広釈』では、この菩提心に二種の区別を設けている。

非常に興味深い見解なので、現代の日本でも考えてみてはどうだろうか。

そこで、少し原文を簡略化して紹介しておこう。

「菩提心も、また二種類あって、菩提を求める心と、菩提の自性《じしょう》の心である」

すなわち、さとり（菩提）という目的を外に立てて、それに対して誓願という宗教的発動と実際の修行を行う菩提心がある。

この種の菩提心は、『華厳経』の「入法界品」に説かれる菩薩の思想と実践に結びついており、七世紀頃のインドの後期大乗論書で重視された菩提心思想である。その象徴は、普賢菩薩とされている。

ところが、大乗仏教の思想を知悉した上で、さらに『大日経』と『金剛頂経』という本格的密教にも通暁していた八世紀後半の学僧のブッダグヒヤは、さらに深い内容の菩提心として、外に（別に）菩提を求めるのではなく、心そのものにさとりを読み込む菩提心を立てたのである。

これが「菩提の自性の心」であり、換言すれば、菩提そのものが心でもある。論理的にいうと、「AへのB」（A非即B）と、「Aの（同格）B」（A即B）の違いに相当する。このうち、後者の菩提心思想は、龍樹《りゅうじゅ》菩薩作とされる『菩提心論』では、「最高の真理（勝義《しょうぎ》）の菩提心」として扱われ、その内容として空の思想を読み込んでゆくことは大変興味深い。

なお、先ほどの「菩提の自性の心」と「菩提を求める心」を、後世の密教教学の専門用語を借りて説明しなおすと、よく使われる「本有《ほんぬ》」と「修生《しゅしょう》」に該当すると思う。

本有とは、漢字の示すごとく、本来的に持っていることで、「自性」（本質）と同義である。現代風にいえば、先天的という表現に近い。

他方の修生は、初めてスタートをすることで、これから因果関係が始まる。先ほどの二種の菩提心でいえば、「菩提を求める心」にあたるが、目的設定の中に菩薩の誓願と修行という宗教的決断と努力が込められているので、原則として足を踏み外すことはなかろう。

もっとも、現実の問題としては何事にも「魔」が入ったり、思わぬ障害にあって、菩薩がきれたり、こけたりするケースもないではない。戒律の認識が他の仏教とはかなり相違している密教では、こうした点をマンダラに入ること

菩提心を表す普賢菩薩

でカヴァーするが、ともかく形式主義よりも動機論にウェイトを置く密教では、最初の第一歩にあたる発《ほっ》心《しん》、すなわち菩提心の位置が非常に高いことは特筆しておこう。

◇大いなる慈悲の重要性

また、日本から離れるが、九世紀のインドの仏教思想を要領よくまとめた論書に『修習次第』という好著がある。これは、大乗の菩薩が自らの思想と修行を段階的に高めて行くプロセスを説いたもので、中国で大流行し、チベットへも影響を与え始めた禅、とくに無念無想を旗印に掲げた頓悟《とんご》禅（速くさとる禅）に対抗して著されたものといわれている。

この『修習次第』中に、『大日経』の三句の法門が引用されているが、そこではなぜか「大悲を根とし」が先頭にきて、「菩提心を因とし」が第二句に退いている。けれども、どの『大日経』のテキストを見ても、三句の順序は「因・根・究竟」であり、『修習次第』の著者であるカマラシーラ（蓮華戒）が、大悲を菩薩の必須条件と考えたために、あえて先頭に出すという思い切った手段を用いたと推測される。『大日経』では、大いなる慈悲は、菩薩としては当然の必要条件と思われていたのか、補足説明を加えていない。なお、菩薩で代表すれば、観音菩薩が慈悲の専門家として知られている。

そこで、例によって、漢文の『大日経疏』とチベット訳の『大日経広釈』を参考にすると、前者の『大日経疏』では、さとりの心である菩提心をまず浄らかな信心と定義する。確かに、空性の智恵を読み込んだレヴェルの高い菩提心も必要だが、それを自分のものとして生かすのは私たちの浄らかな信心であることは事実である。

続いて、「大悲を根とす」の「根」について、植物の生長に関連づけて説明するのは非常におもしろい。つまり、種子《たね》である菩提心は、大いなる慈悲によって根を出し、そして次第に芽や葉を生長させ、そして最後には（究竟）、方便という花と果実を実らせるのである。

さらに詳しく述べると、漢文である『大日経疏』は、「慈悲」という言葉を二つに分解し、「慈」（いつくしみ）を苗をうえること、「悲」（かなしみ）を雑草を刈りとることにたとえている。

インド仏教でも、慈と悲を区別し、前者の慈を「相手を思いやること」、後者の悲を「（実際にその立場となって）悲しむこと」と解釈する。わかりやすくいえば、子供が病気になったり、困難におちいったときに必要な父親の愛情と母親の愛情というべきか。父親は、やはりある程度の客観性、普遍性をもって見守ることが必要であり、母親の場合は、もう少し同じレヴェルまでおりて、ともに悲しむ暖かさも不可欠だ。

大悲の象徴・観音菩薩

原理主義的な人たちからは、「そういう分け方は勝手な差別だ」と叱られるかも知れないが、多様な接近法があるからこそ人は救われると思う。
『大日経広釈』の方は、煩悩に苦しんでいる人びとのために、一人だけ涅槃《ねはん》（さとり）に入って悦にいるのではなく、真実の智恵とそれを応用した世間（世俗）の智恵をフルに生かすことが必要だとする。

医学の話でたとえると、医者になろうと勉強を始めた者（発心した者）は、医学理論を十分に理解した上で、病気で困っている患者を救う応用医学にも精通しなければならないということだ。

いずれにしても、「一切の苦を抜き、無量の楽を施す」（世にいう抜苦与楽《ばっくよらく》）が、仏教の基本となっており、ほとけの立場を重視する密教といえども例外ではない。

◇究極は実践応用

三句の法門のうち、最初の菩提心と第二の大悲は、ある意味では宗教の基本要素であり、他の経典や論書でもよく似た思想が説かれている。また、「（慈）悲」を「仁《じん》（いつくしみ）」と置きかえれば、孔子の説いた儒教の教えとも矛盾するものではない。

ところが、三句の法門が密教経典である『大日経』の金言として現代も生き続けているのは、第三句の「方便を究竟とす」にあるといっても過言ではない。

いくら心構えがしっかりしており、他人に対する思いやりがあっても、実際にやらせると、てんで駄目なケースを山ほど見ている。受験勉強もその一例かも知れない。

『大日経疏』は、「巧みな手だて（方便）とは、さまざまなテクニックを駆使して、すべてうまく成就すること」と定義している。

『大日経広釈』も、わずか一節だけだが、「最高の真実を得られるかどうかは、この応用力にかかっている」と説く。言うだけで実際に実証しない哲学ではなく、三句の法門はその人の生き方全体を問うているのである。

方便究竟のシンボル・最外院の神々

◇三句とマンダラ

最後に、マンダラ、すなわち『大日経』に説かれる胎蔵マンダラを理解する上で、後世（多分、江戸時代以降）登場した三句による解釈法を取り上げて参考に付しておきたい。

江戸時代の後半期に、梵字・梵語の研究と戒律の復興に尽力した名僧である慈雲《じうん》尊者（一七一八～一八〇四）がいたことは、大正時代に東寺の碩学・長谷宝秀師（一八六九～一九四八）によって編纂された『慈雲尊者全集』や、最近の木南卓一・岡村圭真氏などの研究によって次第に知られるようになった。

ただ、慈雲尊者にマンダラに対する画期的な著作があったことは、あまり知られていないのが実状である。慈雲は、金剛界と胎蔵の両部マンダラに対して、今風にいえば「解釈学」を試みたわけだが、その成果が『両部《りょうぶ》曼荼《まんだ》羅《ら》随聞記《ずいもんき》』である。

そこでは、現在流布している胎蔵マンダラの十二のブロック（院《いん》）を、『大日経』の因・根・究竟の三句思想に基づいて、次のように配当している。

(1)中台八葉院
(2)遍《へん》知《ち》院
(3)観音院
(4)金剛手院
(5)持《じ》明《みょう》院
　　――初《しょ》（第一）重《じゅう》＝因（菩提心）

(6)釈迦院
(7)地蔵院
(8)虚空蔵院
(9)除蓋障院
(10)文殊院
(11)蘇《そ》悉《しっ》地《じ》院
　　――第二重　＝根（大悲）

(12)最《さい》外《げ》院
　　――第三重　＝究竟（方便）

「重」とは、「階段」・「プロセス」の意味であるが、以上のように本尊の大日如来の威力と救済の働きが、三句の法門の教えにのっとって、次第にすべてに及んでゆくことをシステム的に説明している。

もっとも、慈雲尊者は、中心の大日如来の位置する中台八葉院を特別に考えて、初重の中にも入れなかったが、最近の理解では、わかりやすくするために、中台八葉院も初重に含めて、図のように三重構造で説明することが多い。

マンダラを自分の考えで積極的に解釈していった慈雲尊者もすばらしいが、そのヒントとなった三句の法門も重要な思想であることを改めて強調しておきたい。

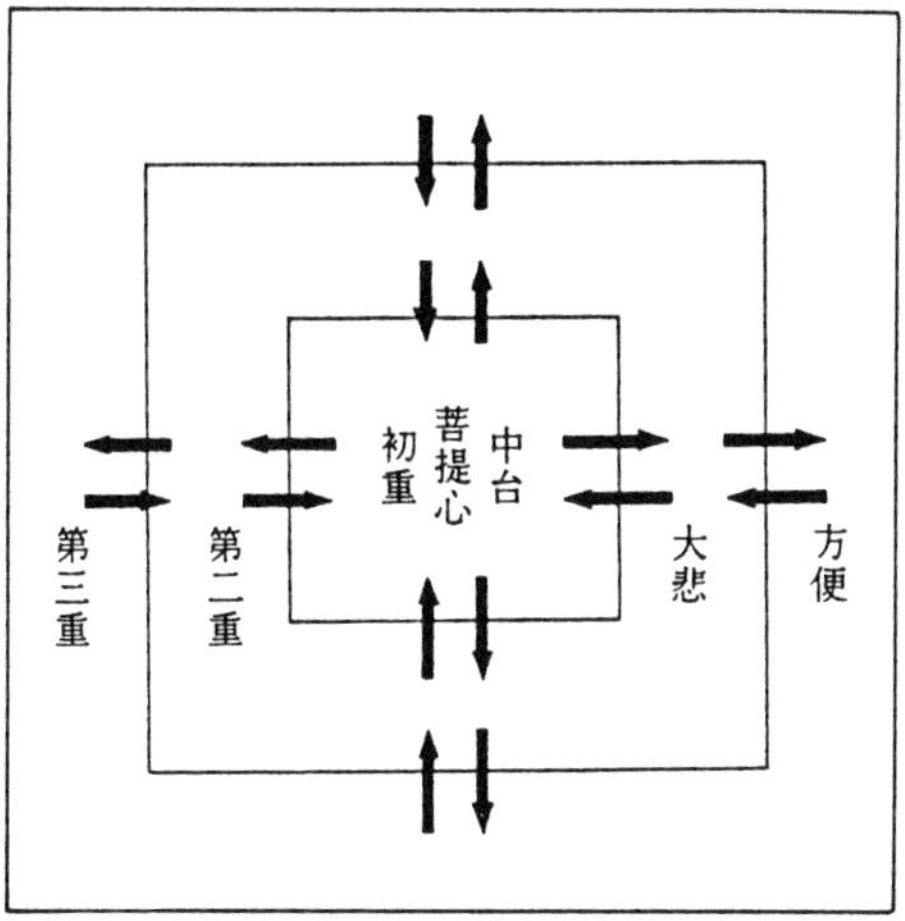

三句と胎蔵マンダラ

心の考察——その展開とは

◇心の変化

平成九年の十一月中旬、縁があって四十人ほどの団体を引率して、長谷寺と高野山を参拝した。大きな本山のはしご団参ということで、いささかぜいたく、かつスケジュールの忙しいお参りだったが、天候にも恵まれ、それぞれ歓待していただいて意義深い団参だった。「継続は力なり」という言葉のあるように、高野山の参拝と四国八十八か所の遍路巡拝をそれぞれ三十年以上続けている。ただ、さすがに自坊のある神戸を直撃した平成七年の阪神・淡路大震災の年だけは、どちらの団参も取り止めとした。もちろん、比較的被害の軽微だった檀信徒の方からは、団参の時期になると、「今年はどうなりますか」と問い合わせをいただいたが、まだ小学校の教室で避難所生活を送っている方に、いくら激励やはげましの気持からでも本山参りの勧誘はしにくい。

高野山の団参

このように、何年も団参を続けていると、参拝者のタイプが大別して二つに分かれることに気がつく。第一は、ベテラン組といえるが、何年もお参りしているので、要領を会得している。よくいえば信心が堅固であるが、逆にあまり変化を好まない。いつもと違う参拝路を通ろうとすると、「それは違いますよ」と言って叱られてしまった。

第二は、新人というか、初めてのお参りの方である。多くの場合、御主人とか親御さんを亡くしたことで寺と関係を持った人が多いが、高野山の奥の院の感動的な参拝や、大師教会のまっ暗な中での神秘的な受戒を経験すると、最初はどちらかといえば投げやりな態度をとる人、あるいは皮肉っぽい口調の人でも、今までと違う崇高な経験をしたことで、目に見えて温和になる人も少なくない。

「十人十色《じゅうにんといろ》」という言葉のあるように、人の考え方や性格も千差万別であるが、同じ人であっても、種々の外的状況や内的変化によって、「心」は変化する。

「心」の時代という表現がどうも簡単に使われすぎという気がしてならないが、私たちの『大日経』も、この「心」をとらえることから説き始めていることを再認識しておきたい。

◇『大日経』における心

改めて断るまでもないが、仏教は宗教であるから、聖なる仏と俗なる私たちの緊張関係をその基本構造に置いている。このうち、仏のレヴェルについては、すでに大日如来にしぼって詳しく紹介した。他方の私たちについては、『大日経』は、漢訳でも、チベット訳でも「心」を中心のテーマにすえている。「住心品」はその象徴的なチャプターである。

ところで、近年の神戸での小学生殺害事件は、オウム真理教事件とも接点を持ちながら、しかも被疑者が中学生ということで、それ以上の大きな問題となった。とくに、文部省（現文部科学省）が「心の教育」を急遽取り上げるなど、再び「心」の議論が注目を集めた。

『大日経』は「心」と「人間」を同義に考えている。もちろん、「人間」は使用範囲の広い漢語であるが、通常の常識的解釈では、生物学的・人類学的ニュアンスの強い「ヒト（人）」に対して、「人間」は、「人」の「間」と造語するように「他人」との関係も考慮に入れた社会的・倫理的存在ということができる。

先の神戸事件でもその矛盾面が目立ったのが、「人権」の意義と範囲である。最も世間の反発を買ったのは、被疑者の少年、ならびに両親が、被害者の遺族にまったく謝罪することなく、すぐに多数の弁護士を選任したことである。（後日、負傷者の両親に詫び状を送付した。）

もちろん法治国家であり、ある意味では当然のことである。しかし、人権とは人間の尊厳を保証する権利ではあるが、まず人間であることを前提としている。少年の場合、精神鑑定の議論も出たが、罪の意識があるくらいなら問題は生じなかったろう。また社会背景も無視できないことは否定しえない。

『大日経』に人権的発想がないわけではない。とくに安楽死や慈悲殺の是非論は、現代を先取りしている。ただ、権利をいう場合は、人間であることの義務、もしくは条件をクリアーしているかを先に問わねばならないだろう。

◇「住心」とは

さて、『大日経』の思想教義のキーワードの一つに、「因・根・究竟」のいわゆる三句の教えがあることは、先に詳しく紹介した。

このうち、因（原因）とされるのが、「さとりの心」（菩提心）であり、ほとけの内実ともいうべき「さとり」と、通常、私たちの存在表現の門戸となる「心」とが、どのような質的な関係を持つかが大問題となることを説明してきた。

その最も象徴的表現が、『大日経』の第一章にあたる世にいう「住心品」に見られる「住心」という言葉である。漢訳の『大日経』では、その思想を端的に表現する第一章を、正式には「入真言門住心品」と翻訳する。

これは、漢文としては、「真言門に入って心に住する品」、つまり「密教の方法を用いて心を拠り所とする章」ということになろう。

漢文の注釈書である一行禅師の『大日経疏』では、この個所を、現代文で要約していえば、次のように解釈する。

「密教の教えを旨とする菩薩は、自らの心にさとりを求め、その心にすべての修行を集中し（中略）、心の巧みな手だてを駆使して、心に存在するほとけの世界を荘厳するのである」

こうして、原文でいえば、「その心に住するをもってのゆえに」、「住心品」というとしている。

ところが、チベット訳の『大日経』や、同じくチベット訳のみが残る注釈書の『大日経広釈』では、少なくとも語学的に見る限り、漢訳の「住心品」にあたる個所を、「心の差別を説く章」と表現している。

この「心の差別」、換言すれば「心の多様性」を後述する「六十心《ろくじゆっしん》」と併せて考えると、心の種々相に着目する水平的思想がありありと目の前に拡がってくる。

さらに、「心続生《しんぞくしよう》」の思想をもとに、のちの弘法大師空海が、当時の諸思想や諸宗教の教えを網羅した水平的側面と、精神の発達段階を明示した垂直的側面が見事に二重写しにされた「十住心《じゆうじゆうしん》」思想を構成したことを想起すると、『大日経』の心の考察の中には、『大日経疏』に説かれる心重視のいわば唯心的発想に加えて、思想構造的にも水平・垂直の両義を読み込んでいたことが知られる。

◇九つの質問

『大日経』の経文に即して、もう少し詳しく紹介しよう。

本尊の大日如来は、質問を発する金剛手菩薩に対して、先に掲げた三句の法門の冒頭のさとりの心（菩提心）を考察することを、まず「最初に真理を明らかにする道」（初法《しょほう》明道《みょうどう》）と呼んでいる。

そして、心の考察を極めれば、長い間苦労しなくても、あらゆる障害を取り除くことができる境地（除《じょ》一切蓋障三昧《いっさいがいしょうさんまい》）に到達できることを強調している。確かに、真理を見極めた人は、もはや恐れるものはないはずだ。かつて、釈尊がそれを「甘露《かんろ》」（不死の妙薬）と呼んだのも至言である。

その心の考察の具体的な現れとして、金剛手菩薩は、次の九つの質問を大日如来に尋ねたのである。伝統的には、それを「九句《くく》」と呼んでいる。それを列挙してみよう。

(1)この心に、どのようにしてさとりが生じるのか。
(2)さとりの心が現れるとき、それはどのような特徴を持っているのか。
(3)心が展開して生じるとき、それはどのような段階経過をとるのか。
(4)心のさまざまな姿とは何か。
(5)どのくらいの時間を経て、さとりの心が得られるのか。
(6)その心の功徳（メリット）は何か。
(7)さとりの心を得るための修行法は、どうすればよいのか。

(8)修行の結果、得られるさとりの心とは、どのようなものか。
(9)その心の特殊な要素とは、どういうものか。

この重要な質問に答えて、大日如来は、まず要点だけを一言で説明する。

「善いかな。仏の真実の子よ。（そなたは九句の問いを発して、人びとに）広大な心でもって利益を与える。

最高の大乗の教えと、心が連続的に展開して生じる姿は、仏たちの大いなる秘密であり、仏教以外の者は知ることができない。

私は今、残らずそれを説き示そう。心をこめて、聴きなさい」

再び要約すると、金剛手菩薩が九つのポイントに分けて行った質問を、説法者である大日如来は、「心が連続的に展開して生じること」に焦点をしぼって説明している。

これを、原文（漢訳『大日経』）では、「心続生」と呼び、『大日経』全体のキーワードとなっている。『大日経』には梵本が現存していないが、該当するチベット訳および注釈書から「心続生」（もしくは「心相続《しんそうぞく》」）の原語を推定してみると、『大日経広釈』からは、「cittasaṃtāna」という言葉が導き出される。これは同一性を保持することを示す。

また『大日経』で「心相続」の原語にあたると推定される「tantra」（タントラ）は、「広がり」という意味を持つので、同時的、かつ水平的に見れば、心の種々相とまず考えることができる。

同時に、この「タントラ」という用語は、異なる時間の流れ、もしくは原因と結果の間の因果関係をも示しているので、時間的かつ垂直的ニュアンスも不可分に内包している。

そして、「住心品」も、この両義を含みながら詳しく説明を加えてゆくのである。

◇さまざまな「我」にこだわる凡夫たち

のちに弘法大師空海が、この「住心品」にヒントを得て、精神の発達段階を構築した『秘密曼荼羅十住心論《ひみつまんだらじゅうじゅうしんろん》』（略称『十住心論』）を著したとき、食欲と性欲という二大本能のおもむくままに、倫理以前の生き方をする心を「異生羝羊心《いしょうていようしん》」と称している。「異生」とは、よく使われる仏教用語の「凡夫《ぼんぶ》」と同じく「（仏教を知らない）愚か者」で、「羝羊」は、食欲と性欲に代表される本能をむき出しにする雄羊である。

余談になるが、若い人に人気のある西洋占星術に「おひつじ座」がある。アリエスといい、力の星座だ。どちらかといえばプラスのイメージだが、脚下照顧《きゃっかしょうこ》的な教えから見ればやりすぎな性格、ということになろうか。

ところが、インドという宗教世界の中で他の宗教（主にヒンドゥー教）と拮抗しながら成立した『大日経』などの仏教経典では、最初の凡夫の定義としては、インドの他の宗教や宗派が自らの教理として立てた自我説をあげている。伝統的には、三十種外道《げどう》という。

「始めもわからない遠い昔から生死輪廻《しょうじりんね》をくり返す凡夫たちは、自我の名前とそれを所有しようとする欲望に執《とら》われて、量り知れないほど多くの自我の区別を説いている」

「自我」とは、インドの諸哲学で「アートマン」といい、何らかの要素に絶対的実在性を求めようとする考えである。それに対して、開祖の釈迦をはじめ仏教は、そういう絶対的実在性を認めず、存在するものは「縁起的《えんぎ》」にあるという無我説《むがせつ》を掲げている。

率直にいえば、密教では時代が下るに従って無我的要素が後退してゆくが、少なくとも『大日経』のステージでは、固定的実在性を求める有我説《うが》を否定する。

◇八つの宗教的心の展開

『大日経』は、具体的な自我（アートマン）説として、宇宙の根本原理としての時間や大自在天《だいじざいてん》などの絶対者の名前をあげるが、それらはいずれも「まよいの姿」と断じている。

そして、次のように新たな段階へと展開する。

「あるとき、ふとある考えが心に浮かぶことがあろう。すなわち、節食し、戒を保つことがその一例である。彼は、わずかながらでもこのことに思いをめぐらし、心に喜びを生じて、くり返して行うようになる。

①世間に行われているさまざまな教えは、たとえば種子《たね》が生長して実を結ぶ第一段階である。

②次に、これを原因として毎月六回ある精進潔斎《しょうじんけっさい》日には、父母や親戚に布施《ふせ》を与える。

これは、第二段階にあたる芽がふく状態である。

③次に、この施しを、面識のないあらゆる人びとにも、慈悲の心でもって与える。

これは、第三段階の茎《くき》の状態にあたる。

④次に、この施しを、器量があって、徳の高い人に与える。
これは、第四段階の葉の状態にあたる。
⑤次に、この施しを、芸人や音楽家たちに喜んで与え、貴い人びとに奉げる。
これは、第五段階のつぼみの状態である。
⑥次に、この施しを、喜びの心にあふれた人びとに与える。
これは、第六段階の果実の状態である。
⑦次に、かれらが戒を守って天国に生まれるのは第七段階で、これは次の実のなる状態である。
（中略）
⑧凡夫のように生死《しょうじ》世界に輪廻するものたちにとっては、シヴァ神やヴィシュヌ神などが心に安らぎを与える拠り所であり、この段階を第八の赤子《あかご》の心と呼ぶのである。

上記の八つの心の段階を、伝統的に「世間《せけん》の八順心《はちじゅんしん》」と称している。すなわち、本能のみの倫理以前のステージから一歩上昇して、世間に行われている節食（限定的断食）や布施、そして戒を守るという倫理道徳の世界に生きる人びとである。

『大日経』は、この八つの心のうち、前の七つの心を植物の種子《たね》が植えられ、芽を出し、葉となり、花を咲かせ、実となり、そして次の種子となるまでにたとえている。

そのたとえ話からも明白なように、これらの七つの心は明らかに段階を想定している。

空海の『十住心論』、およびその別本である『秘蔵宝鑰《ひぞうほうやく》』では、最初の七心を「愚童持斎心《ぐどうじさいしん》」（第二住心）に配当している。

一方、第八の心は、シヴァ神（大自在天）、ヴィシュヌ神（那羅延天《ならえんてん》）、ブラフマー神（梵天《ぼんてん》）などのインドの神々を信仰する心である。世間的な道徳や習慣を基準とする段階から一つ上って、何か絶対的なものを信仰し、自らの全生存をそれに托すという点では、宗教的なステージといえよう。

ただし、帰依した対象としては、仏教・密教の立場から見れば、まだまだ不十分であるとする。今風に、やや品悪くいえば、「何でも信仰すればよいというものではない」ということだ。

シヴァ神（右）とその妃（左）

『大日経』の原文は、それを、
「生死流転《しょうじるてん》の無畏依《むいえ》の（第八）嬰童心《ようどうしん》と名づく」
と述べるように、赤ん坊が母親の胸に抱かれて、安心して（無畏）いることにたとえている。
空海は、この段階を第三の「嬰童無畏心《ようどうむいしん》」と称している。

◇心の種々相

「住心品」は、先に述べた「心続生」に引き続いて、「心の諸相」として、以下の諸々の心を列挙する。古来、これを「六十心」と呼び、心の水平的理解の代表となっている。その中には、思わず笑いを浮かべたり、またはっと心を打たれる「心」の描写もあるので、煩を恐れず、その現代訳を掲げてみよう。

1むさぼりの心
2むさぼりを離れた心
3憎しみの心
4慈しみの心
5愚かさの心
6智恵の心
7決断の心
8疑惑の心
9暗愚な心
10明快な心
11凝集した心
12闘争の心
13争論の心
14争論のない心
15神（天）の心
16阿修羅《あしゅら》の心

21商人の心
22農夫の心
23河川の心
24池沼の心
25井戸の心
26守護の心
27ものおしみの心
28犬の心
29ねこの心
30金翅鳥《こんじちょう》の心
31ねずみの心
32歌の心
33踊りの心
34楽器の心
35家の心
36獅子の心

41地下の心
42風の心
43水の心
44火の心
45泥土の心
46汚濁の心
47染料の心
48枝の心
49過失の心
50毒薬の心
51羂索《けんじゃく》の心
52足かせの心
53雲の心
54国土の心
55塩の心
56かみそりの心

17龍の心　　　　37ふくろうの心　　　　57須弥山《しゅみせん》のような心
18人の心　　　　38からすの心　　　　58海のような心
19女の心　　　　39羅刹《らせつ》の心　　　　59洞窟のような心
20自在天《じざいてん》の心　　　　40刺《とげ》の心　　　　60生まれようとする心

これらの六十種の心の中には、「慈しみの心」や「智恵の心」のように、一見してさとりの世界と関わる心も含まれているようだが、実は、世間、つまりまだ迷いの世界で種々に見られる心である。そして、一人の人の中にもまた数多くの心が、現れ、かつ消滅しているのである。

六十心の内容は、まことに多岐にわたり、「暗愚な」とか、「明快な」などの形容詞があるだけでなく、一種のたとえ、あるいはシンボル的に「犬」・「ねこ」・「ねずみ」・「獅子」などの動物を取り上げた心も少なくない。

さらに「商人」や「農夫」などの職種に見られる一般的傾向も看取されて興味深い。

『大日経』は、その後、六十の心の内容を詳しく解説する。中には、心理学的に見て非常に的を得た解釈も少なくないので、心の種々相のうち、現代でも身の回りに例が見られそうな心を紹介しよう。

○「闘争の心」とは、たがいに黒白を決することを好む心である。

説明は不要かも知れないが、妥協やあいまいなどの灰色、あるいはファジーな解決を嫌う人はどこにでもいる。

○「阿修羅の心」とは、輪廻をのろい、嫌う心である。

むさぼりの心などから生じる輪廻の世界
（チベットの版画）

阿修羅は、帝釈天《たいしゃくてん》に戦いをいどむが絶対に勝てない。常に攻撃的で、かつ否定的な人（心）は身近にもいるものだ。

○「井戸の心」とは、深くないものを深いと思う心である。

一言でいえば過大評価といえようが、正しく見極めることが大切だ。

○「犬の心」とは、少しだけを得ても喜ぶ心である。

いわゆる小欲知足ともとれるが、従順な犬は、レヴェルの低いものにも満足する。向上志向のない心のたとえか。

○「ねこの心」とは、供養物を見て、それに執着する心である。

いずれの仏教文化圏でも、ねこのイメージは芳しくない。ねこファンの人が聞いたらカリカリきそうだが、物欲が強い象徴といえよう。

○「ねずみの心」とは、もろもろの束縛を断ち切ろうとする心である。

ねずみが物をくいちぎる能力をたとえたもの。対象が束縛なので、むしろプラスイメージに見える。

○「刺の心」とは、あらゆることに後悔する心である。心に刺がささったなら、いつも悲観的にならざるを得ない。反省は必要だが、後悔で終わるのは寂しい。

○「塩の心」とは、誰かが何かを考えるとき、それにつけ加える心である。いずれの世界にも評論家はいるものだ。他人が何かをしたとき、必ず一言コメントをしなければならない人（心）の多いことか。

◇六十心の意義

上記の六十心の内容は、漢訳『大日経』によって説明したが、チベット訳によると内容がやや異なる心もある。また、この六十心に特別な計算法を用いて百六十心とする。しかし、実際に内容を明示するのは、やはり六十心である。

これまで述べてきたように、六十心は、原則として世間のレヴェルでのさまざまな心であり、心の垂直的展開をさす心品転生《しんぽんてんしょう》のプロセスでは、さとりの世界に一歩踏み出す前の段階といえる。

しかし、チベット訳の残る『大日経広釈』では、「毘盧遮那（大日如来）を成就する（成仏する）因」と説明しているように、密教の思想としては、世間のさまざまな心も聖なる仏と縦糸（タントラ）でつながっているのである。

最後に、水平レヴェルの「心の種々相」で考えるとき、先日、こんなことがあった。

母が、ポットの湯が出ないと文句を言っている。よく見ると、違う所を押している。何かトラブルがあったとき、原因を相手側に求める人と、自分側に求める人の二つのグループがあるようだ。

最近はやっているユング心理学の外向性と内向性を六十心にあてはめると、何か見えてこないだろうか。

心の階段を登れば

否定と肯定

◇煩悩と時間

先に詳しく紹介したように、「住心品」に説かれる「むさぼりの心」をはじめとする六十心は、心の種々相といわれる水平的広がり（多様性）とともに、一つの心が迷いの世界からさとりの領域に上昇してゆく、垂直的展開の両義を含んでいる。

そして、それらの六十の心は、本能のおもむくままの心、何かの倫理的規範に従う心、さらにはヒンドゥー教の神など他の絶対的なものを拠り所とする宗教的な心の三段階に細分することができる。

けれども、一応はより高次といわれるシヴァ神などの外道（仏教以外の教え）の神を信仰する心も、ものごとを固定的に捉えて、かえって執着におちいることを戒める仏教の立場からいえば、それらはやはり煩悩に満ちあふれた「世間」の世界と言わざるを得ない。

その世間の世界から、いよいよ本格的な仏教の世界に入るには、あるハードル（障害物）を乗り越えなければならない。
漢訳の『大日経』では、次のように説いている。

「世間の三妄執《さんもうじゅう》を越えて、出世間《しゅつせけん》の心生ず」

現代訳をすれば、

「一般の世間世界を支配している三種の誤った執着を超越すれば、そこに世間の束縛を離れた世界の心が生じる」

という意味になり、伝統的には「三劫段《さんごうだん》」と呼び習わしている。
すなわち、漢訳者の善無畏三蔵と一行禅師の師弟コンビが翻訳した漢訳の『大日経』で、「三妄執」（三種の誤った執着）となっている個所は、現存していない梵本の梵語で推測すれば、「tri-kalpa」となっていたはずであり、実際にチベット訳の『大日経』では、「三劫を経過して出世間の心を生じる」と訳している。

ちなみに、「劫」とは、非常に長い時間の単位を示す用語で、仏典のたとえ話では、一由旬《ゆじゅん》立方の大きさの建物の中に、百年に一度、天女が天国から下りてきて、小さな芥子《けし》の粒を投げ入れ、それが一杯になるだけの年月とされている。要するに無限に近い長い時間を示しており、通常の布施（ほどこし）や持戒《じかい》（戒しめを守ること）などの六波羅蜜行《ろくはらみつぎょう》で修行する菩薩の場合は、十進九退（十歩進んで九歩退く）、あるいは一進一退（一歩進んで一歩退く）するため、なかなかさとりの境地に到達することができないのである。

ところが、密教の大家である善無畏三蔵は、おそらく意識的にまったく新しい解釈を導入した。それは、「劫」の原語である kalpa の派生語である vikalpa に注目し、それの意味である「分別《ふんべつ》・妄執《もうじゅう》」に読みかえたことである。すなわち、時間的な修行期間の限定を、より具体性を持った修行内容の限定に読みかえたのである。

なお、先に取り上げた「三妄執」は、世間レヴェルの宗教以前・倫理・異宗教、すなわち弘法大師空海の構築した『十住心論』における世間の三住心と同義に解釈できるのみならず、以下に触れる仏教の三段階と重複して理解できるという、二重の意味付けがなされていることは興味深い。

◇三段階の心

「三妄執」という克服すべき三種の煩悩内容の新解釈を持ち込んだ漢訳『大日経』は、第一段階の理解として、以下のように主張する。少し難解なので、現代訳を掲げておこう。

「存在するものは、五つの構成要素（五蘊《ごうん》）から成るのであって、それらに固有の本性があるのではない。

六種の感覚器官（六根《ろっこん》）と六種の認識対象（六境《きょう》）によっては、世間の真実は説明されない。

この迷いの生存を生み出す十二の連環（十二因縁《じゅうにいんねん》）は、すべて煩悩より起こり、それは無知の種子から生じるのである。絶対的な行為者などとはかけ離れている。

（中略）

このようにして、五つの構成要素と、十二の認識の場（十二処《しょ》）と、十八の存在要素（十八界《じゅうはっかい》）と、主観と客観とは、固定的な存在観念を離れて、寂静《じゃくじょう》の境地（空）であると理解するようになるであろう。これを世間を超越した（出世間）心と呼ぶのである。

（中略）

修行者たちは、この心を得るために一劫の間、努力すべきである」

いささか長い引用となったが、最初の一劫をかけて密教の修行者が自らの心として克服すべき考えは、存在するものの中に、絶対者などの超越的自我（アートマン）を特別に設定することである。そうではなくて、仏教では、存在するものは、いずれも物質（色《しき》）・感覚（受《じゅ》）・表象（想《そう》）・意志（行《ぎょう》）・認識（識《しき》）という五つの構成要素が仮に、縁起《えんぎ》的に集合しているのであって、それ以外に単独の、独立した絶対者や行為者が支配しているのではない。伝統的には「人無我《にんむが》」（絶対者などの固定的な存在がないこと）と呼んでいる。

声聞の代表・仏弟子

漢訳『大日経』の訳出に続いて、それに基づいて解説を施した善無畏三蔵と一行禅師は、注釈書の『大日経疏』において、各々の劫で対治《たいじ》（克服）すべき妄執を三段階に分けている。具体的にいえば、最初の劫では、最も粗大で、根本的な妄執である「人我《にんが》」を正しい理解によって退け、実体としての自我にとらわれない「人無我」の境地に至らねばならないのである。空海の『十住心論』では、このステージを声聞《しょうもん》と呼ばれる人びとの段階であるという。

◇存在に対するとらわれ

仏教の基本ともいうべき人無我を理解すれば、たいていの人は次の段階に進んでゆく。

その個所の現代訳を続けて掲げておこう。

「大乗仏教を信仰する者には、存在するものにそれ固有の本性がないという理解が生じる。

それはなぜかといえば、かれらは前世に修行をして、この世における存在要素の拠り所が完全になくなっていることによって、存在するものは、幻・かげろう・影・こだま・火を回して見える円輪(旋火輪《せんかりん》)・蜃気楼《しんきろう》のようであるという理解が生じるであろう。

(中略)

修行者たちは、この段階を二劫をかけて乗り越えるべきである」

自らの内部に実体的な存在があるのではないということは、比較的理解しやすくても、現に感覚器官を通して感知される外界存在については、やはりそれをあらしめている何らかの実体に関心が集まりがちになるのは、不思議なことではない。

そこで、例の一行禅師が撰述した『大日経疏』では、第二劫で克服されねばならないのは、法(存在)に対する執着であり、妄執の種類は、微細な執着、つまりより細かな煩悩の方が対治しにくいとしている。

そして、その結果、存在そのものに対する執われがなくなった境地が法無我《ほうむが》であり、第二の劫（妄執）が乗り越えられるのである。

◇高いハードル

最後の劫（妄執）をクリアするについて、『大日経』は、次のように高い立場を強調する。

「さらにまた、真言の教えに基づいて菩薩の行を実践しようとして、無限の時間をかけて、福徳と智恵によって計り知れない功徳を積む者がいよう。

かれらは、計り知れない智恵と手だて（方便）を得ており、神や阿修羅などによって礼拝され、声聞や独覚《どっかく》の地位を完全に越えている。

要するに、すべてのものには固有の本性がないという空性の実相は、実体がなく、特徴がなく、形もなく、あらゆる言葉の虚構から離れており、虚空のように際限なく、すべての存在するものの拠り所となっている。

また、作られたもの（有為《うい》）と作られたものでないもの（無為《むい》）という範疇を離れており、行為や所作がなく、眼《げん》・耳《に》・鼻《び》・舌《ぜつ》・身《しん》・意《い》を離れ、まったく固定的な本性がないという心が生じるのである。

秘密主よ。これが、さとりを求める最初の心であると諸仏によって説かれた。

（中略）

それゆえに、智恵ある者は、まさに最高の真理に到達する最初の修行段階（初地《しょじ》）を思いつづけて、さらに一つの段階（すなわち第三段階）を越えて、まさに仏に向かう境地に至るのである」

少し長い引用の翻訳となったが、最初に人に対する執われを越え、第二に存在に対する執着を越え、第三段階ではそのいずれにも執われず、しかも福徳と智恵をそなえた菩薩の修行段階の最初のステージに至るのである。

『大日経疏』によれば、詳しい内容は規定しないが、何ものにも執われないこの第三段階は、「極細妄《ごくさいもう》執《じゅう》」（非常に細かな煩悩）をなくすという、ハイレヴェルな境地として表現されている。

◇六種のおそれなき状態

『大日経』が私たちにメッセージを与えてくれる修行法によれば、垂直的な世界を登っていく階梯も、ここまでくると、いわゆる世間の通常の凡人である凡夫の段階から、自らのさとりと他のものの救いを求めて努力する、菩薩の境地に至ることになるのである。

それによって、これまでの凡夫にはない一種の安心立命の境地を得ることができる。それを、古来「無《む》畏《い》」、すなわち「おそれなき状態」と呼び習わしている。仏像が右手で示す受けとめるような印相を、施《せ》無《む》畏《い》印と呼んでいる。

『大日経』は、この菩薩の無畏について、次のように六種の内容を説いている。もちろん、質問者は金剛手菩薩、答えるのは大日如来である。

まず、前半の三種の「おそれなき状態」を列挙しよう。

「①かの愚かな世間の人びとは、さまざまの善き行いを修め、悪しき行いをしないときには、まさに善によるおそれなき状態（善無畏《ぜんむい》）を得るであろう。
②もし、真実の通りに自己を知るときには、まさしく身体についておそれなき状態（身《しん》無畏）を得るであろう。
③もし、さまざまの存在要素が集まってできている私たちの身体において、みずからの物質的な身体観を捨て去って考えるときには、固有の実体的自我は存在しないことについて、おそれなき状態（無《む》我《が》無畏）を得るであろう」

施無畏印の薬師如来（京都・雲龍院）

より詳しい説明のない経典にかわって、いつものように『大日経疏』の助けを借りながら、各々の「おそれなき状態」、つまり安心《あんじん》・満足の内容を検討してみよう。
①まず、最初は、インドでは人名にもなる「善無畏」であるが、たとえ通常の凡夫であっても、不殺生《ふせっしょう》（生き物を殺さない）・不偸盗《ふちゅうとう》（盗まない）などの十種の悪しき行為を犯さず、守り続けたならば、得られる満足である。
　これは、菩薩の手に入れる満足としては比較的簡単なもので、弘法大師空海の『十住心論』でいえば、倫理的な必

然性に目ざめ、自己の行為をつつしむ第二住心にあたるが、『大日経』の「住心品」では、食欲と性欲の二大本能のままに生きるといういわば迷いの段階は、六無畏には含まれないので、それに次ぐ善無畏が冒頭にきている。

②身体についてのおそれなき状態（身無畏）に関して、経典では「実のごとくおのれを知ること」と述べるが、それだけでは不十分である。そこで『大日経疏』を参照すると、

「五種の不浄悪露《ふじょうあくろ》、充満すと見て」

という言葉のあることから、ちょうど仏陀釈尊が恋に狂った女性を戒めたように、この肉体を非常にクールに見つめると、大小便や体液から成り立っている不浄の容《い》れ物である、と達観することも不可能ではない。これを「不浄観《ふじょうかん》」といい、浮わついた迷いの世界の目をさます場合には、清涼剤となることができる。

③第三の「無我無畏」とは、先にも三劫段に登場した「唯蘊無我《ゆううんむが》」の境地にあたる。言葉の意味するように、「五蘊のみがあって、我《が》は無い」こと、換言すれば、実体的自我は存在せず、色・受・想・行・識という五種の構成要素の縁起的結合から、私たちの存在は成り立っているのを信じることである。そうすれば、自我に執われる苦から解き放たれ、心におそれがなくなるのである。

◇より高度な安心水準

食欲もそうだし、知的欲求も例外ではないが、一度それに満足すると、いわば免疫ができて、次の場合からはより上位のクオリティ（質）を求めるケースが少なくない。もちろん、判断する側の主体の性格に

よって、根本的に左右される。

たとえば、同じ所に二回目に行く場合、前回と同じコースを選ぶ人もあれば、必ず別の道を試してみようとする人もいるように。したがって、一律には判断できないが、いずれかといえば、プラスティク（可塑的）な傾向を好む密教では、より高次な内容を持つ安心類型も設定している。

残りの三つの安心タイプを紹介しよう。

④もし、先に触れた構成要素を否定して、存在するものに対して心が働きを起こすときには、まさしく存在するものに対するおそれなき状態（法《ほう》無畏）を得るであろう。

⑤もし、存在するものを否定して、その対象がなくなるときには、まさしく存在するものは、固有の本性を持たないことに対するおそれなき状態（法《ほう》無《む》我《が》無畏）を得るであろう。

⑥また、もし、五つの構成要素と、十八の存在要素と、十二の感覚領域と、主観と客観と、自我と寿命などと、および存在するものと対象がないこととは、それ自体固有の本性はない。このような空の智恵が生じるときは、まさしくすべての存在するものは、それ自体として平等であることに対するおそれなき状態（一切法自性平等無畏《いっさいほうじしょうびょうどう》）を得るであろう。

これらの思想的安心内容も、先述の三無畏と同様、一種の上昇的プロセスの形をとっているといえる。

まず、④の存在に対する安心感は、③の（人）無我無畏を理解した上で、今度は存在する世界に対して、たとえば部派《ぶは》仏教の代表であるインドの説一切有部《せついっさいうぶ》の考えのように、物質（色）や感覚（受）などの五種の構成要素そのものは、過去・現在・未来を通じて存在するという、一種の範疇論的実在論がこの段階と

三劫	六無畏
	(1) 善無畏
第一劫（麁《そ》妄執）	(2) 身無畏 (3) （人《にん》）無我無畏 (4) 法無畏
第二劫（細《さい》妄執）	(5) 法無我無畏
第三劫（極細《ごくさい》妄執）	(6) 一切法平等無畏

いえるだろう。

密教経典である『大日経』は、同じ頃、インドにおいて数多く撰述された仏教哲学書や仏教論理学書のように、いくつかの仏教思想、たとえば、先に私が仮りに取り上げた限定的実在論を説く説一切有部や、表象的存在を重視する経量部《きょうりょうぶ》、さらには「心のみが存在する」とする唯《ゆい》識《しき》派などの諸思想を、直接、かつ明確に取り上げることはしない。

しかし、いささか乱暴に対比すると、まったく根拠のないことではない。

⑤の「法無我無畏」は、その実在性に執着した五つの構成要素すらも、空性の理解のレヴェルを高めれば、固有の本性を持たないことが納得される。そうすれば、存在そのものに執われることがなくなるのである。どの注釈書にも言及はないが、外界存在は成り立たないが、心のみは実在するという唯識思想をこの段階に配することも、一つの理解法といえようか。

六つのおそれなき状態の最後に掲げられるのは、さらに一段階ステージをあげて、存在するすべてのものが固有の本性を持たず、それ自体として平等であると理解することによって生じる安心立命の境地であり、六つのおそれなき状態の中では、最高のレヴェルといってよいだろう。

なお、宮坂宥勝氏によれば、先に取り上げた三劫段と、ここで詳説した六無畏段は、表のように対応して把握することができるという。

◇縁によって生起するもの

「住心品」は、このあと密教の菩薩が観察すべき、十種の「縁によって生起するもの」を列挙する。これを「十縁生句《じゅうえんしょうく》」と呼び習わしている。

その一部を紹介しておく。

「もし、密教のやり方で菩薩の修行を行うさまざまな菩薩は、十種の縁によって生起するものを観察し、真実のものとして体得するべきである。十種とは何かといえば、幻《まぼろし》・陽焔《かげろう》・夢・影・蜃気楼《しんきろう》・こだま・水に映る月・泡《あわ》・虚空に錯覚で見える花・火を回して見える円輪である」

ここに列挙される幻・陽焔・夢・影・蜃気楼・こだま・水に映る月・泡・虚空に錯覚で見える花・火を回して見える円輪は、いずれも一見して実在しているように見えるが、実体として永続的に存在するものではない。

とくに、目の不調によって空中に見える花や火の軌跡として視覚に映る旋火輪《せんかりん》は、仏教でよく用いる実体なきものの好例である。こうした虚構の存在を正しく見極めるには、その根底に横たわっている「縁によって生じるものは、それ自体の固有の本性を持たない」という真理を知ることが必要である。

現在の日本が直面している厳しい状勢を思うとき、今から十年ほど前に熱気にかられて土地や株に大騒ぎした、バブルの時代がありありと眼に浮かぶ。しかし、永遠に続く上昇曲線など所詮は、『大日経』にも説く泡（バブル）にすぎない。ものの裏側には必ず日の当らない影があるように、太陽の位置が移動すると、必ず影（不良債権）が見えてくるものだ。

もちろん諸行無常であり、あらゆるものは変化するから、タイミングが大切なことはいうまでもない。しかし、その根底には、ものごとの真実を見極めるクールな智恵が不可欠である。『大日経』に説く「泡」や「影」が、二十世紀の末になって社会現象になったことは、決して偶然ではなかろう。

マンダラの儀礼

出現と消滅

◇「具縁品」とは

『大日経』の話も、主に思想・教理を説く「住心品」から、第二章の具体的な実践を説く部分に入ってきた。「住心品」は、その名称の示すように、「心」という最大の関心事を通して、私たち自身とほとけという存在が、いかに関連するかを論じるものであったといえよう。

「住心品」では、その可能性をいくつかの面から説いているが、必ずしも具体的な実践の方法はまだ明示していない。病気でいえば、「肺炎という病気は、これこれこうだ」とは説明するが、それをなおすために「どんな手当をすべきか」、また「どんな薬を飲むべきか」は、これからの「具縁品」以下の応用医学、臨床医学の世界なのだ。

略称の「住心品」と並んで重視される『大日経』第二章の「具縁品」も、略称である。意味としては「縁を具《そな》える」となるが、一体、何の縁を具備することになるのだろうか。

答えを先取りすると、『大日経』の本名である『大毘盧遮那成仏神変加持経』という経題に見られる「成仏」が、キーワードになりそうである。

この章品の正確な名称は、漢訳では「入曼荼羅具縁真言品」といい、あえて読み下しすれば、「曼荼羅に入る縁を具する真言の品」となろう。チベット訳では「身《しん》マンダラを建立する真言蔵《しんごんぞう》の章」となっており、「マンダラを生み出す」という要素と、「密教」（真言）という要素は、ともに共通している。要するに、「住心品」に説かれるほとけへの道を実現するために不可欠なマンダラの世界を造り上げることを中心に、密教の具体的な実践のための総論的諸要素を簡単に説いている。

いま、そのうちの重要なものを列挙すると、次のようになる。

(1)阿闍梨（師）の要件
(2)弟子の要件
(3)マンダラの建立（七日《しちにち》作壇《さだん》）
(4)夢占い
(5)密教の戒（三世《さんぜ》無障碍《むしょうげ》智戒《ちかい》）
(6)マンダラの構造（墨打ち）
(7)各尊の像容
(8)彩色
(9)アルファベット的文字の意味（字門）
(10)供養供物
(11)灌頂
(12)個別の作法真言

阿闍梨によるインド仏像の開眼

以上の中には、表現が十分でなく、『大日経』の他の章品や、また別の経軌《きょうき》の記述を補って実際の作法が行われる場合もあるが、とくに重要で、実際の日常の実践に用いられている項目を、いくつか詳しく取り上げてみよう。

◇阿闍梨の要件

くり返して述べてきたように、『大日経』、とくに出発点となる「住心品」は、ほとけの智恵というべき「一切智智」の内容の考察からスタートしている。そして、本来は世間の言葉や姿・形などを超越しているであろうさとりの内実を、「かげろう」や「蜃気楼」などの表現を使って、いわば縁に依って生じるものであることを説くとともに、より積極的には、ほとけの智恵は、地・水・火・風・空の五種の存在要素（五大）のように、私たちの世界を支えていることを述べているのである。

このように、思想的・哲学的に見れば、ある意味では「〇〇ではない」、「〇〇ではない」というように、否定的記述をできるだけ重ねてゆき、それでも説明しきれないという「無相」の境地を、今度は逆に、何らかの人間と共通する要素を用いて、他の人びと、一般の人びととの接点を求めて理解しようとするのが、伝統的にいう「有相《う》」の行であるということができる。

その接点の一つとして捉えたのが、「住心品」のメインテーマである「心」であり、また、より広範囲に、身体（身）・言葉（口）・精神（意）の三種の行動形態から理解しようとするのが、世にいう「三密行」である。

この三種の行動形態は、いわば仏と私たちの通路であり、可能性としては、仏と連続している。しかし、そのことに気がつかない人びとがあまりにも多いため、「秘密」のニュアンスがこめられ、「三密」と呼ばれるのである。

「具縁品」以下の各章品では、その三密に関わる行（修行）を種々の点から体系的に説いているが、密教では、聖なるものの有相化、すなわち擬人化を重視するため、そこに仲介的役割を果す興味深い存在を設定している。それが、阿闍梨、もしくは師である。

仏と私たちの間に初めて本格的な掛け橋を設けた大乗仏教では、救いを与えてくれる仏に対して、私たちの側から前進（上昇）してゆく存在を菩薩と呼んだ。

菩薩の中には、すでに有名な観音菩薩や文殊菩薩のように、修行を積み重ねた上で、さまざまな災難から救ってくれたり、あるいは素晴らしい智恵をそなえている、いわば仏とほとんど差異がないメジャーな菩薩がないわけではないが、もう少し視点を下げれば、私たち自身が菩薩に他ならないことになる。

その結果、十地《じゅうじ》というステージ内容の異なる修行のプロセスを、安全に一歩一歩上昇していける菩薩もある反面、途中で断念したり（退転《たいてん》）、時としては、一挙に破滅の坂をころがり落ちる（敗壊《はいえ》）菩薩も少なくなかったのである。

聖なるものの存在を前提とし、しかもそこへの到達の可能性を信じる密教では、私たちと仏の間に、仲介的存在を設定した。それは仲介のみならず、先行的・ガイド的役割も兼ねそなえている。それが、阿闍梨（ācārya）、もしくは師（guru）と呼ばれるもので、インドでは古代のヴェーダ時代以来、神への仲立ちとして大きな役割を果してきたことは、よく知られている。

本格的密教経典の最初に置かれる『大日経』でも、実践修行を説く「具縁品」の冒頭で、まず阿闍梨の要件を列挙することは、決して偶然ではない。

さて、密教の先生になるためには、以下の条件をそなえていなければならない。

(1)さとりを求める心（菩提心）を持つ。
(2)智恵が堅固で、慈悲を持つ。
(3)諸々の技芸に巧みである。
(4)最高の智恵（般若波羅蜜）に通達《つうだつ》している。
(5)三乗《さんじょう》の差別を知る。
(6)真言の深い意味を理解している。
(7)人びとの願いがわかる。
(8)諸仏・諸菩薩を信じる。
(9)マンダラを描くことができ、灌頂を受けている。
(10)性格が柔軟で、我《が》への執着を離れている。
(11)密教の行に心が集中している。
(12)瑜伽観法《ゆがかんぼう》に通達《つうだつ》している。
(13)すでにさとりの心に安住している。

伝統的には、これらを「阿闍梨の十三徳」と呼ぶが、第九の条件を二つに分けて、「十四徳」と称することもある。

内容を眺めてみると、最初と最後に「さとりの心」があげられていることに気がつく。もちろん、最初は、さとりを求めてスタートすることで、最後の方は、常にさとりに集中していることを指す。

当り前のことだが、目的が違えば、人をその方向に導くことはできない。

第三の「諸々の技芸」とは、単なる仏教に対する知識のみではなく、ほとけを描くことや病気をなおす医学的知識などをも含む。

日本密教の話になるが、九世紀初頭に弘法大師空海が東寺のすぐ近くに庶民の学校である「綜芸種智院《しゅげいしゅちいん》」を建て、幅広く学問を教えたのは、『大日経』に説く「種智」と「綜芸」を根拠としていることを記憶していただきたい。

第八の「諸仏・諸菩薩を信じる」も、当然のことだが、密教に限らず、宗教家が「私は信じませんが」などといえば、おしまいである。

第九の「マンダラ」と「灌頂」も不可欠の要素だ。現在の日本とチベットの密教でも、阿闍梨が活躍する最高の場面は灌頂を授けるときだが、昔はマンダラを描くことも阿闍梨の仕事だった。だから、後で詳しく紹介するように、マンダラの構造と諸尊の並び方、さらには具体的な姿・形の知識まで身につけていなければならなかったのである。

もっとも、中国と日本では、マンダラは紙や布に半永久的に描かれたものが用いられるようになったので、一回ごとに作成する必然性がなくなり、この点の現実味は減少したが、マンダラは、聖なるほとけの世界の見取り図であり、いわばマップ（地図）なしに旅行ができないのと同じである。

◇弟子たるもの

密教の思想史を勉強していて、一つおもしろいことに気がついた。それは、同じ密教であっても、その評価は、インドやチベットの理解と日本の理解がまったく逆であることだ。どういうことかといえば、密教は、日本では浄土門《じょうどもん》に対して、難行の聖道門《しょうどうもん》（自分で努力する仏道）と言われているのに対し、インドやチベットでは、密教はむしろ易行《いぎょう》（行ないやすい道）とされている。

その原因は、比較する対象が異なっていることに起因している。専修《せんしゅう》念仏が存在していなかったインドやチベットでは、密教は、布施や持戒などの六波羅蜜行を旨とする大乗仏教の菩薩道と比較されたからである。

法然上人・親鸞聖人などの専修念仏（南無阿弥陀仏）、あるいは日蓮聖人の唱題《しょうだい》（南無妙法蓮華経）に代表される鎌倉仏教では、信者の資格や能力を問うことはまずなかった。もちろん、これは日本仏教に限ったことであり、時代背景を抜きにして考えられないが、密教の場合は、教理においても、実践においても、仏と私たちの出会いの可能性（宗教学的にいえば聖俗一致）をうたうので、その状況に入るためには一定の条件を必要としている。

その結果、聖なる世界を希求する弟子の方も、次のような資格を要求されることになるのである。

なお、この弟子の選び方については、短い文章であるが、漢訳・チベット訳、そして注釈書の間において、数え方に多少の相違がある。ここでは、五項目説を採用しておきたい。

(1)（宗教的）能力がある。
(2)罪や過失を犯さない。
(3)理性的信仰がある。
(4)絶対的信仰が篤い。
(5)他人のために喜んで努力する。

あまり説明の必要はないかも知れないが、第三と第四の「信仰」については、その意味内容に関して、注釈書の『大日経疏』に興味深いたとえ話があるので、それを紹介しておこう。

漢訳『大日経』によれば、この個所は、「信解《しんげ》」と「深信《じんしん》」となっている。この両者の区別については、井戸を掘るときの話が知られている。

ある人が、井戸を掘ろうとしたが、どこを掘ってよいか皆目わからない。ところが、経験豊かな老人が、岩だらけのところを指して、そこを掘れという。客観的根拠はまったくないが、その人の経験や人柄を信じて、疑いなく、ひたすら掘るのが、第四の絶対的信仰を意味す

新弟子の誕生

る「深信」である。

ところが、そこを掘っていると、地面が次第に変色してきて、また湿り気を帯びてきた。これは水が近い証拠だと確信して、さらに努力するのが、理性的信仰を意味する信解であるという。

学問的にいえば、それぞれの原語にあたるサンスクリット語が違うわけであるが、弟子たる者は、ひとたび先の十三徳を有する師に巡り合ったならば、仏の化現《けげん》ともいうべき師によってこそ、さとりの道へ導いて頂けるのである。

話は少しそれるが、平安初期の日本仏教を代表した伝教大師最澄《さいちょう》と弘法大師空海は、数年間の間、交渉を重ねたが、ついには別々の道を歩まざるを得なかった。

いくつかの事情や原因はあったが、密教も他の大乗経典や論書と同じく、経典の筆写や講読によって修得できると考えた伝教大師と、師と弟子の面授《めんじゅ》（直接教授）以外にはありえないとした弘法大師との、原則論の違いがあったことも事実だろう。

◇マンダラの建立

『大日経』のさとりを仏の集会《しゅうえ》によって象徴的に表現するマンダラに関しては、後に詳細に説明するが、いずれにしても本来は時間も空間も超越しているさとりの世界を、人為的に、「この」世界に出現せしめたものが、「マンダラ」である。

マンダラとは、インドの梵語を音写したものであり、サンスクリット語では、maṇḍala とつづる。

この言葉の語義に対して、チベット訳の注釈書である『大日経広釈』は、含蓄ある解釈を施している。「マンダラ」という言葉は、二つの部分に分けて説明される。それに従えば、前半の「マンダ」は中心とか、心髄という意味を持ち、さらに仏教的用語法としては、釈尊がさとりを開いた菩提の道場、あるいは最高の飲み物である醍醐《だいご》を表すこともある。

後半部の「ラ」は、所有を示す接尾辞とされ、『大日経』では両者を総合して、「曼荼とは心髄をいい、羅とは円満をいう」と説明している。すなわち、マンダラという合成語としては「心髄を円満するもの」、換言すれば「エッセンスを持つもの」となる。

そして、『大日経広釈』では、この「心髄」を「さとり」と理解するために、マンダラとは、「さとりを有する場」、現代風にいえば「聖なる空間（時間も含む）」となる。

「具縁品」では、有縁《うえん》の弟子を見出した阿闍梨は、マンダラを建立し、彼に聖なる世界を垣間見させなければならないと説く。

そのためには、人為的にマンダラを建立する必要がある。今、『大日経』の本文、ならびに注釈書や松長有慶博士の研究などを参考にしながら、その概略を挙げておこう。

現在の日本のマンダラは、大部分は密教寺院の内に掛けられているが、元来は地面の上に描き、供養や灌頂などの儀式がすめば、惜しげもなく破壊されるものであった。実にマンダラとは、出現と消滅をともなった「空」的な聖なる世界といっても過言ではない。

マンダラを建立する前段階として、まず土地の選択と、その土地を浄める浄地《じょうじ》の作法が不可欠である。

まず、マンダラを描く土地としては、花と果実がある山、清らかな水のあるところとされている。美しい自然が大切なことは、多くの宗教の等しく説く原則である。

次に、その土地の地面を掘り、土中の木片や骨などの不純物を取り除いて、浄化しなければならない。そして、実際のマンダラ建立を開始するのに適した月日や曜日を決める必要がある。いわゆる占星術であるが、私自身も昭和二十年四月生まれの親友三人が、昭和五十七年の上半期にそれぞれ父親を亡くした経験もあるので、やはり見えない世界のメッセージはあるものと確信している。

◇七日作壇の儀式

いよいよ本格的なマンダラの建立が始まる。ただし、『大日経』そのものの記述は、少し簡単すぎるので、漢訳の『大日経疏』を用いて補足したい。

この作法は、日数的には七日かかるので、古来、七日作壇《しちにちさだん》と呼ばれている。

第一日には、まず、修行する行者が、自らを仏と観じて行うために、自身を加持することから始まる。この考えがすべての大前提となる。

そして、マンダラの空間を預る大地の神（地神《ちじん》）に対して、その守護と儀式の無事成満《じょうまん》を祈願して、供養を捧げるのである。

無神論の人は一笑に付すかも知れないが、大地をはじめ、水や空気などの自然への感謝を忘れた人間は、今やっとその誤りに気付き始めたようだ。

第二日は、大地を少し高くして土壇《どだん》を塗り固め、そこに未だ使っていない牛糞と牛尿を混ぜたものを塗り込めて、土壇を浄めると説く。この部分のみは、インドの文化を理解していなければ、「何と不潔なことを」と拒否反応を示すだろう。

私自身も、二十年前に北西インドのラダック地方のチベット仏教寺院で、護摩《ごま》の儀式を見学調査した際に、乾いた牛糞を手に取るまでは、まさかそれが「聖なるもの」とは思われなかった。しかし、その無臭と、火力の強さには大いに驚いたことであった。

チベット僧によるマンダラの建立

第三日には、壇に穴を掘って、その中に五宝（金・銀・真珠・水晶・珊瑚など）、五穀（米・大麦・小麦・小豆・胡麻など）をはじめ、五薬や五香などの種々の貴重な品々を埋める。

これは、大地の神に供養するのみならず、そのマンダラ壇を荘厳する意味も兼ね備えている。

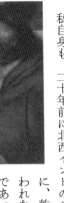

第四日には、香を入れた水（香水《こうずい》）をマンダラ壇にふりかけ、それを浄める。強力な芳香を持つ香は、聖なるものを供養するとともに、その科学的威力によって浄めることも不可能ではない。

第五日には、いわゆる結界《けっかい》の作法を行う。「界を結ぶ」結界とは、一種の観念的バリケードで、人為的に聖域空間を限定するときに必要とさ

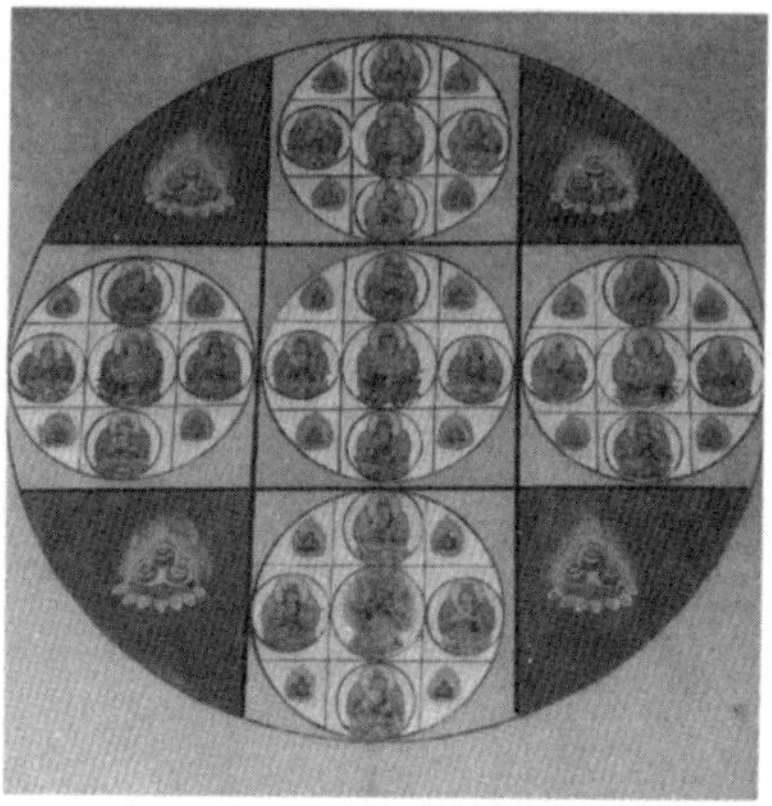

彩色されたマンダラ

れる作法である。このあと、実際にマンダラを製作し（墨打《すみう》ち）、意味を持つ色を塗り分ける。

第六日は、いわゆる灌頂の儀式で、阿闍梨が弟子を聖なる世界に導く具体的作法が述べられているが、その詳しい内容は、「具縁品」以外にもまたがって説かれている。

最後の第七日には、水瓶《すいびょう》に入れられた誓水《せいすい》を飲ませた弟子をマンダラに導き、有縁《うえん》のほとけを選ぶ目的で、目かくしをしてマンダラ上に花を投げる投華得仏《とうけとくぶつ》を行う。

これこそマンダラの儀礼のハイライトで、私も大学四年のときに京都の醍醐寺で伝法《でんぽう》灌頂を入壇《にゅうだん》させていただき、花の落ちた金剛薩埵の御縁を授ったことを有難く思っている。

以上、『大日経』の「具縁品」に見られるマンダラの建立を紹介したが、インドの伝統を忠実に受け継ぐチベットは別として、日本では、すでに半永久化された大壇《だいだん》と掛けマンダラを用いるので、七日作壇は省略されている。

むしろ大切なのは、『大日経』に説かれる胎蔵マンダラのほとけたちによって、その深い真理が表現されることである。

マンダラの解釈学
――さとりへの道を求めて

◇マンダラの名称

これまで「胎蔵マンダラ」という略称で呼んできた『大日経』のマンダラは、経典では、正確には「大《だい》悲胎蔵生曼荼羅《ひたいぞうしょうまんだら》」と説かれている。すなわち、「大いなる慈悲の母胎から生じたマンダラ」という意味で、大日如来の慈悲によって諸尊・諸仏が出生《しゅっしょう》することを表している。

ただ、この言葉が少し長いこともあって、古来、「胎蔵マンダラ」と略称されることが多かった。そして、両部の大経と呼ばれる『大日経』と『金剛頂経』にそれぞれ説かれるマンダラとして、胎蔵マンダラと金剛界マンダラを総称して「両部マンダラ」と呼び習わしてきたのである。

ところが、一方では、「両界《りょうがい》マンダラ」という言葉や、そう書かれたマンダラを見た方も少なくないだろう。実際のところ、美術品や文化財として有名な一対のマンダラは、指定物件（国宝や重要文化財）としては、「両界曼荼羅図」と称されている。

また、密教の僧侶として修行する場合に用いられる次第《しだい》などの実践資料では、むしろ「胎蔵界次第《たいぞうかいしだい》」という語の方が一般に普及している。

すなわち、経典的根拠を考えれば、確かに「胎蔵マンダラ」の方が正しいが、一方のマンダラである金剛界マンダラには、文献資料的にも最初から「界」の字が付されていたのである。

そのため、すでに弘法大師空海の弟子たちの頃には、一部で「胎蔵界」の用語が主に次第などの修行テキストに登場し始め、天台密教を大成した慈覚大師円仁（七九四～八六四）、智証大師円珍（八一四～八九一）、そして学僧の安然《あんねん》の頃、つまり九世紀後半から十世紀の頃になると、「胎蔵界」の用語が認知されたということができる。

したがって、「胎蔵マンダラ」と「胎蔵界マンダラ」は、どちらが正しいということではなく、教義や経典に重点を置く場合は「胎蔵マンダラ」が、他方、美術や実践修行の観点に立つ場合は「胎蔵界マンダラ」が使用されることが多い。

本書では、一応伝統に従って「胎蔵マンダラ」を用いることにしたい。

もっとも、「胎蔵界」の使用の是非に限らず、「不動尊」と「不動明王」、「曼荼羅」と「曼陀羅」の区別を大上段に論じても、重要な意味を持たないことを付記しておきたい。

◇胎蔵マンダラの特徴

『大日経』の真理をほとけたちの集会によって表現した胎蔵マンダラを紹介するのに先立って、ペアとなる金剛界マンダラと比較して、胎蔵マンダラの持つ特徴を二点指摘しておきたい。

その第一は、金剛界マンダラでは、ほとんどのほとけたちが満月を表した月輪《がちりん》の中に表現されるのに対し、胎蔵マンダラでは、原則として月輪を必要とせず、諸仏は、中央の八葉《はちよう》の蓮華、もしくは三角形の形をとる法源《ほうげん》（ダルモーダヤ）から出生するといわれている。そういう意味では、胎蔵マンダラは、母親の子宮を示す胎蔵という言葉からも明らかなように、母性的要素が顕著である。

より大胆にいえば、胎蔵マンダラは、蓮華から出生したマンダラ、もしくは大地から出生したマンダラと考えることができる。

これに対するに、金剛界マンダラは、満月の中に諸尊・諸仏が住していることから、虚空（宇宙空間）から出生したマンダラであり、両者は好対照の存在である。

第二は、現在の日本で確立している十二の部分（院）から成る胎蔵マンダラと、九つの部分（会《え》）から成る金剛界マンダラを比較すると、同じ部分のような気がするが、実は呼び方が相違していることを、以前から奇妙に思ってきた。

ところが、先年、寺林峻氏の『絵でわかるマンダラの読み方』（日本実業出版社、一九八九年）を読んでいて興味深い記述に感銘を受けた。それは、十二院の胎蔵マンダラをすべてのほとけが各パートを受け持つコーラス型のマンダラとし、他方の金剛界マンダラを、各場面を九回くり返すドラマ型のマンダラとしたことである。

まことに見事なたとえ話で、確かに胎蔵マンダラでは、すべてのほとけが一つの場所を与えられ、それぞれの役割を果している。コーラスでは、各自の音域にあったパートがあり、いくら音楽が得意な女性でも、同じ瞬間にソプラノとアルトを歌うことはできない。男性の場合も同様で、テノールとベースを同時には歌えない。

逆に、金剛界マンダラは、最初（中央）の根本会《こんぽんね》に大日如来をはじめとする大部分のほとけが登場するが、これはドラマの第一幕にあたり、その他の幕（会）では、同じほとけ（俳優）が衣裳や状況をかえて幾度となく登場する。金剛界マンダラは、胎蔵マンダラのように全員集合ではないかわりに、くり返しがきき、状況場面に変化があるマンダラなのである。

このように、性格の完全に異なったマンダラを一対のものとして持ち帰り、両者の相違点を生かそうとした所に、先駆者空海の偉大さがあると改めて感服したことである。

◇三種のマンダラ

普通、胎蔵マンダラというと、少しでも知識のある方は、中央に八つの蓮華（ハス）の花びらがあり、真中に両手の平を重ねた大日如来が位置し、その右下あたりには、右手に剣、左手に羂索《けんじゃく》（なわ）を持った不動明王が坐っているようなマンダラを思い浮かべる。これが、最も狭義の胎蔵マンダラであることは多言を要しない。

けれども、厳密にいえば、内容は同じ胎蔵マンダラとはいいながら、『大日経』では、丁寧なことに三種の胎蔵マンダラを説いているのである。もっとも、それは表現する方法の相違に基づくものであるが。最初に、第二章にあたる「具縁品」では、先述の大日如来や不動明王が、手で示す印相や剣などの持物を持った、ほとけの完全なる姿・形で表されている。いわば、尊像《そんぞう》のマンダラであって、当然、これがベースとなる。密教の教学では、身体（身）と言葉（口）と精神（意）の三種の行為表現と関連づけて、

「具縁品」に説く尊像マンダラを、身《しん》マンダラと称している。

　これに対し、第十一章にあたる「秘密曼荼羅品」では、各ほとけの具体的な尊形《そんぎょう》ではなく、手の姿を示す印相や、蓮華や金剛杵などの持ち物で、象徴的にほとけを表現している。たとえば、剣と羂索は不動明王を、よく似ているが、剣と経典では文殊菩薩を表すように。専門教義としては、これを「三昧耶《さんまや》マンダラ」と呼ぶが、「サンマヤ」とは、ほとけたちの働きを象徴するシンボル物ということができる。三種の行為表現としては、心の活動を表す精神のマンダラと理解されている。

　具体的なほとけの尊像がシンボライズされて、部分的な手の姿や持ち物に集約されたが、この簡略化がさらに発展すれば、ほとけを一つの文字で表すことになる。文字といっても、マンダラ自体が仏教の国であるインドで成立したので、古代インドの聖なる文字である梵字で表現される。とくに、一音節（一つの母音）に圧縮された梵字を、あたかも植物の種子《たね》が茎や葉となるあらゆる可能性を内包していることから、種字《しゅじ》と呼んでいる。なお、「種子」と書く習慣もあるが、「種子《たね》」と区別するために、近頃では意識的に「種字」と書くことが多い。

　このマンダラは、言葉の活動を示すものとして、第八章の「転字輪曼荼羅行品」に集中して説かれている。

　なお、尊像からシンボル物へ、そして梵字へと進む三段階は、

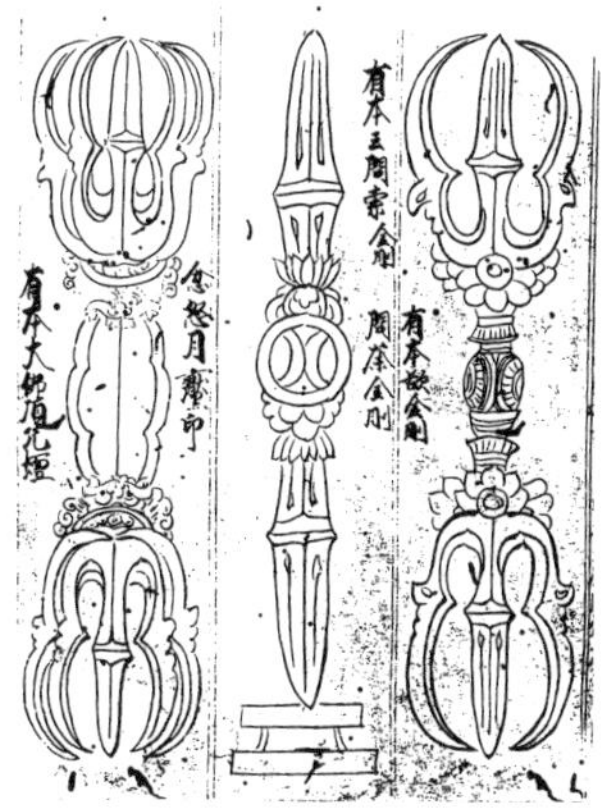
大悲胎蔵三昧耶曼荼羅（石山寺）

新作の胎蔵種字曼荼羅

最近の言葉でいえば、シンボル化、すなわち象徴化のプロセスであるが、実際に修行中において、何もない状況で聖なるほとけを精神集中して瞑想として思い浮かべる場合は、逆に、まずエッセンスとなる文字を思い浮かべ、次にそれがシンボル物に変化し、最後に姿・形をともなった具体的なほとけの尊像を瞑想するのである。伝統的にはそのプロセスを「種《しゅ》・三《さん》・尊《ぞん》」と呼んでいる。

たとえば、不動明王の場合は、種字にあたるカーン（hāṃ）、もしくはマーン（māṃ）の梵字を思念し、次にそれらが剣、もしくは羂索に変化する。そして最後には、右手に剣を立て持ち、左手に悪しき者を縛り上げる羂索を握り、大盤石《だいばんじゃく》の上に坐す不動明王の姿を自らの心眼に体得すれば一人前だ。

このように、確かに三種のマンダラが説かれ、その具体的図版をここで紹介しているが、くり返すごとく、やはり尊像のマンダラが最も理解しやすいので、以下、とくに断らない限りは、狭義の尊像のマンダラで話を続けたい。

◇中台八葉院の構成

マンダラの鑑賞、あるいはさらにレヴェルアップをしてマンダラの解釈を行うときには、大別して二種の視点がある。前者は、最も重要な個所であるはずの中心部分を詳しく考察することであり、そこにそのマンダラの主要思想が集約されている。

後者は、マンダラ全体の構成からそのマンダラの意味を読みとることで、これはいわば最終段階といえよう。

いずれも大切な理解法だが、順序的には当然のことながら中心部分が先に成立したはずなので、そちらから取り上げよう。

中台八葉院（御室版・法蔵館本）

胎蔵マンダラの中心は、白・赤・黄・青・緑（黒）の五色線《ごしきせん》に囲まれた正方形の中に、中央の花芯《かしん》の四方八方に開いた八葉の蓮弁が描かれ、花芯と八葉には各一尊、計九尊のほとけが配されている。この部分を中台八葉院と称し、胎蔵マンダラの中枢とされている。

中心の花芯には、両手を両膝の上で重ね合わす定印を結んだ胎蔵大日如来が優雅に坐している。マンダラ・コスモスの中心とともに、全体をも表す宇宙仏である。その像容の意味と図像の若干の多様性については、先に詳しく説明した。

そこで、次に大きな意味を持つ四方の四仏《しぶつ》、世にいう胎蔵四

中台八葉院の構成

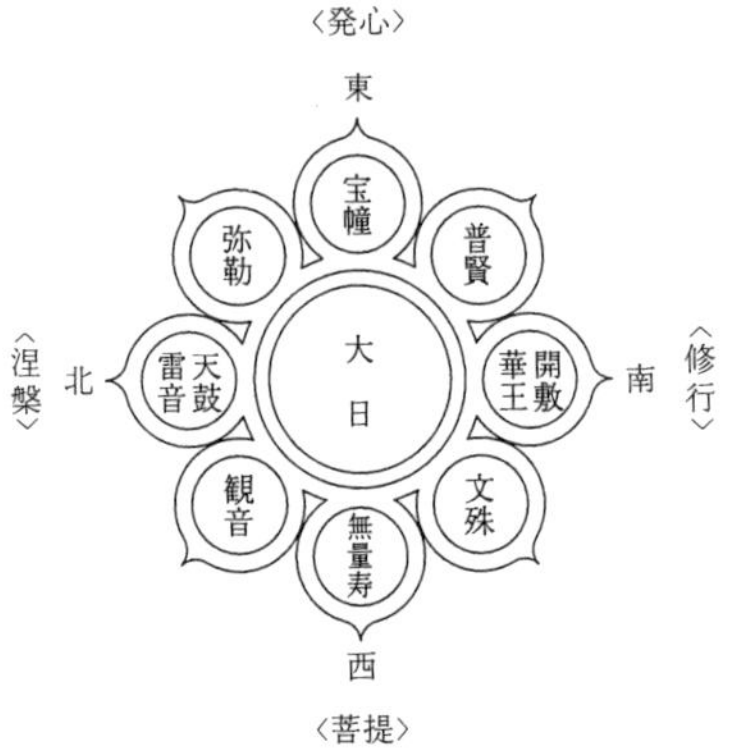

仏の役割を検討しよう。

◇さとりの階梯を示す四仏

真夏の朝、美しい花を咲かせるハスは、仏教では「蓮華」といわれている。植物学的には、二十四枚の花弁があるらしいが、平面的には、四方と四隅を網羅した八方を示す八葉の蓮弁が、満開のハスとして表現されることが多い。

今、胎蔵マンダラの中台八葉院を厳密に見ると、このマンダラでは上方が東となるが、東・南・西・北の四方の蓮弁が前面にせり出して描かれ、それらの間に位置する四隅の蓮弁は、後方に表現されている。このことは、四方の優位性を示すのみならず、実際、四方には四仏、四隅には四菩薩とほとけのランキングの差を巧みに表している。

この四方の四仏は、学問的にいえば、第二章の「具縁品」に説かれるグループと、第十三章の「入秘密曼荼羅位品」に説かれるグループとでは、北方の如来が変化している。その歴史的意義に関しては、拙著『密教仏の研究』（法蔵館、平成二年）を参照されたいが、ここでは通常用いられている「入秘密曼荼羅位品」の説に基づいて、解釈を加えたい。

まず、東方に位置する如来は宝幢《ほうどう》如来といい、宝をちりばめた旗印（日本の国旗の先につける金色の玉と同じ）を象徴した仏である。 図像的には、 右手は手の平を仰向けて、 望みのものを与える与願印を結んでいる。

同じ『大日経』の「成就悉地品」などに説かれる四転《してん》（発心・修行・菩提・涅槃）の教義と結びつけると、この宝幢如来は、初めて宗教的な世界にスタートする発心を象徴している。方位としても、東方は第一に扱われることが多く、教学的には東方から始まる発心を、東因発心《とういんぼっしん》と呼んでいる。

南方、つまり大日如来の向かって右側の花弁に位置する如来は、右手は胸の前に置いて恐れを取り除く施無畏印をとっている。ただし、一部のマンダラでは図像が乱れて、指先が下を向いているので、与願印と区別しにくい。この如来の名前は開敷華王《かいふけおう》、すなわち花のつぼみが開くさまを象徴した仏であり、さとりに向かって修行を積み重ねていく過程を示している。

西方（下方）の如来は、両膝の上で手を組み合わす定印を結んでいる。その姿から有名な阿弥陀如来であることがわかるが、ライバルの金剛界マンダラの西方仏も同じ阿弥陀如来であるため、区別する必要から胎蔵マンダラの場合は、別名の無量寿《むりょうじゅ》を用いる傾向が強い。この無量寿如来の働きは、四転のうちの菩提に該当し、やっとさとりの世界を実感する段階に至ったことを意味している。

北方、つまり大日如来の向かって左側の仏は、天鼓雷音《てんくらいおん》如来といい、天上にある自然に音を発する不思議な鼓《つづみ》にたとえて、釈尊の説法を強調した仏である。図像的には、右手の先を右膝の先で地に着ける触地《しょくち》印を結んでいる。

胎蔵四仏（部分・叡山版）

マンダラ教学としては、四転の最後の涅槃という寂静の世界に入ることを意味している。

以上の四仏の方位と教えを、もう一度表にまとめると、次のようである。

方位	**尊名**	**働き**
東方	宝幢	発心（さとりへの出発）
南方	開敷華王	修行（さとりへの努力）
西方	無量寿	菩提（さとりの実感）
北方	天鼓雷音	涅槃（さとりの体得）

このように四方四仏は、対になる金剛界マンダラの四仏のごとく、同一瞬間に一斉に出現するほとけではなく、時間的プロセスを経て出生する、いわば巡礼型のほとけであることは非常に興味深い。

なお、巡礼といえば、四方四仏の意味する発心・修行・菩提・涅槃のいわゆる四転の教えが、わが国の四国遍路の巡礼にあてはめられていることは、胎蔵マンダラの思想がいかに人びとの間に浸透していたかを如実に物語っている。

幸い四国に生を受けた私も熱烈な遍路信仰者なので、阪神・淡路大震災の被害にあった平成七年を除くと、毎年団体をつれて四国巡礼に出かけている。『大日経』と四国遍路の深い結びつきは、またゆっくりと御話したい。

◇四隅の四菩薩

中台八葉院の四隅、すなわち東南・南西・西北・北東の四つのコーナーには、以下の四体の菩薩がそれぞれ位置している。

方位	尊名
東南	普賢
南西	文殊
西北	観音
北東	弥勒

『大日経』の経文に照らし合わすと、これらの四菩薩は、尊像マンダラを説く「具縁品」にはまったく登場せず、先述の第十三章の「入秘密曼荼羅位品」になって始めて言及されるが、方位のみでその働き・役割については説明はない。

胎蔵四菩薩（胎蔵図像）

そこで私見を交えて推測を加えると、思想的には、これらの四菩薩は中尊（大日如来）に向かって右辺（右側）の如来の役割を補佐しているように見受けられる。

たとえば、東南の隅には、左手につまんだ蓮茎の上に剣を載せた普賢菩薩が位置しているが、この普賢菩薩は大乗経典の『華厳経』以来、心、とくに「さとりの心」である菩提心のほとけとして知られている。そういう歴史を持つ普賢菩薩が、発心を意味する宝幢如来のそばに控えていることは決して偶然ではない。伝統的には、このような普賢菩薩を因位《いんに》（原因となる存在）の菩薩としている。

次に、南方の開敷華王如来の侍者としては、南西の隅に経典を持った文殊菩薩が侍している。「三人寄れば文殊の智恵」という言葉のあるように、文殊はインテリのほとけとして知られているが、智恵に基づく修行によって、結果の存在である開敷華王如来を補佐している。

西方の無量寿如来と、そのそば（西北隅）にいる観音菩薩については、御存知の方が多いだろう。『無量寿経』などの大乗経典の頃から、観音菩薩は西方の阿弥陀如来（無量寿如来）の脇侍として極楽世界を守ってきた。この世においてさとりを目ざす密教では、極楽の要素は消滅するが、あの世のさとりに該当する菩提のほとけである無量寿如来を、蓮華（ハス）の花を持った観音菩薩が支えている。

四方四仏の最後の北方・天鼓雷音如来を補佐するのが、北東隅の弥勒菩薩である。釈尊の説法を象徴した天鼓雷音如来を受けつぐのは、やはり次代の仏を約束されている弥勒菩薩にほかならない。弥勒菩薩は未来に出現して、私たちを救ってくださる未来仏として、古くから期待を集めてきた。その弥勒菩薩が、巡礼のマンダラの最後にあたる涅槃（完全なるさとり）を示す天鼓雷音如来を補佐している所に、胎蔵マンダラのすばらしい智恵を読みとることができる。

オーケストラのマンダラ——十二のパートの意味するもの

◇全体としての胎蔵マンダラ

先に胎蔵マンダラの中心部分を形成する中台八葉院の諸尊にスポットをあて、とくに宝幢・開敷華王・無量寿・天鼓雷音の胎蔵四仏と、それらを個別に補佐する普賢・文殊・観音・弥勒の四隅の四菩薩の働きと意味を紹介したが、今度は少し見方をかえて、現行の胎蔵マンダラの全体を眺めてみたい。『大日経』に説かれるマンダラの名称が「大悲胎蔵生マンダラ」で、その略称が「胎蔵マンダラ」であることは、もはや多言を要しないが、一口に『大日経』と言っても、漢訳に説かれる胎蔵マンダラとチベット訳に説かれる胎蔵マンダラでは、細部がかなり異なっている。

また、漢訳の注釈書である『大日経疏』の第六巻に説かれる胎蔵マンダラは、一般に「阿闍梨《あじゃり》所伝曼荼羅《しょでんまんだら》」と呼ばれているが、その内容は現行のものと大きく異なっている。

このほか、異系統の胎蔵マンダラとして知られている「胎蔵図像」と「胎蔵旧図様」も合わせて対照すると、胎蔵マンダラにも十種近くの多様性が存在していることになる。この点については、石田尚豊博士の学士院恩賜賞を受賞された労作『曼荼羅の研究』（東京美術、一九七五年）があるので、興味のある方はそれを参照していただくこととして、ここでは合計十二院から成る、いわゆる現図《げんず》マンダラをベースにして、紹介することとしたい。

◇現図マンダラとは

十二院から成る現図の胎蔵マンダラは、八世紀の終り頃中国で成立したと考えられている。ちなみに、「現図」という言葉は、一般には「現在、流布している（マンダラ）」の意味に解釈されているが、すでに十世紀の初頭に、宇多《うだ》天皇（寛平《かんぴょう》法皇）の皇子の法三の宮真寂《しんじゃく》親王（八八六〜九二七）の著した『諸説不《しょせつふ》同記《どうき》』（略称）が編纂され、そこでは、現図と或図《わくず》と山図《さんず》の三種の胎蔵マンダラがあって、個々のほとけの図像表現にも相当の違いがあったことが述べられている。

同じ胎蔵マンダラであるのに、どうしてそんなに大きな表現の相違が出てくるのかといえば、やはり時代的な展開と人的相承における図像的展開があって、結果的にはいくつかの系統が生じることになるのである。

具体的にいえば、「現図」・「山図」・「或図」のうち、「山図」は慈覚大師円仁（少し時代の下る智証大師円珍とする説もある）のもたらした天台密教系の胎蔵マンダラであるのに対し、「或図」はその系統を確定することが難しい。通説では、入唐した密教僧の最後に数え上げられる東寺の宗叡《しゅうえい》（八〇九〜八八四）が中国から請来した胎蔵マンダラかといわれているが、現存する資料と関係付けて確定することはできない。

これに対し、現図マンダラは、弘法大師空海が中国から伝えた彩色の大マンダラの系統で、金剛界が九《く》

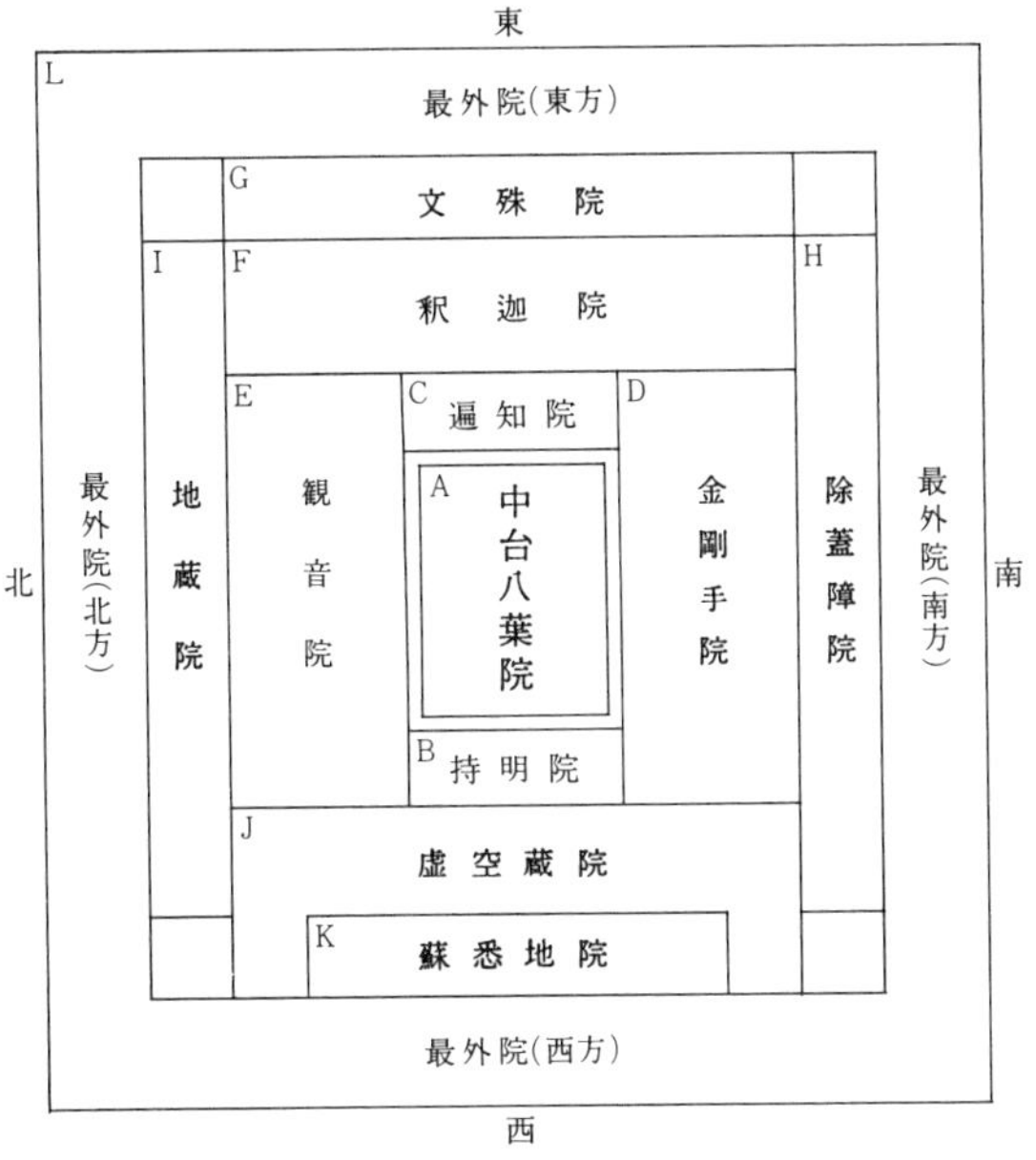

胎蔵マンダラの構成

会《え》マンダラ、胎蔵が十二院マンダラである。密教史的には、空海にそれを与えた恵果《けいか》の役割が重視され、時には恵果・空海系マンダラとも呼ばれている。この系統が、図像的にも最も普及しており、日本の胎蔵マンダラの九割以上は、現図マンダラのグループに属している。

◇智恵と生産の遍知院

以下、現図の胎蔵マンダラに依りながら、中心の中台八葉院を除く残りの十一の院（部分）について詳しく紹介してゆこう。

図のように、胎蔵マンダラは、中台八葉院（A）を含めて上下（東西）四重、左右（南北）三重の構造をとっている。

一見して明らかなごとく、非常にシンメトリカル（対称的）な構造になっているが、

遍知院（長谷寺本）

原典にあたる『大日経』を見ると、西（下）方の第三重に位置している蘇悉地《そしつじ》院は存在していない。つまり、中国の密教の阿闍梨が、構成のバランスなどを配慮して、意識的に付け加えたのであり、それは恐らく空海の師の恵果ではなかったかと推測されている。

ともあれ、マンダラは歴史と人によって変化するものであり、一応、経典や儀軌に従うとはいえ、永遠不滅と固定的に捉えるのも、場合によっては執着になることもある。

さて、先図の記号によって解説すると、まず中台八葉院の上部（C）に位置するのが遍知《へんち》院である。「遍知」という聞き慣れない言葉は、「あまねき智恵」を示している。

これは、中台八葉院の胎蔵大日如来をはじめとする九体のほとけによって示されたさとりの智恵が、まず東方に展開することを表している。その証拠に、遍知院の中央にあるピラミッド型の三角形は、一切遍智印《いっさいへんちいん》、もしくは一切如来智印《いっさいにょらいちいん》と呼ばれ、ほとけの智恵を端的に象徴している。つまり、インドでは燃えさかる火は上向きの三角形で表現されるが、この三角形の一切遍智印は、煩悩を焼きつくす智恵の働きを示している。智火《ちか》という言葉はその代表例である。

遍知院のもう一つの働きは、中央の中台八葉院のさとりの一部の属性である慈悲が、生産を特徴とする女性性として表されることである。すなわち、ほとけの配置として見れば、遍知院には、中央の一切遍智印をはさんで、向かって左側に仏眼仏母《ぶつげんぶつも》と七倶底《しちくてい》仏母の二尊が配されているが、これらの二尊は、「仏母」という言葉から知られるように、女性のほとけである。

まず、仏眼仏母とは、仏陀の眼を尊格化したほとけで、『大日経』では虚空眼《こくうげん》ともいう。「仏母」とは、仏陀の「母」と書くが、実質的には「配偶者」、「妻」の役割を果す。仏眼仏母の場合、インド密教では大日如来の配偶尊として知られている。

また、七倶底仏母は珍しい名前であるが、これは一種のあだ名であり、通常知られている名前でいえば、准胝《じゅんでい》仏母という。准胝とは梵語の名前チュンディを音写したもので、やはり智恵・聡明を表す女尊であった。日本では、観音の一種ともされ、とくに京都の醍醐寺《だいごじ》を開いた聖宝《しょうぼう》尊師（八三二〜九〇九）が信仰したほとけとして知られている。歴史的に見れば九世紀の後半から大流行し、中国でも相当の信仰を集めている。

ともあれ、こうした著名な女尊が重要な位置を占めるのが遍知院の特徴で、各種の胎蔵マンダラの中には一切遍智印の三角形が逆三角形になったものがあるが、この場合は智恵のシンボルというよりも、女性の性器を暗示することによって、ほとけの慈悲を生み出す生産の働きを表示したものと解釈することができる。現代チベット系の胎蔵マンダラでは、逆三角形のシンボルが用いられている。

持明院（長谷寺本）

◇降伏《ごうぶく》のほとけたち――持明院

次に、下（西）方に位置する持明院《じみよう》（B）には、遍知院とのバランスで計五尊のほとけが配されている。院の名称となる「持明」とは「明呪《みようじゆ》を持するもの」を表すが、明呪は真言と同じく「威力ある呪文」を意味する。すなわち聖なる言葉は偉大な力を持っており、煩悩を打ち滅ぼすことも、強力な外敵、とくに仏教を妨害する存在を倒すこともできる。

このような強固な力を持ったほとけが、いわゆる明王であり、実に「持明者《じみようしや》」（ビディヤーダラ）の「王者」が明王にほかならない。

胎蔵マンダラの根拠となる『大日経』では「具縁品」において、不動明王と降《ごう》三世《ざんぜ》明王の二尊を説くのみであるが、現図マンダラでは、新たに大威徳《だいいとく》明王と勝《しよう》三世《ざんぜ》明王の二尊を加えている。

持明院の右端に位置する不動明王は、明王の代表として最も広く知られている。右手に剣を持ち、左手に獲物を捕えるなわとなる羂索をとって、盤石《ばんじやく》といわれる岩座《いわざ》の上に坐している。左側の降三世と勝三世の二体の明王は、いずれも広義の降三世明王であるが、この明王はインドでも三（四）面八臂と一面二臂の二つの姿が知られており、中国・日本でも二種の系統の降三世が、それぞれ降三世（三面八臂）・勝三世（一面二臂）の二明王として配されている。

この持明院の働きは中央のほとけ、とくに大日如来を、力を誇示して守護するとともに、ほとけの教え（教令《きょうりょう》）をなかなか言うことをきかない者たちに、叱りつけてでも受け容れさせる積極的な怒りをも含んでいる。

このように、相手のために慈悲の心から怒りを表す存在を、密教では教令輪身《きょうりょうりんじん》と呼んでいるのであり、持明院の明王たちはその代表である。

◇慈悲と智恵——観音院と金剛手院

中台八葉院の向かって左側に七尊ずつ三列で、計二十一尊が一つのブロックを形成しているのが観音院（E）である。

観音院（長谷寺本）

ここには、前列中央の観自在《かんじざい》菩薩、つまり代表としての聖観音を筆頭に、如意輪《にょいりん》・不空羂索・馬頭《ばとう》・葉衣《ようえ》という変化観音、多羅《たら》・毘倶胝《びくち》等の観音の眷属（侍者）などの観音と関係の深い諸尊が集合している。

観音自体、蓮華（ハス）の花と関連が深く、またほとんどのほとけが手に蓮華を持つので、別に蓮華部院と称されることもある。

なお、勢至菩薩が含まれるのは、観音と対になって阿弥陀如来の脇侍となるからであり、また珍しい大《だい》随《ずい》求《ぐ》菩薩が登場するのは、もともと女尊であって、女性の色彩が残る観音院に吸収されたのであろう。

この観音院の働きが、大日如来に代表される慈悲の活動を象徴していることは容易に理解されるだろう。

他方、中台八葉院の向かって右側に七尊三列に並んでいるのが金剛手院（D）である。前列中央の中心尊は、現在では金剛薩埵といわれているが、これは現図マンダラ自体が後発の『金剛頂経』と、そのマンダラである金剛界マンダラの影響を受けているからであり、右手に三鈷杵を持つのみの図像から見ても、「金剛手」（金剛杵を手にするもの）と呼ぶ方が妥当と思われる。

他の諸尊の多くも、元来は武器であった金剛杵を持ち、ほとけの偉大な力を表している。この金剛手菩薩は、観音の旧名である蓮華手とともに、釈迦如来などの如来像の脇侍となっており、その三尊形式が大きなスケールで組み込まれたのが、胎蔵マンダラにおける中台八葉院（仏部）・観音院（蓮華部）・金剛手院（金剛部）のいわゆる三部組織ということができる。

金剛手院は、さとりの持つ威力的な要素、とくに智恵が生み出す力を示すパートと位置付けることができる。

◇東方の釈迦院と文殊院

東方（上方）の遍知院の外側に連なるのが、釈迦院（F）と文殊院（G）である。これらは遍知院を通して、さとりの智恵、ほとけの智恵がより具体的に展開するプロセスを示している。

まず内側の釈迦院では、インド型のトーラナ門（鳥居門《とりいもん》）が描かれ、その中に説法をする姿の釈迦如来が配されている。なぜ、大日如来の東方に釈尊が位置しているかといえば、東方は出発点を示し、釈尊のさとりがあってこそ密教のマンダラも成立したことを表している。歴史的にいえば、普遍的な性格を持つ密教が従来の仏教を摂取した事実を示しているといえよう。

マンダラに登場するのも、舎利弗《しゃりほつ》・目連《もくれん》などの仏弟子、仏頂《ぶっちょう》・如来舌《にょらいぜつ》・如来語《にょらいご》などの釈尊の身体的、もしくは活動的諸要素を尊格化したほとけが中心で、まさに「釈迦院」である。

如来の智恵をより具体化したのが、文殊院である。「三人よれば文殊の智恵」という言葉のあるごとく、文殊はインテリの菩薩として有名だ。「菩薩」というだけ、その智恵はより具体的で私たちに身近い。

文殊菩薩自体が「童真《どうしん》」というあだ名のあるように、童子信仰の要素があり、したがって文殊院を構成する多くは、八大童子などの青年童子の部下である。

◇慈悲と智恵の展開——地蔵院と除蓋障院

かつてNHKの市民大学講座（現在の人間大学）で「密教とマンダラ」を担当させていただいたときに、

地蔵院（長谷寺本）

マンダラには流動性、つまり「流れ」があることを指摘したが、左右両側に細く位置する地蔵院（I）と除蓋障院《じょがいしょう》（H）は、それぞれ内側にある観音院と金剛手院の働きをさらに展開させたものといえる。

まず地蔵院は、縦一列の九尊の中央に、右手に宝珠《ほうしゅ》を持ち、左手には蓮華の上に宝の旗をのせた地蔵菩薩が坐しているが、私たちに親しい僧形《そうぎょう》（頭が丸い）の「お地蔵さん」ではない。そうではなくて、観音菩薩と同様に長髪で、髪飾りをつけ、胸飾りや腕輪などをまとった菩薩形で表現されている。

これは、地獄の苦しみから救済してくれる頭の丸い地蔵菩薩を密教化した姿と考えられ、聖なる世界を表すマンダラでは、恐しい地獄の姿は影をひそめ、むしろ望みのものを生み出す大地の徳を象徴した「地の蔵」としての地蔵菩薩が、慈悲救済の働きを果すこととなったのであろうか。

反対側の金剛手院の外側には、同じく九尊から成る除蓋障院がある。「さわり（蓋障）を除く」という菩薩は、他系統の密教経典である『理趣経』では、「摧一切魔《さいいっせいま》」菩薩と呼ばれ、釈尊がさとりを開いたときに、妨害や誘惑をした魔王とその娘の魔女たちを打ち破った故事にヒントを得ている。

内側の金剛手院は、智恵の力を持つほとけたちの集まりであったが、その力をより具体化して、現実の障《さわ》りを除く力を表したのが除蓋障院であることは疑いない。

虚空蔵院の部分（御室版・石田本）

◇産出と功徳のほとけたち——虚空蔵院と蘇悉地院

胎蔵マンダラの下（西）方、持明院の外側に連なるのが、虚空蔵院（J）と蘇悉地院（K）である。

このうち、内側の虚空蔵《こくうぞう》院は、地蔵と対立概念をなす虚空蔵菩薩を中心に、あらゆるものを生み出す功徳を象徴する。『大日経』では、わずかに五尊のみしか説かないが、現図マンダラでは千手観音や百八の手を持つ金剛蔵王《こんごうぞうおう》菩薩を含む二十八尊が登場している。

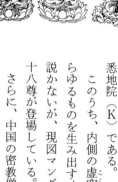

さらに、中国の密教僧の独創と思われるのが、外側の蘇悉地《そしつじ》院である。ここは経典には説かれない部分であり、インドの伝統に忠実なチベットの胎蔵マンダラでは、ほとんど空白になっている。

ところが、反対の東側には、釈迦院と文殊院が重なり、しかも多くの眷属を引きつれている。それゆえ、東西の均衡上、二つの院に分けることが必要となったので、十一面観音や孔雀明王など『大日経』には説かれず、別の系統に属する密教のほとけたちを阿闍梨の意楽《いぎょう》（創作）として導入した。

その目的は、一つには形としてのマンダラのバランスもあったが、他の大きな意図は、やはり効果、換言すれば功徳ということであろう。いくら教義的に重要

最外院の部分（御室版・石田本）

なほとけが多く集っても結果が出てこないのでは、人びとの信仰を集めることはできない。マンダラ、とくに『大日経』や『金剛頂経』といった中期密教（日本では純密《じゅんみつ》という）のマンダラでは、原則として、さとりをひらく成仏が目的となったが、それのみならず、長生きや病気平癒などの現実の願望がある程度かなえられなければ、人びとは納得しない。

経典でいえば、宣伝部分にあたる流通分《るずうぶん》が蘇悉地院、つまり意味で訳すれば「成就院《じょうじゅいん》」に該当するのではなかろうか。

◇マンダラを守る最外院

最近、日本でもよく見られるようになったチベットのマンダラでは、必ず外側に大きな円輪があって、そこでは火炎や金剛杵によって外界から遮断されている。いわばバリヤー（防禦壁）である。

ところが、気候温暖な日本のマンダラでは、いつの間にか外周輪が消滅してしまい、そのかわりとなったのが、ほとけたちの集会の最外周である。すなわち、そこに聖なるほとけとさとりの世界を結界する強力な尊格を集中的に配した。それらを護法尊《ごほうそん》と呼び、その外周を最外《さいげ》院（L）と称している。

最外院は、金剛界マンダラの外周と混同して外金剛部《げこんごうぶ》と呼ばれることもあるが、本当は正しくない。外金剛部は、金剛界マンダラに限定される言葉だ。言葉を正確に使えば、胎蔵マンダラでは「最外院」と呼んでおこう。

この最外院は区切りがなく、東南西北のすべての方位を覆っている。さとりを障げるものの侵入を阻止する結界の役割を果している。このような構造的な護法に加えて、独特のほとけたちのガードマンで聖域を守っている。

まず、伝統的な仏教の護法尊としては、東南西北の四方の門のそばに、地国天《じこくてん》・増長《ぞうちょう》天・広目《こうもく》天・多聞《たもん》天の四天王を配している。胎蔵マンダラは、完全に密教化した金剛界マンダラとは異なって、釈迦如来や仏弟子、そして四天王などの伝統的なほとけたちにも指定席を与えている。

最外院のもう一種の新しい護法尊グループは、ヒンドゥー教の護世尊《ごせそん》（方位神）として有名な八方天《はっぽうてん》から派生した十二天である。これらは、大部分はヴェーダ時代から信仰された神である八方天を基本にして、天地を表す梵天と地《ち》天、さらには宇宙を象徴する日《にっ》天と月《がっ》天を加えたのが十二天で、密教では最強の護法尊グループとなった。

このほか、ヒンドゥー教の有力神である大自在天（シヴァ神）、大黒天、聖《しょう》天などのいわばスカウトされた外来神を味方につけるのみならず、仏教を信仰する者の安寧と幸福を保証するために、十二宮や九曜《くよう》などの星宿《せいしゅく》の神々をちりばめている。

先年、飛鳥のキトラ古墳で天井に描かれた星宿図が大きな関心を集めたが、密教占星術という言葉もあるごとく、マンダラでもおひつじ座やふたご座などの黄道《こうどう》上の十二宮や、金星や火星などの七曜《しちよう》に二つの凶星を加えた九曜が、吉凶の座標軸として用いられることが多い。

ともあれ、護法と利益《りやく》の最外院があってこそ、胎蔵マンダラの素晴らしい世界が保たれると断言できる。

四国遍路と大日経

今も生きる四転の教え

◇春を告げる四国遍路

四国では、春は「お遍路さん」の鈴の音とともにやってくるという。疎開中に両親の実家のある讃岐（香川県）で生まれた私は、先代住職からの縁もあって、ここ二十年ほど毎年春に団体をつれて四国八十八か所を巡拝している。

それより以前に母が先達をしていた頃は、船で高松か、徳島に入り、そこからバスで毎年、四国のうちの一か国を参っていたが、多くのお接待をいただくこともあり、近年には神戸の自坊まで四国のバス会社のバスが送り迎えをしてくれる。便利な世の中になった反面、難行・苦行のウェイトは少し希薄になったかも知れない。

ところで、国際化と言ってもよいのだろうか、先に外国人の夫妻と勤務先の国際日本文化研究センター（通称・日文研）の大学院生など総勢八名で、四国霊場八十八か所の遍路をお参りする機会があった。もっとも、カナダ国籍の外国人と言っても、御主人は巡礼研究家で、レスブリッジ大学教授の島崎博氏であり、奥さんは生粋のカナダ人である。二人は、以前にも歩いて四国遍路を打ち終えたことがあり、ただの外国人ではないが、十五日間の巡拝を大変喜んでくださった。博士課程の大学院生たちも、衣《ころも》や石庭などの仏教・宗教の研究に従事しているとはいえ、遍路はまったくの初体験で、最初は白衣の姿や般若心経などの読経も少しぎこちなかったが、さすがに経験で、阿波一国を打ち終えた頃には立派な「お遍路さん」になっていたのは不思議だ。

島崎先生は、本職の巡礼地理学のほかに素晴らしい絵の才能があり、とくに淡彩のスケッチが御上手だ。同行の大学院生や職員たちは仏教美術の専門家であり、若手の巡礼研究家として最近目ざましい業績をあげている白木利幸氏（密教図像学会事務局）も同行したので、今回の遍路調査の総合的成果報告は、島崎先生のスケッチとともに近日中に刊行したいと思っている。

ところで、近年のNHKの四国遍路の紹介番組の好評と相いまって、歩き遍路の数が急激に増えていることに気付いた。すでに四月下旬にかかっていたので、団体中心のバス遍路の時期をすぎていたこともあったが、中年の男性か、女性の一人での歩き遍路が多く目についた。これは、巨視的な立場からいえば、四国遍路の底辺を広げたという意味で大いに評価すべきであろうが、その半数近くは、白衣も着けず、杖も持っていなかった。

難しくいえば信教の自由もあり、NHKの番組でも、必ずしも衣《え》体《たい》や遍路道具には固執していない。また、形に執われることよりも、

なごやかな四国遍路

それを選んだ心を重視すれば、ハイキングの延長と責めることはできないかも知れない。

ただ、それなら別に四国でなくてもよいわけで、東海道五十三次を復活しても面白い。宗教性を押しつける気もないが、四国遍路の白衣と杖は、やはり大きな意味を持っており、その意義と有難さを感じとることは決して無駄ではないと確信している。

◇胎蔵マンダラと四国遍路

先に、胎蔵マンダラの中心部分を形成している中台八葉院の八つのハスの花びらの四方に位置するほとけたち、すなわち胎蔵四仏が、次のように教義化されていることを紹介した。

方位	尊名	働き
東方	宝幢	発心（さとりへの出発）
南方	開敷華王	修行（さとりへの努力）
西方	無量寿	菩提（さとりの実感）
北方	天鼓雷音	涅槃（さとりの体得）

そして、この四つの教えは「四転《してん》」と呼ばれて『大日経』の教義の中でも重要な位置を占めるとともに、いつの頃にか「四」という数の同一性から、「四国遍路」の座標軸になっていることは周く知られている。

ただし、「いつの頃」かという問題と、「なぜ」、「どういう背景で」という問題の二点に関しては、これまで詳しい説明のあることを知らないので、最近の研究成果を紹介しながら、あとで少し歴史背景を考察してみよう。

まず、最初に肝心の『大日経』では、発心をはじめとする教えについて、どのように説いているのだろうか。少し話が難しくなるかも知れないが、有名な発心・修行・菩提・涅槃の四転が成立するまでのプロセスを復元してみたい。

本格的密教経典の嚆矢《こうし》といわれる『大日経』の教義を説く「住心品」でも、最初に掲げられたのは、

「(ほとけの智恵は)菩提心を因とし、(大)悲を根とし、方便を究竟とす」

という三句の法門であった。

さとりの心を出発点とし、他に対する慈悲を間接原因(縁)とし、しかもそれらの有効な応用(方便)を究極の目的とするというこの教えは、『大日経』からスタートして、七世紀から九世紀にかけてのインド仏教の中心思想となっている。

ところが、『大日経』という経典だけをひもといてみると、教義を説く「住心品」と、マンダラの制作や灌頂などの作法、さらには口で誦える真言や、修法や修行中に手で結ぶ印相を説く「具縁品」以下の章品では、内容にいささかのギャップがある。

たとえば、マンダラの作り方と諸尊の配置、そして各尊の像容を説く「具縁品」では、胎蔵マンダラの詳細を説いているものの、それはあくまで「どの場所に」、「何のほとけを、どういう姿をして」という記述のみであって、マンダラ全体の中で、「どのような意味を持ち」、「いかなる役割を果しているか」という説明は認められない。

そこで次の手段として、漢訳とチベット訳に残る『大日経』の注釈書を検討すると、大変興味深い事実に気がついた。まず、すでにあちこちで指摘されているごとく、チベット訳の残る『大日経広釈』、ならびに『大日経略釈』のいずれを見ても、マンダラに対して比較的冷淡な著者ブッダグヒヤは、ほとんど関心を払っていない。彼は後発の『金剛頂経』にも造詣が深かったので、『大日経』のマンダラは必要最小限にとどめたのであろう。

一方、中国にやってきたときにすでに八十歳に近かった善無畏三蔵は、その高齢にもかかわらず、『大日経』のみならず、『金剛頂経』にも造詣が深く、いろいろと有意義な解説を施しているのは有難い。

問題の「具縁品」に説く中台八葉院の宝幢如来などの胎蔵四仏に対して、善無畏三蔵の注釈した『大日経疏』では、以下のような四句《しく》の説明をあてている。

方位	**四仏**	**四句**
東方	宝幢	発《ほつ》菩提心の種子《しゅじ》
南方	沙羅樹王華開敷《さらじゅおうけかいふ》	大悲の万行《まんぎょう》
西方	無量寿	方便智《ほうべんち》
北方	鼓音《こおん》（不動）	涅槃智《ねはんち》

おさらいの意味で、中心の大日如来を取りかこむ四体のほとけたちの名前をもう一度整理すると、まず東方には宝をちりばめた旗印を象徴した宝幢如来が位置している。

南方には、花のつぼみが開くさまを象徴した開敷華王如来が配されるが、『大日経疏』では、その名前の上に「沙羅樹王」という言葉が付加されている。「沙羅」という植物は、仏陀釈尊が入滅された所に生えていたとされる沙羅双樹《さらそうじゅ》で有名だが、半落葉樹の高木である。「沙羅樹王」は、他の大乗経典にも登場する仏だが、胎蔵四仏のうちの開敷華王仏と同体とされている。

西方の無量寿如来は、その寿命が無限のほとけという意味で、有名な阿弥陀如来と同じである。マンダラでもやはり西方に配当される。

北方に登場する天鼓雷音如来は、天上にある自然に音を発する不思議な鼓にたとえて、釈尊の説法を強調した仏であるが、表の個所でカッコをつけて「不動」と記してあるように、『大日経』の「具縁品」では「不動如来」が説かれている。

しかしながら、もう一度、中台八葉院のマンダラだけが別に簡単に説かれる「入秘密曼荼羅位品」第十三では、北方のほとけのみが「天鼓（雷音）」にかわっている。

以前に、拙著『密教仏の研究』で指摘したように、このことは金剛界マンダラで有力な不動（阿閦《あしゅく》）如来との混同を恐れたためで、実際の日本の胎蔵マンダラでは、すべて北方は天鼓雷音如来が独占している。これは、『大日経疏』を重視した日本密教の当然の帰結であった。

◇三句から四句へ

肝心の『大日経疏』の胎蔵四仏の解釈が遅くなってしまったが、各仏にあてはめられている四句の表をもう一度よく見ていただくと、まず東方の宝幢如来は、「さとりを求める心」（発菩提心）という種子《たね》に配当されている。

これは、三句の法門の冒頭の「菩提心」を意識していることは明らかである。そして、それが種子にあてはめられているのも決して偶然ではなく、第二句の「大悲を根となし」を意識したことは疑いない。

そのことを証明するごとく、南方の開敷華王如来には、「大いなる慈悲に裏付けられた多くの修行」（大悲の万行）があげられている。さとりにスタートした心は、修行の実践によって確実なものとなってゆくのである。

西方の無量寿（阿弥陀）如来には、「巧みな手だての智恵」（方便智）が配当されている点について、三句の法門の順序でゆくと、第三句の「方便を究竟となす」を想起される方は、すでに『大日経』に通暁している。

要するに、善無畏三蔵は、「住心品」に説かれる三句の法門の教義を、胎蔵マンダラの中央の四仏に巧みに配当したのである。この努力が、のちに少し形をかえて、四国遍路の発心・修行・菩提・涅槃として花開くのであるが、三句の法門は、その名前が示すように、「菩提心」・「大悲」・「方便」の三句しかない。

それでは、残りの一つの「涅槃」、すなわち「完全なるさとり」は、一体どこから登場したのだろうか。

それを保証したのが、有名な四転の教えである。

◇阿（a）字と関連する四転

三句から始まった『大日経』の教理が新たな発展をとげたのが、第四章の「普通真言蔵品」である。ここでは、『大日経』に説かれる重要な教理・実践、そしてほとけたちを、インドの聖句である真言として集成しているが、そこに次のような重要な真言が列挙されている。

菩提（心）の真言にいわく、

ノウマクサンマンダボダナン・ア（a）。

行の真言にいわく、

ノウマクサンマンダボダナン・アー（ā）。

成菩提《じょうぼだい》の真言にいわく、

ノウマクサンマンダボダナン・アン（aṃ）。

涅槃の真言にいわく、

ノウマクサンマンダボダナン・アク（aḥ）。

漢訳の『大日経』では、真言の個所が「三曼多《さんまんだ》」というように音写漢字で表現されているが、わかりやすくするために、日本読みのカタカナに改めた。

そして、『大日経』の真言の定型句である「ノウマクサンマンダボダナン」（あまねき諸仏に帰依《きえ》したてまつる）を省略して整理すると、この四つの真言は、次のように体系化することができる。

四転　阿字《あじ》の四転

菩提（心）　ア（a）

行　　アー（ā）

成菩提　アン（aṃ）

涅槃　　アク（aḥ）

インドで成立した仏教、とくに大乗仏教の経典では、『般若経』にしても、『華厳経』にしても、字母《じも》と呼ばれる梵語（サンスクリット語）のアルファベットを、非常に大切にしている。

話は少しそれるが、日本のいろはカルタとして世間によく知られている古歌の今様《いまよう》の「色《いろ》は嗅《にお》えど」も一種のアルファベットだが、インドの梵語で用いる二種のアルファベット（五十字門と四十二字門）は、いずれも「ア」（a）を先頭に置いている。

したがって、阿（a）字は、ものごとの最初、発生を示すこととなり、最後にくる「吽《うん》（フーン）」と合成して「阿吽《あうん》」と呼ばれることも少なくない。

その最初の字母を代表的に抽出して、今度は言語学的、梵字学的に四種に派生させたのが、阿字の四転である。

すなわち、根底となる阿（a）字を、長母音（アーと伸ばす）にしたのが、阿引（ā）であり、鼻母音化（アン）したのが暗（aṃ）である。梵字学的には、この「ン」を示す点を空点《くうてん》、もしくは菩提点《ぼだいてん》と呼んでいる。

そして、気音化したのがアハ（日本読み、アク）であり、気音化の記号（インドではヴィサルガ）を涅《ね》槃点《はんてん》と呼んでいる。

このように、本来のa字を言語学的に四種に展開させたのが、ア・アー・アン・アクのいわゆる阿字の四転であり、それがそのまま発心・修行・菩提・涅槃の教義の四転である、と『大日経』の「普通真言蔵品」は説いている。

厳密にいえば、ここでは教義の四転の先頭が、「菩提」となっていることに異議が出るかも知れない。しかし、もう一度、改めて「ア・アー・アン・アク」の阿字の四転を説く「成就悉地品」（密教の結果功徳を説く章）では、注釈書の『大日経疏』が「菩提」を「菩提心」、つまり「さとりを求める心」に読みかえている。

その結果、当初は思想的観点の相違に基づく、菩提心・大悲・方便の三句の教義が、『大日経』の途中から発心・修行・菩提・涅槃という時間的・段階的経過を考慮した仏道体系へと、変化していったものと思われる。

そして、上記の発心・修行・菩提・涅槃の四転が、そのまま中台八葉院の四方の蓮弁に位置する宝幢・開敷華王・無量寿・天鼓雷音の胎蔵四仏と結びつけられたことは、これまでに紹介してきた通りである。

◇四国遍路と『大日経』

現在の四国八十八か所の遍路は、原則として、阿波（徳島県）の第一番霊山寺《りょうぜんじ》からスタートする。最初の十か寺はあっという間にすぎ、山奥の焼山寺《しょうさんじ》（第十二番）になると、難行も少し実感する。山上の鶴林寺《かくりんじ》（第二十番）・太龍寺《たいりゅうじ》（第二十一番）と打ち、第二十三番の日和佐《ひわさ》の薬王寺《やくおうじ》で発心の道場は一応の区切りとなる。
修行の道場とされる土佐（高知県）は、室戸《むろと》と足摺《あしずり》の二つの岬をはさんで長大な海岸線を誇っている。札所の寺の数は十六か寺と少ないが、行程が長いこともあって、「修行をさせていただいている」という印象が強くお遍路さんに起ってくる。

四国遍路の礎を築いた弘法大師

愛媛県に入り、久万《くま》の山奥の大宝寺《たいほうじ》（第四十四番）・岩屋《いわや》寺《じ》（第四十五番）あたりまでくると、四国巡拝もすでに半分打ち終わった。御縁のある人は、いろいろな出会いがあったり、病気が快方に向かうなどの御蔭《おかげ》をいただいたりする。「お四国さんとは、こんなに有難いのか」という実感が湧いてくる。まさに菩提の道場である。

三角寺《さんかくじ》（第六十五番）・雲辺寺《うんぺんじ》（第六十六番）という山頂の寺を打って、いよいよ最終コーナーの香川県に入る。札所は適当な距離にあり、弘法大師の誕生所の善通寺《ぜんつうじ》（第七十五番）で、もう一度、大師に感謝した人も少なくないだろう。屋島《やしま》や八栗《やくり》の寺々を経て、いよいよ第八十八番、結願《けちがん》の大窪寺《おおくぼじ》で打ち納める。涅槃とは、さとりを完全に自分のものにすることだが、讃岐までくると、やっと他の人のことにも深い思いやりがかけられるようになるのは不思議だ。

このように、発心・修行・菩提・涅槃の四転は、四国遍路の本質となっているといっても過言ではない。その根拠となった『大日経』とその胎蔵マンダラが、中台八葉院を含む四重構造（十二院を四つのブロックにあてる）になっているので、四転のことを四重円壇《しじゅうえんだん》と拡大解釈することもあるが、少し歴史的に厳密に検証すると、四国霊場を四転にあてたのはやや時代が下るかも知れない。

弘法大師空海が四国遍路の基礎を築いたことは、疑うことのできない事実であり、室戸崎・大滝が岳・石槌山で修行したことが、自伝的戯曲の『三教指帰』（最初の『聾瞽指帰』をのちに改名）の序文に記されている。

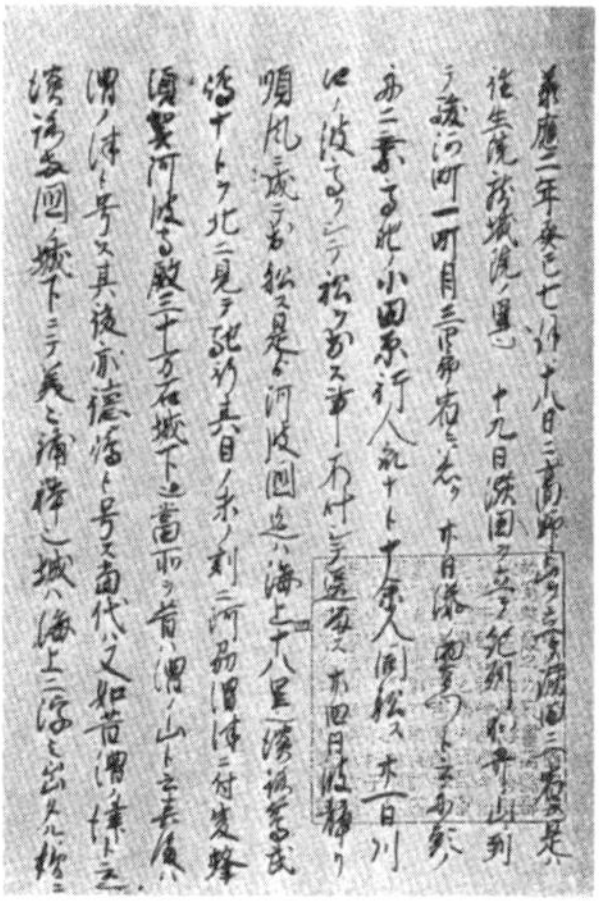

澄禅の『四国遍路日記』
（宮崎忍勝氏の著書より）

しかし、平安時代の末頃に成立したとされる『今昔物語』に、

「今は昔、仏の道をおこないける僧三人ともないて、四国の辺地《へじ》というは、伊予・讃岐・阿波・土佐の海辺をめぐるなり」

とあるように、初めの頃は必ずしも徳島からスタートする順路ではなく、むしろ後世に有名となった衛門三郎《えもんさぶろう》の伝承を持つ伊予が中心であった可能性を想起することもできる。

さて、現在の四国遍路の札所と順路が確定したのは、江戸時代の頃と考えられているが、四国遍路の三部書といわれる澄禅《ちょうぜん》の『四国遍路日記』、寂本《じゃくほん》の『四国偏礼《へんろ》霊場記』、真念《しんねん》の『四国辺路《へんろ》道指南』のいずれを見ても、その文章の中に、発心・修行・菩提・涅槃の言葉を見出すことはできない。

そのため、近年では、こうした教義的解釈は、近代的仏教学が発達した明治以後であるとか、もっと極端には今次の終戦以後であるという説まで出ているが、果してそこまで下るのだろうか。

そこで、注目しておきたいのは、四国遍路の歴史的成立と密接不可分の関係を持つ熊野（吉野を含む）信仰である。すでに、宮崎忍勝氏によっても指摘されているが、熊野本宮の近くには発心門《ほっしんもん》の大鳥居があり、また現在でも奥駈《おくがけ》修行のコースには大峰山《おおみねさん》の四門がある。

この大峰山の四門は、発心・修行・等覚《とうがく》・妙覚《みょうがく》の四つの門から成っている。一見して、『大日経』の四転とは大きく異なっているようだが、検討すると、「等覚」は菩提と異ならない。もっとも、最後の「妙覚」は明らかに天台系の教えであり、「等覚」よりもすぐれた段階であるという。ただ、「妙覚」を、より流行していた四転説の「涅槃」と同置することは、難しい作業ではない。

四国の札所が成立するにあたって、南紀の熊野信仰と補陀洛《ふだらく》信仰が大きな要因となったことは、すでに先学諸氏の力説するところである。寺の山号に「熊野山」・「補陀洛山」が多いことは、先達《せんだつ》をすればすぐに気がつく。金剛福寺《こんごうふくじ》（第三十八番）・石手寺《いしてじ》（第五十一番）・志度寺《しどじ》（第八十六番）などはその好例である。

今は「久万《くま》」となっている地方も、「熊野」と無関係ではなかろう。また志度寺や長尾寺《ながおじ》（第八十七番）のように、海岸近くにあり、観音信仰を持つ所は、那智《なち》の海が観音の住む補陀洛山に通じているという信仰の影響を、看取することができる。

古代の山岳信仰が広義の密教と密接な関連を持ったことは、周知の事実である。たとえば、九州の国東《くにさき》修験や南河内の葛城《かつらぎ》修験は、『法華経』に基づくところが多い。

一方、四国遍路に決定的影響を与えた熊野信仰は、宗派的には天台宗の寺門《じもん》派（園城寺《おんじょうじ》・聖護院《しょうごいん》系）の影響が強いが、熊野・大峰・吉野のいわゆる南紀山系の修験が真言系・天台系の両系の修験の共通の霊場でもあったので、『大日経』に拠った所が多い。なぜならば、真言系のみがとくに重視する『金剛頂経』に対して、『大日経』は東密（真言密教）・台密（天台密教）のいずれもが高く評価するからである。熊野信仰をマンダラ化した熊野マンダラも、胎蔵マンダラと同じ八葉の構成をとっている。

ともあれ、文献的にはまだまだ資料収集の必要があるが、『大日経』が生んだ発心・修行・菩提・涅槃の教えは、南紀の熊野信仰とともに、四国にもたらされたのではないだろうか。

八葉構成の熊野マンダラ

◇四転から五転へ

四国遍路としては、すでに発心・修行・菩提・涅槃の四転で完結しているが、『大日経』の注釈書である『大日経疏』では、その上にさらに第五の要素をつけ加えている。

それを表にすると、

五字	五転
ア（a）	菩提心（発心）
アー（ā）	修行
アン（aṃ）	菩提
アク（aḥ）	涅槃
アーク（āḥ）	方便

となる。

すでにおわかりのように、旧来の四転の上に阿字の第五転、つまり長母音の気音化（アーク）を加え、それをすべての人びとの救済の手だてである方便にあてている。

これは、例の四転の上に、「住心品」以来の菩提心・大悲・方便の三句の第三句にあった方便を配し、五転として、より完成度を高めたものである。

胎蔵マンダラにこの五転の教えを適応させると、中心の胎蔵大日如来が第五句の方便にあたり、すごろくでいえば「上り」の大日如来が中央に位置するといってよかろう。

北方がゴールになる四転と、中央に戻る五転とは構造が少し異なるが、いずれも仏への道をたどる旅路であることは、御理解いただけると思う。

現代の四国遍路では、第八十八番の結願所・大窪寺を打ち終えると高野山への御礼参りをする人が多いが、見方によれば、第五転の究竟方便が高野山にあたると教義化することもできる。

五大・五輪の世界

身体マンダラの神秘

◇世界の構成要素としての五輪

本書は経典の入門講座ということで、現代の問題ばかりを詳しく論じるわけにもゆかず、さりとて、伝統的な講伝や講義のように、漢文のテキストを訓読して、その解説を順次やっていくわけにもいかない。それも必要な仕事には違いないが、いささか専門的すぎる内容になる恐れがある。

そこで、一応『大日経』（とくに漢訳）の構成に従って、各章品に説かれている重要テーマを抽出して、順に紹介してゆく体裁を取っている。ここでは第二章品の「具縁品」に登場し、他の各品でさらに発展を見せる五大・五輪思想と、その具体的実践であるとともに一種の身体マンダラを構築する五字厳身観《ごじごんしんかん》を取り上げてみたい。

さて、仏教の経典は、原則としてインドで説かれたものである。もっとも、後世では、時代の要請もあって、自分を生み、育ててくれた大恩ある父母に孝養をつくす『父母恩重経《ぶもおんじゆうきよう》』や、現代から見ればいささか女性差別の嫌いがある『血盆経《けつぼんきよう》』などが、中国や日本で「仏説《ぶつせつ》」の名前を付して編纂されたこともあったが、『大日経』はこれまで説明してきたように、七世紀頃インドで成立した経典であることは間違いない。

そのため、当然、その当時のインドの思想や信仰、さらに広くは文化全般の要素を前提としているわけであり、「住心品」に説くいわゆる外道（異教徒）の教えは、同時代のインド思想を忠実に反映している。

ところで、インドの古代哲学、すなわち釈尊が活躍した頃の自由な思想家たちの中には、アジタと呼ばれる唯物論者がおり、人は地・水・火・風の四元素からなるもので、死はそれぞれの元素の分解にほかならないと考えた。

彼は四元素とは別に霊魂の存在を認めなかったので、分類的には素朴な唯物論者とされているが、紀元後一～二世紀頃に体系化されたいわゆる六派哲学の一つのサーンキャ学派では、地・水・火・風の四大《しだい》に、それらをあらしめる場としての空《くう》を立てて、五大説を主張している。

実に、インドに成立した『大日経』は、場・空間としての空を含む五大説を採用し、教義を説く第一章の「住心品」において、すでに、

「世尊よ、たとえば大地は一切の衆生（あらゆる生けるもの）の依《え》（拠り所）たるがごとく、かくのごとく、一切智智（ほとけの智恵）は、天・人《にん》・阿修羅の依たり」

とあるように、重要な存在構成要素の五大のそれぞれをもって、最高の智恵である一切智智をたたえていることは興味深い。

なお、少し遅れて成立した『金剛頂経』の金剛界マンダラでは、諸仏の大円輪を地・水・火・風の四大《しだい》神《じん》が、四隅から救護ネットを持つように支えている。

◇五大と五字の結合

インドの世界観と存在論の一つの典型となった五大説は、密教の阿闍梨（師）が知るべき奥深い智恵を説く「阿闍梨真実智品」第十六で、別系統の重要な思想である五字と結びつけられている。

いささか難解だが、必要なので、原文を引用してみよう。

「阿《あ》（a）字、第一命《だいいちみよう》（究極存在）なり。縛《ば》（va）字を名づけて、水とし、羅《ら》（ra）字を名づけて、火とし、吽《うん》（hūṃ）字を忿怒《ふんぬ》と名づく。佉《きゃ》（kha）字、虚空《こくう》に同じ。（中略）

この最真実《さいしんじつ》を知るを、説きて阿闍梨と名づく」

この説明によると、以下の梵語とその頭文字を意識している。

縛《ば》（va）　水（vāri）
羅《ら》（ra）　火（rajas）
佉《きゃ》（kha）　虚空（kha）

そして、少なくとも、縛・羅・佉の三字は、順に、水・火・空の三大《さんだい》（三存在要素）に配されていることが知られる。実に、このような高度の専門的な真実を知ることが、密教の阿闍梨の必須条件であるとしている。

内輪を四大神が支える金剛界マンダラ

ところで、『大日経』の構成の順序でいえば、第六章品に密教の結果功徳を説明する「悉地出現品」がある。そこでは非常に断片的な記述であるが、阿《あ》(a)字を「大因陀羅輪《だいいんだらりん》」とし、それを地輪《じりん》と解釈している。

さらに、訶《か》(ha)字に対しては、明確に「風輪《ふうりん》」と規定しており、上記の「阿闍梨真実智品」と「悉地出現品」の二品を総合すると、

五字	**五輪・五大**
阿《あ》(a)	地輪《ちりん》・地大《ちだい》
縛《ば》(va)	水《すい》輪・水大
羅《ら》(ra)	火《か》輪・火大
訶《か》(ha)	風《ふう》輪・風大
佉《きゃ》(kha)	空《くう》輪・空大

となり、五輪・五大を、阿字等の五つの種字で象徴する教理体系が出来上っていたことが知られる。

◇五つの形の登場

わが国の中世以後、墓石の定番となってゆく五輪塔は、文献根拠としては『大日経』に拠っているが、五輪塔を決定づけているのは、やはり五種類の独特の形である。この特有の形に関しては、ほとんど例外はなく、五輪を垂直に並べる順序も完全に固定している。

ただし、その形が確定するには、少し段階が必要だったようである。

五輪の形の原初的な言及が最初に登場するのは、やはり密教の威力を論じた「悉地出現品」である。具体的にいえば、五大のうち、水と火と風については、それぞれ「円（壇）」・「三角（形）」・「半月輪《はんがちりん》」とその形を説明している。これらの形は、いずれもインド古来の観念に則ったものである。すなわち、水は、表面張力によって自然に丸くなるように、円形である。火は、燃えさかる炎の形が、下辺が広い三角形にたとえられている。風が円の半分の半円になるのは、不完全なことによって、その欠けている図形を完成するエネルギーの流れをシンボライズしているからである。

なお、この表現だけでは、残りの地輪と空輪、つまり最下段の地輪と最上段の空輪の形が不明である。

そこで、可能な限り、『大日経』の本文を調べてみたが、形に関する説明は見当らなかった。

しかし、有難いことに、『大日経』の研究に不可欠の一行禅師撰述の『大日経疏』には、その表現が、不明瞭ながら部分的に説かれているのは有難い。

『大日経疏』の巻十四、つまり梵字のアルファベットに特有の教義を読み込ませる字門《じもん》・字義説《じぎせつ》を説く「秘密曼荼羅品」の解釈の中で、次のような重要な一文が認められる。

「また次に、地輪は正方、水輪は円、火輪は三角、風輪は半月形、最上の虚空は一点をなせ」

これによって明らかなように、五輪のうち、形態の不明であった地輪が正方形と規定され、また最上位の空輪に対しては、「一点」と説明する。この「一点」という表現は、その後論議を呼んだが、日本で見られる現実の五輪塔は、如意宝珠《にょいほうしゅ》、つまり地蔵菩薩や稲荷《いなり》が手に持つ、神秘的な宝玉の形があてられてい

五輪塔の町石

る。

ところで、話が少し脱線するが、美術史や民俗学の分野で五輪塔、さらにはそれと密接な関連を持つ五輪塔婆《とうば》（墓に立てる、頭部が五輪形の木塔）の起源が問題にされることが多い。

なかでも、石造美術の一部門を形成する五輪塔の起源と、それを生み出した地域に関しては、多数意見としては日本の平安時代後期説（『一遍上人絵伝』や覚鑁《かくばん》の『五輪九字明秘密釈《ごりんくじみょうひみつしゃく》』に基づく）が有力であるが、インド説や中国説もないではない。高野山では五輪塔を道標とした町石《ちょうせき》が、数多く建てられている。

また、これらとは別にチベット式の仏塔に五輪説を配当する西欧の学者もいるが、現在知られている限りでは、チベット式の仏塔に五輪説を配当した一次資料は報告されていない。

インド説の根拠は、現実の遺品資料は発見されていないが、インドで成立したことが明瞭な『大日経』に五大・五輪の言及があるので、インドで成立する可能性はあったと主張する。

けれども、『大日経』の本文には、水・火・風の三輪の形の記述しかなく、中国撰述の『大日経疏』に至っても、空輪の形が必ずしも確定していなかったと考えると、これだけ遺跡・遺品の発掘が進んでも、依然としてインドと中国で五輪塔が見出せないのも、理由のあることと思われる。

このほか、わが国の木造仏塔の主流を形成している五重塔が、五輪塔と関係を持つという説もあるが、いずれが先に成立したかも未確定であり、さらなる検討が必要であろう。

◇身体マンダラの成立

大宇宙世界を圧縮したといえる五輪塔が、いわば外なるマンダラであるのに対し、同じ『大日経』には、地・水・火・風・空の五大要素を、小宇宙ともいうべき人間の身体の各部に配当することが説かれている。それは、地面や布に描かれる形像《ぎょうぞう》のマンダラではなく、より内容の奥深いマンダラを説く「秘密曼荼羅品」第十一の表現である。

「足よりへそに至るまで、大金剛輪《だいこんごうりん》（地輪）を成《じょう》じ、これより心《しん》（心臓）に至るまで、まさに水輪を思惟《しゆい》すべし。

水輪の上に、火輪あり、火輪の上に風輪あり」

これによると、人間の身体のうち、足（脚）よりへそに至るまでが地輪であり、その上の心臓までが水輪となる。その丸い水輪の上に火輪があり、さらにその上に風輪が位置することは明らかであるが、この表現のみでは、火輪と風輪の対応する身体位置、および最も上位にあたる空輪については不明である。

以上のごとく、少なくとも、『大日経』の根本部分である前六巻（「嘱累品」第三十一まで）の記述では、五輪の形や身体との対応について、まだ不確定な点がかなり残っていたのに対し、「供養次第法」といわれ、後から成立した第七巻の「持誦法則品」（経典を読む規則を述べる章）では、

「本尊の瑜伽《ゆが》に住して、加うるに五支《ごし》（五大）の字をもってす。下体とおよびへそと、心《しん》と頂《ちょう》と眉間《みけん》なり」

続いて、阿字をはじめとする五字、それらに対応する五色・五輪、さらには身体のどこに該当するかの五支（五つの部分）を説くが、いささか長文なので、引用はさし控え、それらの諸要素をまとめて表にすると、次のようになる。

五字	**五色**	**五輪**	**五支**
阿《あ》(a)	金色	地輪	下体
鑁《ばん》(vaṃ)	白色	水輪	へそ
覧《らん》(raṃ)	赤色	火輪	心臓
含《かん》(haṃ)	黒色	風輪	白毫《びゃくごう》
欠《けん》(khaṃ)	一切色	空輪	頂上

説明を補足すると、ここで説く五字の中で、以前に紹介した最も標準的な五大に対応するア・ヴァ・ラ・カ・キャの五字と一致するのは、先頭のアのみであり、残りの四字は後に空点（ンの音）を付加している。もっとも、内容的には、通常のア・ヴァ・ラ・カ・キャの五大・五字と異ならない。

次の五色に関しては、原則として古代インドの伝統に従っているが、密教で重視する金剛界五仏の五色や、中国で大流行した陰陽五行説《いんようごぎょうせつ》の五色とは相当の差異があるので、ここではこれ以上取り上げない。

五輪塔や身体マンダラでは、色はあまり直接の関係を持たないようである。

五支については、先述のように、「秘密曼荼羅品」で簡略な説明はあったが、そこで言及のなかった風輪と空輪とが、身体のうちの白毫（眉間）と頂上（いわゆる肉髻部《にっけいぶ》）にあてられている。白毫とは、仏の眉間の中央部に生えている白い巻毛で、肉髻とは仏の頭の上の不思議な盛り上りをさす。両者とも、生命エネルギーの保持に関係する重要な場所、つまり急所《きゅうしょ》である。中国の身体医学でいう「つぼ」とも、おおむね付合する。

この五支、すなわち下脚部（とくに生殖器あたり）、へそ、心臓、眉間、頭上は、身体を構成する重要なパートであり、一種の身体マンダラを形成することとなった。

つまり、私たちの身体の小宇宙が、聖なる世界であるマンダラにほかならないことになる。そのことを実践的に体験するために、先の表現に引き続いて、

「五字をもって身をかざれば、威徳《いとく》（すぐれた徳性）、つぶさに成就す」

とあり、ア・ヴァ・ラ・カ・キャ、つまり地・水・火・風・空の五字を私たちの身体に順に配置していくことによって、密教の行者が仏と同じ状態に到ることを示している。

これを五字厳身観と呼び、阿（ア）字のみを集中的に瞑想する阿字観《あじかん》と並んで、『大日経』系の行法の重要な一翼をになっている。

これで思い出すのが、もう十数年前に封切られた映画の『空海』である。その中の入唐の際の暴風雨のシーンで、北大路欣也氏の扮する青年僧の空海が、「嵐を止めようと思うな。自分自身が嵐となれ」と叫んで、この五大の五字真言を唱える場面があった。もちろんフィクション（虚構）に違いなかろうが、密

教と空海の本質を上手に描き出したシーンとして、今でもよく覚えている。

◇身体マンダラの展開

五字厳身観は、人間の身体を五輪と想定しているので、身体の各部に配置する文字も五字（ア・ヴァ・ラ・カ・キャ）でよかった。ところで『大日経』には、以前に紹介したように、

「阿字門《あじもん》、一切諸法、本《もと》より不生《ふしょう》なるがゆえに」

などとして、いわゆるアルファベットの各字に、その文字で始まる単語の意味を表すという字門・字義説があった。

このような字門説は、大乗経典の多くに認められるが、中でも代表的なものは『般若経』および『華厳経』系の四十二字門と、仏伝、および『涅槃経』系の五十字門である。

このうち『大日経』の「具縁品」に説かれるのは、阿《あ》(a)、迦《か》(ka)、佉《きゃ》(kha)、我《が》(ga)、伽《ぐは》(gha)と続く五十字門系の字母説であるが、これらの諸字母を、同経の「布字品」第十七では、次のように、身体の各部分に配置している。申し遅れたが、「布字《ふじ》」とは、各字を身体の各部分に配置して、一種の聖なる身体マンダラを形造ることである。

「諸仏の宣説《せんぜつ》したもう所の諸々の字門を安布《あんぷ》（安置し、布置）すること、仏子《ぶつし》、一心に聴くべし。

迦《か》(ka)字は、咽下（のどのもと）にあり。佉《きゃ》(kha)字は齶（あご）上にあり。我《が》(ga)字をもって頸（くび）とす。

（後略）」

このように、各々重要な意味を持った字母を、行者の身体中に布置するとは、ヒンドゥー教の布置《ふち》（ニヤーサ）の方法を模倣したものと思われるが、ほとけと異ならない聖なる字母を布置された身体が、一つの完結した小宇宙を具現することになる。

そして、それとは別な起源を持つ地・水・火・風・空の五大思想が、その該当字母説の中に見出されることと結びつき、五つの要素、つまり五大・五輪・五字が特別の意味を持つことになり、ついには五支をそなえた身体マンダラを形成するに至るのである。

要約すれば、『大日経』に説く五字厳身観は、それぞれ異なった起源を持つ五大思想、字母思想、そして布置観の思想が、相互に影響し合って成立した特異、かつ重要な体系と位置付けることができよう。

◇五支マンダラからチャクラへ

『大日経』そのものの中では、布置観《ふちかん》までが新たな展開といえるが、先に掲げた身体の五個所の重要部分は、後期密教やヒンドゥー教のタントラ聖典では、いわゆるチャクラと呼ばれる身体中の神秘的な中心叢《そう》と結びつくことになる。

その場合、実際の肉体を切って解剖すれば、そこにそういう臓器や器官があるという、いわゆる「粗大な身体」ではなく、「微細《みさい》な身体」、換言すれば、肉体と精神とを総合止揚したような身体に想定される不思議な部分であり、それぞれ身体を流れる生命エネルギーが、へそや心臓、さらには眉間のチャクラを

身体マンダラの一種・チャクラ図

通って、頂きの上にある最高の境地へ到着するという。

チャクラの数は、密教のテキストや伝承によって多少相違するが、四つから六つほどの身体部分を想定することが多い。

少し観点は異なるかも知れないが、日本の密教で聖なる力の加持を心に念じる四処《ししょ》加持（心・額・喉・頂）なども、大部分は、『大日経』に説く身体マンダラの五支や、ヒンドゥー教のタントラに掲げるチャクラの場所と一致している。

これは、決して偶然として片付けるものではなく、身体思想の流れの中で、同系統の思想と実践と理解すべきものであろう。

本尊の観想法
阿字と大日如来

◇再び、阿（a）字について

『大日経』の話をしている中で、梵語のアルファベットの先頭の文字である阿（a）字については、すでに先にも取り上げた。

おさらいの意味で要点を述べると、『大日経』の第二章の「具縁品」では、梵語のアルファベットの各字を字門といい、その文字を先頭に持つある特定の単語の意味を字義と呼んでいる。そして、ちょうど日本の「いろはカルタ」の「犬も歩けば棒にあたる」、「論より証拠」のように、アルファベットを記憶することによって、仏教の重要な思想を自動的に身につけられるように工夫されている。

いま、冒頭のいくつかのアルファベット（字母）の字門・字義説を紹介すると、次のごとくである。


「阿（a）字門、一切諸法、本《もと》より不生《ふしょう》なるが故に。

（中略）

迦《か》（ka）字門、一切諸法、作業《さごう》を離れたるが故に。

佉《きゃ》（kha）字門、一切諸法、虚空《こくう》に等しく不可得《ふかとく》なるが故に。

（後略）」


すべての字門（アルファベット）に共通している「一切諸法」という言葉は、「存在するすべてのものは」という意味で、各字門で異なるのは、次にくる「不生」・「作業」・「虚空」という意味が、次のような単語と対応している。

阿《あ》（a）　anutpāda　不生
迦《か》（ka）　karma　作業
佉《きゃ》（kha）　kha　虚空

もっとも、これだけなら一種の記号（サイン）ということになろうが、やはり思想として大切なのは、『般若経』以来の空の思想をうまく読み込んでいることである。

たとえば、冒頭の阿（a）字は、単語そのものが「不生」（生起しない）ということで、「生」の否定形であるので、現象的存在を一度は否定する空的要素をすでに内包している。したがって、先頭の阿字に関しては、それによって象徴される空的世界を「阿字本不生《あじほんぷしょう》」と呼んで理解することが、広く行われているのである。

しかし、阿字だけが現象否定的要素を背負っているのではなく、子音の最初にくる迦（ka）字に表現される作業に対しては、「離れたるが故に」という空的表現が不可分についている。

さらに、迦（ka）の有気音（激しい気息をともなって発音する音。クハ）である佉（kha）字では、その単語（kha）そのものが「空間」・「虚空」を意味している。しかも『大日経』では、すでに紹介した「住心品」の教義の中の「十縁生句」（十種の縁起によって生じるもの。すなわち、空的な存在）の中に虚空も含まれているので、あえて否定詞をともなわなくても、十分に空的世界、つまり「すべてのものは、それ固有の本性は持たず、縁起的に存在している」という、『大日経』の一つの真理を表している。

要するに、字門・字義説によって説明される阿（a）字は、梵語のアルファベット（字門）の先頭にくることによって、「第一命《だいいちみょう》」（最も重要なもの）と称されるのみならず、単語によって意味される思想内容としては、『大日経』が、『般若経』や『華厳経』を通して脈々と伝えてきた空的なあり方を、巧みに読み込んでいることは、深く心にとどめておかねばならない。

◇積極的阿字へ

阿字のおさらいが長びいてしまったが、これまで紹介した阿字の第二の解釈は、四国遍路の理論的根拠にも結びつけられている阿字の四転である。

すなわち、次のような四段階の修行階梯である。

四転の阿字を用いる胎蔵種字マンダラ

阿字の四転	教義の四転
ア (a)	発心
アー (ā)	修行
アン (aṃ)	菩提
アク (aḥ)	涅槃

ここでは、教義的に重要な位置を占めていた「阿字本不生」の空的な側面はかげをひそめ、むしろ大日如来をも象徴しうる阿字が中心となって、その言語学的展開が発心・修行・菩提・涅槃という段階的修行のプロセスと対応されていること自体、実に積極的展開と見ることができる。

このほか、地・水・火・風・空の五種の存在要素、つまり五大、そしてそれを五種の形によって表現した五輪塔も、字門説を念頭に置きながら、阿字などによって象徴される地大（方形）などの大宇宙のシンボルとして、『大日経』の中で新たに展開した、文字通りの金字塔である。

ところで、日本の密教では、在家の人でも気軽に参加し、体験できる阿字観という密教瞑想法が広く普及し、高野山などでは、わざわざ専用の阿字観道場を建てている。中井龍瑞『密教の一字禅』（高野山出版社、一九六六年）や山崎泰廣『密教瞑想法』（永田文昌堂、一九七四年）などの本も出ているので、一般の人にもその名前が知られている。

具体的内容は、満月の月輪の中に梵字の阿字を瞑想し、そこに自分の意識を全投入して、阿字と自身が異ならないと体得する観想法だ。

その阿字観が、阿字をベースにすることから、以前に紹介した身体の各部分（心臓や眉間など）にア・ヴァ・ラ・カ・キャの五つの文字を観念的に配してゆく五字厳身観と混同して、『大日経』と結びつけられることが少なくない。

方向的には決して間違いではないが、『大日経』自体には、実は阿字観そのものは説かれていないのである。不思議な気がする方も多いだろうが、経典そのものに起源を持たないが、のちに発展して成立した教義や実践は決して少なくない。

それでは、まったくヒントすら『大日経』に認められないかといえば、そうではない。「無から有は生じない」ことも事実だ。それが、『大日経』の後半の一画を形成する以下の諸品に説かれるアン（aṃ）字観である。

説百字生品　第十九（章）
百字果相応品　第二十（章）
百字位成品　第二十一（章）
百字成就持誦品　第二十二（章）
百字真言法品　第二十三（章）

これらのすべてに説かれる「百字」というキーワードは、例のアルファベット先頭の阿字と、長母音（アー）・鼻母音（アン）・気音（アク）の言語的四大要素、いわゆる四転に、ヵ（ka）字以下の子音二十五字を掛け合わせた数である。くり返し述べてきたように、古代インドの考え方では、あらゆる文字は、宇宙の真理の一部分を、それぞれ象徴的に表現していると解釈している。

そして、百とは、完全を意味するいわゆる満数《まんすう》であり、百字の中には、すべての宇宙の真理が内包されている。さらに、その百種の文字を一字に集約すれば、阿字に空点をともなったアン字となるのである。

このアン字については、故酒井真典博士（高野山大学教授、高野山・遍照光院《へんじょうこういん》前住職）の名著『百光遍《ひゃくこうへん》照王《じょうおう》の解明』（私家版、一九六七年）があるが、その名前の示すように、百字の光明の総体であるアン字は、実に『大日経』の本尊の大日如来にほかならない。

具体的には、密教の行者は、心の中に最初に八葉の白い大きな蓮華を観想する。次にその中に満月輪《まんがちりん》を、さらにその中央に、金色の光を放射するアン字を瞑想する。このアン字こそがまさに大日如来そのものであり、ここに自身が大日如来と異ならないという同一観が完成するといえる。

もう一度要約すると、阿（ア）字そのものは、字母や五大（地輪）との関連で、『大日経』の「悉地出現品」や「成就悉地品」に説かれていたが、それが阿字の四転として展開し、『大日経』の後半では、アン字観として大日如来そのものと理解された。

しかし、アン字観そのものは、インド以外では流行せず、中国で撰述された有名な『菩提心論』では、むしろ阿字観として定着し、『金剛頂経』系の要素も吸収しながら、日本では『大日経』を代表する密教観法《かんぼう》として、一世を風靡したのである。

◇本尊の瞑想法

阿字、もしくはアン字が本尊の大日如来を表すとしたが、このような文字、とくに一音節（一つの母音から成る言語単位）の梵字を種字と呼んでいる。正確には、種子字《しゅじじ》、つまり、植物の種子《たね》がのちに葉や茎になるあらゆる要素を内包しているように、その文字の中にほとけの存在を含んでいる文字を、種字というのである。

この種字を出発点として、段階的に本尊を観想してゆくことを、古来、専門的には「種三尊《しゅさんぞん》の観法」と称している。

それを簡単に説くのが、「説本尊三昧品」第二十八章である。

非常に短い章品であるので、該当部分を引用してみよう。

「諸尊に三種の身《しん》あり。いわゆる字《じ》・印《いん》・形像《ぎょうぞう》なり。かの字に二種あり。いわく、声《しょう》、および菩提心《ぼだいしん》なり。

印に二種あり。いわゆる有形《うぎょう》と無形《むぎょう》なり。

本尊の身、また二種あり。いわゆる清浄《しょうじょう》、非清浄なり。

（後略）」

非常に簡略な表現なので、『大日経』の本文だけでは、とても実践は不可能である。しかし、字と印と形像の三段階がそれぞれ二種に分けられているのは明らかであり、それを整理すると、次のようになる。

字（第一段階）

声

菩提心

印（第二段階）

有形

無形

形像（第三段階）

清浄

非清浄

この問題に関しては、松長有慶博士の若い頃の論文「念誦《ねんじゅ》の四支分《ししぶん》と種三尊」（『密教文化』二〇）があるので、関心のある方は参照されたいが、わが国では、別の重要経典である『金剛頂経』に説かれる四種のマンダラのうち、最後の羯磨《かつま》マンダラ（立体マンダラ）を除く尊形《そんぎょう》・三昧耶《さんまや》形・種字の三種のマンダラと、以下のように対応させて用いられることが多い。

『大日経』　　**『金剛頂経』**
①種字　　①法《ほう》（種字）
②印　　②三昧耶形（象徴物）
③形像　　③大《だい》（尊形）

すなわち、言葉は多少違っていても、さとりの心を表す菩提心にほかならない満月輪の中に、最初に種字を観想し、次にそれが、より具体的な象徴物に変化すると瞑想する。最後に、その象徴物、たとえば観音菩薩ならば蓮華が、また不動明王なら剣と羂索（なわ）が、具体的な姿・形を持った尊像として登場するのである。

◇今に伝わる本尊観

真言宗・天台宗を中心とする日本密教で、現在も行われている修行や修法に用いられるテキスト（次《し》第《だい》）は、大部分は、平安時代の元杲《げんごう》（九一四〜九九五）や守覚《しゅかく》（一一五〇〜一二〇二）など有名な祖師たちによって撰述されたものに基づいている。

それらは、原則として『大日経』や『金剛頂経』などの基本経典に説かれる実践部分を、適宜アレンジして要約したものである。それゆえ、現在使用している実践次第との間にはインド成立の経典から平安祖師へ、また平安祖師から現代の実践次第へという二段階の展開があったため、一部には大きく変化した部分もないわけではない。

最も有名な例は、『大日経』の実践テキストやマンダラの中に、別系統の『金剛頂経』・金剛界マンダラの要素が多数導入されたことであり、この点については石田尚豊博士の大著『曼荼羅の研究』（東京美術、一九七五年）の中に詳しく論じられている。

けれども、形を通して実践し、聖なるものを体得しようとする密教では、根本的な行動パターンはなるべく忠実に伝え、かつ用いようとする。もし聖なるものへの行動のマニュアル（手引き書）ができれば、それを用い、追体験することによって、同じ境地を味わうことができるからだ。

今、私がかつて三十年前に加行《けぎょう》という行をしたときに用いた『胎蔵界念誦次第《たいぞうかいねんじゅしだい》』（三宝院流《さんぼういんりゅう》）の道場観《どうじょうかん》のうち、とくに本尊観《ほんぞんかん》にあたる部分を少し引用してみよう。

「その中央の蓮華王の上に、アーンク（もしくはア）字あり。変じて五大法性《ごだいほっしょう》の卒都婆《そとば(わ)》（仏塔）となる。卒都婆、変じて大日如来となる。

身色《しんしょく》、黄金にして、法界定印《ほうかいじょういん》に住したまえり。首《こうべ》に五智宝冠《ごちほうかん》をいただいて、衆宝瓔珞《しゅほうようらく》、その身《しん》を荘《しょう》厳《ごん》せり。

四智四行《しちしぎょう》の仏・菩薩は、蓮華王の葉上《ようじょう》に坐し、無量の内証智三昧《ないしょうちざんまい》の仏・菩薩は眷属《けんぞく》蓮華の上に坐し、また随類変化《ずいるいへんげ》の護世威徳天《ごせいとくてん》は枝葉《しよう》の上に坐す」

インドのストゥーパ（サーンチー）

説明をすると、『大日経』に基づいて供養作法を行う『胎蔵界念誦次第』では、道場観という中心的な観法において、まず宇宙全体が地・水・火・風・空の五輪・五大からなると瞑想する。

その次に、行者が今、瞑想している眼前の道場を、宝石からなる宮殿《ぐうでん》と観想したのち、今度は、『大日経』の本尊である胎蔵大日如来を、ありありと思い浮かべるのである。そのときに、先に説明した字・印・形、もしくは種・三・尊（種字・三昧耶形・尊形）の三つの段階を用いる。

まず、八葉の蓮華の中央に、アーンク（もしくはア）字を思い浮かべる。申し遅れたが、インドやチベットの『大日経』では、先に百光遍照王として説明したように、大日如来は、アン（aṃ）字で表していた。

しかるに、中国では、注釈書である『大日経疏』が、とくに阿字に強い関心を持ったこともあって、いわゆる阿字観が確立し、本尊大日如来も、アの一字で表現されることが少なくない。

そして、興味深いことに、同じ『大日経疏』が、四転の阿字（ア・アー・アン・アク）の上に、第五というべき方便所成《しょじょう》の阿字、つまり四転をすべて一字に集成した五転《ごてん》の阿字を作り出し、それをアーンクと呼んだ。もちろん人工の、つまり教義上の字であるが、日本では、著名な真言行者たちがこの五転の阿字を好んだので、本尊として多く使用された。

この次第も、原則として、種字としてはそれを念頭に置いている。（具体的な筆記法としては、空点を省くこともある。）

その種字が、第二段階には、大きな卒都婆、つまり仏塔というシンボルに変化する。卒都婆とは、梵語ストゥーパ（stūpa）の音写で、わが国では法事などにお墓に立てる塔婆《とうば》（トーバ）となったが、もともとはインド式の土饅頭形《どまんじゅうがた》の仏塔である。印、もしくは三昧耶形と呼ばれるシンボルとしては、大日如来は仏教の中心要素の仏塔として、観想されるのである。

尊形マンダラの完成

その仏塔が、いよいよ最後の第三段階では、宝冠をかぶり、両の手の平を組み合わせた法界定印を結ぶ大日如来として、私たちの前にありありと現れる。
いよいよ、ほとけの出生《しゅっしょう》という精神的産出のドラマは最高潮となり、その周囲には、これまでその役割を紹介してきた宝幢如来をはじめとする胎蔵四仏や、普賢菩薩を筆頭とする豪華絢爛たるほとけたちが、総出演で本尊を取り囲んでいる。
これこそが胎蔵マンダラの世界であり、字・印・形の三段階にわたる本尊観の秘密が、私たちの前にありありとくり広げられるのである。

阿字観の源流——百字の謎

阿字観の起源

「密教」といわれるものが多くの人びとの関心を集めた、世にいう「密教ブーム」には、いくつかの要因があったことはいうまでもない。その分析については、十数年前にNHK教育テレビの市民大学講座（現在の人間大学）『密教とマンダラ』の最初の回で詳しく説明し、後日、それを参考に出版した講談社の『密教――ほとけと悟りへの道――』（講談社現代新書・九二六）に詳細に説明している。幸い同書は版を重ねて十万部に達そうとしているので、御一読いただければ幸いである。

密教に対する関心やアプローチは本当に多岐にわたり、梅原猛氏や故湯川秀樹氏が注目された思想的関心、マンダラの美術や造型表現の面から参加された前田常作、横尾忠則などの各氏による美術的関心などは、現在も多くのファンを有している。

それらとは別に、若い人、また外国人に最も注目を集めているのが、いわゆる実践的関心である。この種のアプローチは、最初から「○○を信じなさい」とか、「Aだから、Bである」というなどの信仰強制や教理的解説がないだけに、直接参加が容易であり、しかも現代人が忘れがちな精神世界へつながる接点を、かえって肉体・身体の経験が呼びさましてくれるような気がして、幅広い支持を集めている。

残念ながら、鬼っ子ともいうべきオウム真理教の暴走と、別な社会的一面を浮かび上らせた統一教会や本覚寺・明覚寺などの霊視商法の悪影響もあって、密教を中心に仏教、さらには広く宗教に対する関心や注目は、やや減少の嫌いがないではない。一部では「密教ブームは終った」、「チベット熱も峠を越えた」という言葉も聞えないではない。

それにもかかわらず、密教に対するアプローチの中で、今なお最も根強い支持を集めているのは、瞑想や巡礼などの行法によって、聖なる存在に直接触れようとする実践的アプローチであり、若い人や外国人を中心に根強い人気を集めている。

ところで、一口に「瞑想」といっても、さまざまな方法があり、わが国でも近年は、チベット人の僧侶を招いてのチベット式瞑想や、珍しい南アジアの上座部《じょうざぶ》仏教系の合理的瞑想が紹介されているが、やはり伝統的な密教の瞑想法としては、阿字観と五字厳身観、ならびに五相成身観《ごそうじょうじんかん》の三種の観法が知られており、実際に用いられているのである。

これら三種の観法のうち、前二者は両部の大経のうちの『大日経』の、また最後の五相成身観は『金剛頂経』に説かれる観法・瞑想法と伝えられている。

確かに、『大日経』には、私たちの身体小宇宙に五つの部分を想定し、それを地・水・火・風・空の五大（五つの存在要素）に配当する五字厳身観（五つの文字で身体をかざる観法）が説かれている。

また、もう一方の『金剛頂経』では、メインテーマの金剛界マンダラの出生《しゅっしょう》に先立って、修行者の代表である一切義成就菩薩《いっさいぎじょうじゅ》（成道前の釈尊をモデルとした菩薩）が、さとりの法界世界に遍満している一切如来《いっさいにょらい》に導かれて行う、五段階の瞑想法が説かれているが、それが有名な五相成身観である。

これらの二種の観法は、『大日経』と『金剛頂経』という両経に説かれているとともに、密教の僧侶の基本的行法体系である四度加行《しどけぎょう》の中に含まれているので、どちらかといえばプロ向きの瞑想法である。

ところが、現在では最も普及しており、一般の方でも指導さえ受ければ実践できる阿字観は、実は必ずしも両部の大経の中に詳しく説かれ、説明されているわけではない。

先にも触れたように、『大日経』では、その原初的萌芽が見られるだけで、実際に十分に体系化されたのは、わが国においてである。

そのあたりの詳細は、山崎泰廣氏の『密教瞑想法』（永田文昌堂、一九七四年）や、北尾隆心氏の『密教瞑想の研究』（東方出版、一九九六年）を参照していただくとして、ここでは『大日経』における阿字観の源流をたどってみよう。

◇阿字と百字

『大日経』の言語哲学の中に、アルファベットを基本とした字門・字義説があることは、すでに紹介した通りである。これは、アルファベットの各字に、それぞれその文字で始まる単語をあて、その教義と字母説を総合して修得する、非常にインド的な方法である。

その先頭が、阿（a）字であり、『大日経』の第二章にあたる「具縁品」では、

「阿字門、一切諸法、本より不生なるがゆえに」
と述べている。

これは、梵語の不生（anutpāda）の冒頭の字をとったもので、大乗仏教以来のあらゆる存在は固有の本性を持たないという、無自性空《むじしょうくう》の思想によったものである。

ところで、『大日経』の全体を俯瞰すると、「百字」という独特の用語を付した、いくつかの章品があることに気がつく。

(1)「説百字生品」第十九
(2)「百字果相応品」第二十
(3)「百字位成品」第二十一
(4)「百字成就持誦品」第二十二
(5)「百字真言法品」第二十三

例によって、チベット訳をも参照して章品の題を現代訳すると、以下のようになろう。

(1) 百字の出生を説く章
(2) 百字の結果であるヨーガ（の境地）を説く章
(3) 百字を用いて修行する章
(4) 百字を完成するために修法する章
(5) 百字から成る真言の法則の章

いずれも「百字」をテーマとする章品であるが、ここで話を少し拡大させると、『大日経』に限らず、「百字」という概念がしばしば大きな意味を持っている。

そこで、いささか脱線するが、同じ密教経典として重視される『理趣経』と『金剛頂経』の「百字」を、簡単に取り上げてみよう。

日本の密教で現実によく読まれている経典は、御存知の通り『理趣経』である。この経典は、大乗経典としての『般若経』と、密教経典としての『金剛頂経』が結びついて成立した特異な経典なので、逆に追善回向（死者供養）でも、現世利益（加持祈禱）でも、また成仏そのものも、いずれもＯＫという強みを持っている。

その『理趣経』の下段といわれる部分に、

「菩《ほ》薩《さ》勝《しよう》慧《けい》者《しや》　乃《だい》至《し》盡《しん》生《せい》死《し》

（中略）

三《さん》界《かい》得《とく》自《し》在《さい》　能《のう》作《さ》堅《けん》固《こ》利《り》」

という偈《げ》頌《じゆ》（韻文）の部分があるが、漢訳で一句五字で二十句、計百字の漢字から成っているので、通称「百字の偈」と呼ばれている。その内容は、ものごとの真実を見極める正しい智恵（般若）と、他の悩み、苦しむ人びとを救う手だて（方便）の両要素を必須とする菩薩の必要条件を説くもので、いわば経典のエッセンスである。だから、長い経典を省略して短時間で読むときも、この部分は欠かせない。

もう一つの『金剛頂経』にも、あまり知られていないが、「金剛薩埵の百字真言」といわれるものがある。これは、サンスクリット語で百文字から成る真言なので、『理趣経』の場合とは異なるが、いずれも「百」という概念が決定的な意味を持っていることは、留意しておく必要があろう。

◇起源としての百光遍照王

話題を戻して、『大日経』に説く百字真言とは、要約すれば、「説百字生品」に説かれる「ノウマク・サンマンダボダナン・アン」（日本読み）を指す。

その意味は、「あまねき諸仏に帰命します。アン」ということであるが、漢訳の『大日経』には、

「これ一切真言の真（言）王救世者《くせしゃ》にして、大威徳《だいいとく》を成就したまえり。

すなわち、これ正等覚《しょうとうがく》、法自在牟尼《ほうじざいむに》なり。

もろもろの無知の暗《あん》を破ること、日輪（太陽）のあまねく現ずるがごとし」

とあり、この真言こそが、『大日経』に説かれるすべての真言の王者であり、しかもチベット訳によれば、「百の光を発する」ともいわれているので、世に「百光遍照王」と賞讃されている。

百光遍照王（児玉義隆氏筆）

この百光遍照王の真言は、後世の出来上った阿字観を重視する日本密教ではあまり関心を払われなかったが、『大日経』の成立と文献研究に惜しみない情熱を注がれた故酒井真典博士は、『百光遍照王の解明』を著して、その宣揚に努められた。

昭和五十二年、高野山大学の松長有慶先生にお誘いを受けて、酒井先生や越智淳仁先生などと初めて西ヒマラヤのラダック地方のチベット仏教文化の現地調査に行ったとき、壁画や仏像などの遺品資料をほとんど評価されない酒井先生の方法には、正直言って多少の反発もあったが、逆に文献にいかに情熱を傾注されたかということを拝見して、多くのことを教えていただいたと感謝している。

次に、少し難しくなるが、問題の「百字」を検討してみよう。『理趣経』や『金剛頂経』の場合とは違って、『大日経』では、梵字でも、漢字でも、実際の「百字」は説いていない。この点は、「住心品」に説く「百六十心」と似たところがあり、その計算方法が説かれている。

ただし、詳しい言及は『大日経』の本文にはなく、漢訳とチベット訳の注釈書によらねばならない。まず、漢訳の『大日経疏』では、子音の二十五字に四点《してん》をかけ合わせれば百字になるというが、ここでは、通常三十四字あるサンスクリット語の子音のうちの二十五字の具体的説明はなされていない。

なお、四点（四転）というのは、すでに何度も紹介してきたア（a）・アー（ā）・アン（aṃ）・アク（aḥ）という基本音・長音・閉音・気音の四つの重要音（字）であり、世に「阿字の四転」と呼び習わされている。

教義的には、これらの四転（四点）が、発心・修行・菩提・涅槃という仏道修行の段階的プロセスに配当されることも、四国遍路との関係でよく知られているところである。

次に、チベット訳で残るブッダグヒヤの『大日経広釈』によると、百字の構成について、次のように説明する。

すなわち、サンスクリット語のうちの五種の鼻音（mやnなど）と、四種の吹気音《すいき》（sやhなど）を除いた二十五文字に、先に説明した四点をかけ合わせれば、百字になると解釈している。

いずれにしても、「百」は、数としては満数といわれる理想的な数であり、多くの経典で重視されるのみならず、『大日経』でも中心テーマとなっていたのである。

◇とくにアン（aṃ）字の意義

以上のように、広義には「ノウマク・サンマンダボダナン・アン」という真言が、『大日経』の中心となる百光遍照王の真言ということになるが、その中でも心呪《しんじゅ》（中心の真言）として、いわばエッセンスとなる「アン」（aṃ）が、狭義の百光遍照王と呼ばれることが多い。アン字こそは、百字の因（根本）ということになる。

そして、「百字位成品」では、アン字の観法次第が説かれるのであるが、チベット訳の『大日経広釈』によると、その内容は、まさに以下のごとくである。

修行者（ヨーガ者）は、最初にあらゆる仏や菩薩を眼の前に観想し、それらに対して礼拝するとともに、日常、意識的・無意識的になした罪を懺悔《さんげ》する。

阿字観の実修

次に、自らの胸に八つの花びらから成る白い蓮華を観じ、その上に鏡のように白く輝く満月輪を瞑想する。さらに、その中央に、世尊の大日如来を表すアン字を観じる。

そのアン字から発した金色の光が全身を覆い、またこの光が例のアン字に集まると瞑想する、としている。このような観法がヒントとなり、八世紀の頃、中国で撰述されたと想定されている『菩提心論』では、本来のアン字観の「ン」にあたる空点を略し、

「八葉《はちよう》の白蓮《びゃくれん》、一肘《いっちゅう》（ひじの長さ）の間に、阿字素光《そこう》の色（白色）を炳現《へいげん》す。

（中略）

それ阿字にかのうものは、みなこれ決定《けつじょう》して、これを観ずべし。まさに円明《えんみょう》の浄識《じょうしき》を観ずべし。

もし、わずかに見るをば、すなわち真勝義諦《しんしょうぎたい》を見ると名づけ、もし常に見れば、すなわち菩薩の初《しょ》地《じ》に入る」

としている。

これは、『大日経』のアン字観が、現今の阿字観に展開した根拠とされているが、思想史に解析すれば、おそらく次のように考えられるのではなかろうか。

『大日経』では、アルファベットの先頭に阿字（a）を認めているにもかかわらず、実際の観法としては、梵字の阿字の上にわざわざ空点を付けた「アン」字であった。その根拠は、中観派の空思想にその思想根拠を求めようとする、『大日経』の基本原則があったと考えられる。

しかし、すでに「阿吽《あうん》」（a と hūṃ）という、アルファベットの最初と最後の文字が重要な意味を持っていたことに加えて、有《う》の立場を強調する『金剛頂経』では、やはりアルファベットの冒頭に阿（a）を置いていた。そこで、次第に、空的・否定的意味を持つ空点が落とされて、現在の阿字観のような構造が出来上ってきたのではなかろうか。

三密の掛け橋
本尊瑜伽の可能性

◇三密行とは何か

先に『大日経』の本尊観について、主に種字（梵字）・三昧耶形（象徴物）・尊形（仏形）という三段階のプロセスを通じて本尊を観想する、換言すれば、精神的産出の過程を紹介した。

そこで、ここでは実際の行を行う瑜伽行者《ゆがぎょうじゃ》（短くいえば行者）の側において実践する三密行《さんみつぎょう》を、少し詳しく検討してみよう。

後述するように、長い密教の歴史の中で、身・口・意の三種の行為形態の総称とされる三密行は、『大日経』と『金剛頂経』という両部の大経に代表される、中期密教の中心的実践行為である。結論を急ぐなら、雑密《ぞうみつ》と呼ばれる初期密教では、陀羅尼を用いる口密《くみつ》は重要な位置を占めたが、印相を多用する身密《しんみつ》とマンダラを駆使する意密《いみつ》は十分に体系化されていなかった。

また、八世紀以降に発達し、チベット密教の事実上の根底となった後期密教では、あとで詳しく対比するように、もはや三密行は低次の行法要素として用いず、むしろ風（気）や熱などの生理的な行法を重視する。

一方、『大日経』と『金剛頂経』を思想と実践の基幹とする弘法大師空海の密教、すなわち世にいう真言密教は、とくに三密行を実践の中心眼目として、『弁顕密二教論《べんけんみつにきょうろん》』などでは、顕教《けんぎょう》（密教以外の仏教）の代表的行法である六波羅蜜行（布施・持戒・忍辱《にんにく》・精進・禅定《ぜんじょう》・智恵）と対比する。

身密の顕著な五体投地

人間の行為をあえて分類すると、身体的行為と言語的行為と、そして精神的行為に分けることができることは、すでに初期仏教から知られており、それは「三業《さんごう》」と呼ばれていた。この三業を軸として、戒律の重要テーマである「十善業《じゅうぜんごう》」、およびその反対概念である「十悪業」が成立したことは、あまねく知られている。

そして、この三種の行為形態は、新しい仏教運動である大乗仏教にも導入され、なかでも『華厳経』や『大宝積経《だいほうしゃくきょう》』の一部では、それらが仏とも直接関連を持つ要素であるにもかかわらず、「仏が隠している」、「衆生は愚かで熟知しない」ことから「秘密」とされ、それゆえ「三密」という用語が用いられたのである。

この三密こそが、伝統的な純密、最近の歴史学的用語でいう中期密教の実践の基本と考えられているのだが、それでは実際の『大日経』では、これらの三密をどのように説いているのだろうか。

◇『大日経』の三密行

大乗経典に見られる三密行については、すでに『大宝積経』の「密迹金剛力士会《みっしゃくこんごうりきしえ》」に詳しく説かれており、仏陀を守る護法神《ごほうじん》の役割を持つ密迹金剛、つまり東大寺の三月堂の有名な秘仏・執金剛が、世尊仏陀に質問するストーリーになっている。

また、少し系統の異なる大乗経典である『華厳経』に散見される三密思想の萌芽については、近年、高野山大学の生井智紹氏のすぐれた研究(「大乗仏教における密教の形成」、松長有慶編著『インド密教の形成と展開』法蔵館、一九九八年、所収)がある。

そこでは、『華厳経』の「入法界品」や「十地品」、さらには他の大乗経典や密教論書を参考にしながら、「加持」という言葉を重要なキーワードとして、三密思想が次第に形成される過程を興味深く復元しているので、関心のある方は是非御覧いただきたい。

三密行の一つ、灑水（しゃすい）加持

ところで、本書のテーマである『大日経』では、必ずしも体系立てられていなかった三密説は、漢訳の注釈書である一行禅師の『大日経疏』になると、はっきりと身密・口密・意密の解釈を用いて、解説を行っている。そして、『大日経疏』を重視した弘法大師空海になると、『大日経』を独自の内容で解釈した『大日経開題《かいだい》』に「三密法輪《さんみつほうりん》」という副題が後世付加されたように、明らかに三密をもって『大日経』を説明している。

しかし、肝心の基本経典である『大日経』、なかんずく漢訳の『大日経』では、「三密」という言葉自体は、まったく使用されていない。そうすると、『大日経』は、身・口・意から成る三密の概念を知らなかったのかといえば、早とちりをしてはいけない。

冒頭の教義を説く「住心品」の中に、「三時《さんじ》を越えたる如来の日、加持のゆえに、身語意平等句《しんごいびょうどうく》の法門なり」という有名な言葉がある。

この句の後半の「身語意平等句法門」に対して、『大日経疏』は、

身平等　密印《みっちん》
語平等　真言《しんごん》
心平等　妙観《みょうかん》

というように、身と語（口）と心（意）の三密を、それぞれ「密印」（印相）・「真言」・「妙観」（三昧《さんまい》）に配当している。

つまり、大日（毘盧遮那）如来の限りなく荘厳された不思議な威力（無尽荘厳神変《むじんしょうごんじんぺん》）の現れである印契《いんげい》（身）と真言（口）と三昧（実際にはマンダラ、意を表す）の三密行によって、真言行者（真言門より行を行じる菩薩）は、大日如来の法身を体得すること、これが『大日経』における三密行の意味である。

「平等」に関しては、身体と言葉と精神がそれぞれ別ではないという横（水平）の平等と、行者の身・口・意と大日如来の身・口・意が異ならないとする縦（垂直）の平等の、二重の意味が含み込まれている。

『大日経』に詳しい大正大学の吉田宏哲氏によれば、大日法身の具体的な現れである行者が、大日如来の三密行を行じるがゆえに、修即証《しゅそくしょう》の境界《きょうがい》に到るという。

この個所は、教義を説く「住心品」なので、具体的な実践論ではないが、さとり（実在）とまよい（現象）をつなぐ媒介としての「三密」が、すでに「平等」とセットになって説かれていることに注目したい。

◇戒としての三密

今回は、実践論の要《かなめ》としての三密行にスポットをあてているが、身体と言葉と精神という人間の三大行為形態そのものに注目すると、どうしても仏教者の行為規範の座標軸となる戒律の問題と関連してくる。『大日経』には、性格の異なる数種類の戒律（目標といましめ）が並行して説かれているので、詳しくは後で取り上げるが、菩薩との関連で説かれる「具縁品」の三密説を紹介しておきたい。

「いかんが、戒となす。いわゆる観察して、自身を捨て、諸仏・菩薩に奉献《ぶごん》す。
何をもっての故に。
もし、自身を捨つれば、すなわちかの三事《さんじ》を捨つ。
いかんが、三となす。
いわゆる身・語・意なり。
（中略）
身語意の戒を受くるをもって、菩薩と名づくることを得《う》」

これは、『大日経』の戒の中でも最も重要な戒である三世無礙智戒《さんぜむげちかい》（すべての時代において、さえぎられることがないほど重要な智恵の戒め）の個所であるが、文章にあるように、一度、現在の自分を深く見つめて否定し、新たに密教の菩薩として蘇生することによって、身体と言葉と精神とに高次の誓いを立てることを意味している。

『大日経』の具体的な行動規範である三世無礙智戒や十善戒《じゅうぜんかい》などについては、後に触れるが、戒律は実践しなければ直接関わりを持たない。人を殺すことをイメージするだけでは、戒律を破ったことにはならない。

◇『大日経』各品と三密

三密行は、やはり行為・実践に裏打ちされる必要があることは、戒律の面からも明らかである。

弘法大師空海の力作『即身成仏義《そくしんじょうぶつぎ》』によっても知られるごとく、日本の密教では、地・水・火・風・空・識の六大説《ろくだいせつ》で存在論を議論し、大《だい》・三《さん》・法《ほう》・羯《かつ》の四種《ししゅ》曼荼羅で認識論を理解し、身・口・意の三密で実践論を説くことが多い。

『大日経』そのものでは、仏と衆生を結ぶ接点の一つとして三密がスタートしたことは先に指摘したが、行者から仏に至る上昇階梯が重視され始めると、具体的な実践としての三密行がより注目されるようになった。

そのような状勢の中、後世では、多様な内容から成る『大日経』の各品のうち、身密を「密印品」に、そして意密を「具縁品」にあてるようになった。

実際に手で印契を結び、特定のほとけや行法上の作法を表す印相を説く「密印品」は、確かに「身体的行為」と理解することができる。

「密印」とは、秘密の標幟《ひょうじ》（しるし）、すなわち象徴のことで、これはさとりの世界そのもののマンダラ宇宙（法界曼荼羅《ほっかいまんだら》）の象徴として、手指の組み合わせ（印契）で示すもので、漢訳の『大日経』では、百三十九種の印契をあげている。

行者は、この密印によって自身に不思議な力の働きが加われば（加持）、存在を象徴する法身如来と等しくなることができるのである。

これに対し、幅広い内容を説く「具縁品」が意（心）に配当されることに、疑問を投げかける読者も少なくないと思う。

確かに、「心」を具体的に何に対応させるかは、難しい問題だ。眼に見える身体や、耳で聞く言葉とは異なって、心そのものは直接把握しにくい。したがって、後世の諸文献では、意密に対して、精神集中・観想にあたる三昧、もしくは妙観をあてるか、さらには三昧の対象となり、しかも可視的な存在ともなりうるマンダラをあてることが多い。

そして、そのマンダラの作り方と、具体的なほとけの配列と図像表現を説くのが「具縁品」なのである。「具縁」とは、「マンダラに入るための縁を具《そな》える」ことであり、実際に不動明王や観音菩薩をどの場所に配置し、しかも左右の手に何を持たせ、どういう印を結ぶかが説かれている。それゆえ、意密に「具縁品」があてられることは、十分な理由があるといえる。

三密の残りの一つである口密に対しては、二つの解釈が可能である。聖なる言葉である真言を強調すれば、大日如来をはじめ執金剛や普賢菩薩などが、各ほとけの真言を説く「普通真言蔵品」第五章をあげることができる。

しかし、これとは別に「転字輪曼荼羅行品」第八章に注目する説もある。ここでは、陀羅尼の字輪《じりん》（梵字を輪の形に列ねた図）の中の梵字を、右回りに順にめぐらし、それが回転するように観想しつつ、各字音を唱えるもので、古くから「旋転陀羅尼《せんてんだらに》」、もしくは「転字輪《てんじりん》」と呼ばれてきた。これも深い意味では、三密行のうち、口密に配当することも不可能ではなく、わが国の注釈書の中ではこちらを重視する伝承もある。

両者は、聖なる言葉を静止的に捉えるか、流動的に捉えるかの相違ともいえよう。

◇入我我入と本尊瑜伽

経典の表面からは必ずしも緻密にたどり得ないが、『大日経』では、やはり三密行が意識されていたことは疑いない。

それに則って、本尊を対象とした入我我入《にゅうががにゅう》の行法、すなわち最近はやりのインド・チベット密教の用語でいえば、「本尊瑜伽《ほんぞんゆが》」が行われる。

その詳細は、『大日経』後半の「百字位成品」第二十一に、次のように述べられている。

「秘密主《ひみつしゅ》よ。真言門《しんごんもん》より菩薩の行を修《しゅ》する諸菩薩は、かくのごとく、自身の影像《ようぞう》を生起《しょうき》すべし。

（中略）

眼耳鼻舌身意《げんにびぜつしんい》等のごときは、四大種《しだいしゅ》、摂持集聚《しょうじしゅうじゅ》す。彼、かくのごとく、自性空《じしょうくう》にして、ただ名字《みょうじ》の執《しゅう》する所なり。なお虚《こ》空《くう》のごとし。

執着《しゅうじゃく》する所なきこと、影像に等し。

（中略）

日本密教の秘法・御修法の習礼（しゅらい・練習）

もし、縁に従って生ずれば、彼、すなわち影像の生ずるがごとし。
この故に、諸本尊、すなわち我《われ》なり。我、すなわち本尊なり。互相《ごそう》に発起《ほっき》す」

要約すれば、先に説明したように、『大日経』の実践方法論の一つとして、本尊を観想する。それは、自身の内的世界において実現されるが、その本尊自体、固有の本性を持たない空的あり方、換言すれば、互いに相待する縁起として生起するものである。チベット訳の残るブッダグヒヤの『大日経広釈』によれば、「勝義《しょうぎ》としては虚空のごとく、世俗としては影像のごとし」としている。

したがって、我（私）自身、また本尊もともに空性《くうしょう》なることによって、その結果、我自身が本尊と異ならないことになり、自らの身において、本尊を精神的（観想的）に生起することになるのである。

その過程において、身体的行為である印相と、言語的行為である真言と、さらには心的行為である三昧、もしくはその対象となるマンダラが、聖と俗の別世界をつなぐ掛け橋となる。こうした自らを場として聖なる本尊を観想することを、「本尊瑜伽」、もしくはとくに「我生起《がしょうき》」と称している。

日本の密教でも、先に触れた種・三・尊のシンボリズムを用いながら、本尊との入我我入、すなわち「本尊、我に入り、我、本尊に入る」と感得するのである。その確信を、インド・チベットの密教では、「本尊慢《ほんぞんまん》」と呼ぶこともある。「慢」という漢字は、どうもイメージがよくないが、原語から判断すると、そのように思い込むことであり、密教では「よい思い込み」は重要である。

◇有相から無相へ

日本の密教では、上記の入我我入法を「有相の三摩地《さんまじ》（瞑想法）」と称しているが、『大日経』よりもレヴェルの高い密教を多く知悉し、それらを体系化・教義化したチベットの密教では、上記の有相の三摩地にもかなり説かれていた縁起即空性の修習《しゅじゅう》を必須化し、本尊瑜伽と空性修習を深く結びつけている。この傾向は、密教の意義を認めながらも、中観空思想を根底に置いたツォンカパのゲルク派において顕著である。

漢訳の『大日経』でも、先掲の「百字位成品」において、眼・耳・鼻・舌・身・意などの外的存在が自《じ》性《しょう》として空（実体がない）であり、縁起生《えんぎしょう》、つまり相手を待って存在するが故に、本尊と自身が異ならないと説いていたが、それをさらに深めたのが「説無相三昧品」第二十九章である。

その直前の「説本尊三昧品」第二十八章は、先に紹介した六種本尊、ならびに四支念誦法を説くが、これは日本の密教の行法、つまり念誦法・供養法といわれる標準的な行法の、本尊観想の部分のみを説明したものである。

その最後に、次のような含蓄の深い表現が見られる。

「仏、有想《うそう》を説くが故に、有相を成《じょう》ぜんことを楽欲《ねが》う。無想に住《じゅう》するをもっての故に、無相の悉地《しつじ》（結果功徳）を獲《う》。

この故に、一切種《いっさいしゅ》、まさに非想《ひそう》に住すべし」

密教では、感覚・知覚を通して眼前に現れているものにも価値を認め、それを手段として用いて、さとりを求めることに生かす。したがって、聖俗の掛け橋となる三密行が有効な力を発揮するわけであるが、中期密教経典の『大日経』には、やはり大乗仏教以来の空・無相（固定的な特徴のないこと）を重視する思想が貫流している。

それゆえ、有相的な三密行からたとえスタートしても、どこかで無相の次元へ転換する必要がある。

そこで、「説無相三昧品」では、身と心の二方面から無相、すなわち空性の修習を説くが、紙面の関係で、後半の心の無相三昧を紹介しておこう。

「心は、自性なし。一切の想を離れたるが故に、まさに性空《しょうくう》（自性として空）を思惟《しゆい》すべし。

（中略）

この真言門より菩薩行を修する諸菩薩は、無相三昧を証得《しょうとく》す。無相三昧に住するによるが故に、如来の所説の真語《しんご》（真実の言葉）、まのあたりにその人に対して、常に現在前《げんざいぜん》す」

心も、身体と同様、固有の本性を持たない。すなわち空性であり、無相である。ちょうどベテランといわれる人が、見た目に上手にものごとをやるのに対して、名人の域に達した人は、まったく目立たぬが完璧に仕事をしているように、まだ若干のこだわりのあった次元を越えた、主客が一味《いちみ》になって混然一体となった無自性空の世界こそ、密教の即身成仏を可能ならしめるダイナミックなコスモスであるといえるだろう。

◇日本密教とチベット密教

以前、正木晃氏が『密教の可能性』（大法輪閣、一九九七年）で、チベット密教のインパクトに比して、日本密教のおとなしさ（言葉は少し違うかも知れない）を物足りなく思う旨を、指摘されたことがあったと思う。

本書が『大日経』に限られたものなので、全体的に論じるのは場所を替えたいが、一口でいえば、『大日経』と『金剛頂経』を両部の基本軸に置く日本密教と、『秘密集会《ひみつしゅうえ》タントラ』などの二次第《にしだい》や『ヘーヴァジュラ・タントラ』などに説かれる四灌頂《しかんじょう》を根底に持つチベット密教の違いと考えられる。

教義面では、比較的乖離《かいり》が少ないが、実践面でいえば、日本密教で通常行われている念誦法・供養法は、チベット密教でいう生起《しょうき》次第・究竟《くきょう》次第の二次第のうちの、主に前者の生起次第にあたる。『大日経』に究竟次第の要素がないと断定するにはもう少し検討が必要だが、『大日経』の行法の中心とされる五字厳身観も間違いなく、聖なる世界を自らの中に降下させようとする、生起次第系の行法である。

両部の大経の片割れである『金剛頂経』は、チベットでは『大日経』よりも一ランク上の瑜伽《ゆが》タントラであり、明らかに聖俗一致を説く。また、その注釈書の中には、後世、『秘密集会タントラ』の解釈の一典型となった三三昧《さんさんまい》（三種の観想階梯）を説くが、どの部分が究竟次第かを、基本となる『金剛頂経』のテキストから抽出することは難しい。

この試みは、別の機会に譲るが、インド・チベットの密教が、五次第（心清浄《しんしょうじょう》次第・自加持《じかじ》次第など）やナーローパの六法などの雄渾な体系を持っていたことと比較すれば、やはり「おとなしい」と言われても仕方ないかも知れない。

印相とほとけ

ほとけのしぐさをする

◇印の意義

先に、密教の中心行法となってきた身・口・意の三種の行為形態、世にいう三密行の話を取り上げたときに、聖なるほとけと通常の俗世界にいる私たちを構造的に結ぶ身体的掛け橋として、印、もしくは印相と呼ばれる身体的行為があることを強調した。

この印、もしくは印相が根底となって、言語的表現である真言と、心（意）の掛け橋である三昧（瞑想）、具体的には、その対象となるマンダラが融合し合って、仏のシミュレーションが可能となり、ひいては成仏の実感が多くの人びとによって追体験されることになる。

印の原語であるムドラー（mudrā）は、周知のごとく、古代インドの言葉、すなわち書き言葉として重視された文語としての梵語であるが、もとの意味としては「印章」、つまり「ハンコ」である。

現在では、各種の証明書を発行してもらうときの申請書や、宅配便を受け取るときに使うくらいしか用が少なくなったが、ハンコは（西欧世界ではサインですむが）、それさえあれば、本人と等価値、つまりイコールの働きをする。そのために、そのイコールの働きを悪用する印鑑偽造が、立派な（？）犯罪となるのである。

私も、ある古経典に意見を書いて署名捺印をしたところ、後にニセの印鑑を偽造されて、年代を数百年勝手に遡らされた苦い経験がある。

そのように印は、たとえれば仏のハンコをつくることなので、これほど重要なことはなく、もしハンコをついたものの、実際にそれを実行し、実証しないならば、それこそ印鑑偽造（法律的には、そのやり方によって公文書偽造や私文書偽造となる）の責任を問われなければならない。

密教修法に不可欠な印

◇ほとけのしぐさ

『大日経』に説く印の具体的内容は、次項に明らかにするとして、そもそも仏教において「印」というものが登場した理由は、仏像における聖なるものの表現という契機を抜きにしては考えられない。

仏陀釈尊の生涯、換言すれば生存そのものと、説かれた教えが仏教のアルファ（最初）であり、オメガ（最後）であることは、論を俟たないが、逆にそのような真理は、ある時間、ある空間に直視されるだけのものであって、いわば純粋の「真空」がそれ自体では存在しにくいように、現実社会ではたちまちのうちに酸化し、俗化してしまう。

立像に多い通肩像

それでも、人びとは「仏教の真理」（法）を求めて、それを一緒に唱えたり（結集《けつじゅう》）、文章化したり（経典）、あるいは仏陀をシンボル化した仏塔を一心に礼拝したのである。

そして、ちょうど紀元前後の頃（西暦0年頃）になると、仏像なるものが劇的に歴史世界に登場する。この仏像の成立の要因と歴史背景の解釈に関しては、従来、大乗仏教との直接関係を認めない有力な説があったが、近年、外国、ならびに国内の若手の研究者を中心に、新しい見解も積み重ねられている。

それはともかく、仏陀釈尊の生前の人間としての行跡を念頭におき、しかも単なる人間を超越した三十二相などの聖性表現を加重した仏像が登場すると、見える姿・形を通して仏陀の事跡、仏教の教えを表現する必要が生じてくる。

その場合、衣のつけ方、たとえば首の回りをいわばとっくりのようにすれば（通肩《つうけん》）、立って歩く動作を表す遊行《ゆぎょう》を示すように、ある程度、仏陀の動き、働きを特定することができるが、仏像の数が多くなり、その表現の一貫性、法則性が求められる段階になると、とくに手の形が仏陀の生涯のある出来事と結びつけられる傾向が生じてきたのは当然の帰結である。

なかでも、右手を伸ばして膝の前で大地に着ける触地印は、釈尊がブッダガヤーの菩提樹の下でさとりを開いたあと、大地の神（地神）にそのことを証明させた仏伝の話と結合して、成道《じょうどう》の印、もしくはその前段階にあたる魔王の脅しや、娘の魔女たちの官能的な誘惑を打ち破った降魔《ごうま》の印としてよく知られている。

また、左右の両手をへその前で重ねる定印は、密教の時代になると、西方に位置する阿弥陀如来の印として固定したが、釈尊の生涯の中では、樹の下で生きとし生けるものの諸行無常のあり方を観想する姿、あるいは禅定に入って瞑想する姿を表している。

実に、こうした基本的な釈尊、仏陀のしぐさが仏像の表現を通して仏教に導入され、のちの密教では仏への追体験の直接手段として、大変大きな役割を果すのである。

◇『大日経』の印相

最初の本格的密教経典というべき『大日経』で、三密行の冒頭にあげられる身密を表す印相は、とくに密教の印ということから「密印《みっちん》」と呼び習わされている。

『大日経』では、漢訳によれば以下の二つの章品に、その密印が説かれている。

(1)「密印品」第九

(2)「秘密八印品」第十四

インドの触地印如来像

このうち前者の「密印品」は、チベット訳では、「印を広説《こうせつ》（詳しく解説）する章」という。そこでは、まず「入仏三昧耶《にゅうぶつさんまや》」、すなわち「仏と私たちが平等である」と観想する次の有名な真言が説かれている。

「ノウマク・サンマンダボダナン・アサンメイ・チリサンメイ・サンマエイ・ソワカ」（日本読み）

〈意味〉

「あまねき諸仏に帰依したてまつる。比べることなき、三密平等《さんみつびょうどう》なる三昧耶《さんまや》（本誓《ほんぜい》）よ。成就あれ」

この真言は、伝統教学的には、仏の心の種子《たね》を人びとの心の田畑に植えて、仏と衆生の一体化を体得させる意味を持つといわれ、わが国では、「成仏」の具体的な発現の場である、葬儀の引導《いんどう》作法《さほう》の諷誦《ふじゅ》文《もん》の中で唱えられることが少なくない。

なお、この重要な真言に対して、三密行が完備している『大日経』では、当然のことながら、このことを示す手の指のジェスチャーを説く。それが印にほかならない。

いささか話が専門的で、煩瑣になるので、ここでは省略するが、印・印相は、ほとけの世界を意識的にこの世界に表現するものであるから、何らかの約束ごと、つまり意味の読み込みが必要となる。

その代表的な例のいくつかは、以下のようである。

右手　慧《え》（智恵）

左手　定《じょう》（瞑想）

親指（大指《だいし》）　空
人指し指（頭指《ずし》）　風
中指　火
薬指（無名指《むみょうし》）　水
小指　地

如来弁説

如来舌相

如来関係の諸印（『密教大辞典』より）

以下、これらの二手と計十本の指を適宜に組み合わせて、釈迦如来の鉢《はち》の印をはじめ、百三十種に及ぶ多種多様な印相と、その真言が説かれている。

それらの印相の内容は、おおむね次のような範疇に細分することが可能である。

(1)尊格印
(2)如来関係印

印相の大部分を占めるのは、『大日経』が説く胎蔵マンダラのほとけたちを表す印相で、観音菩薩・虚空蔵菩薩をはじめ実に多くのほとけたちが、手の指を使って表現されている。この「密印品」をマンダラ表現の一翼と考えていた事実を知ることができる。

それと同時に関心をひくのは、「如来○」・「如来○○」という表現の印が多数説かれている事実である。私は、これらの諸印を仮に「如来関係印」と呼んでいるが、その多さに驚くとともに、同じテキストの中でも、「如来○」・「如来○○」という用語が、次第に「金剛○」・「金剛○○」という表現に変化している点に気付いた。

要するに、如来、つまり聖なる仏の身体のあらゆる部分は、それぞれ超越的・超人的なニュアンスを持っている。

たとえば、如来の舌は、その弁舌さわやかな説法上手が示すように、長くて大きいという。如来の臍《へそ》は、美しく切れ長だともいう。如来の腰も、偉丈夫のごとく、重量感があり、実に堂々としている。

このように、如来の身体の各部は、人間の要素を持ちながら、しかも人間をはるかに超越しているのだ。『大日経』をはじめ、密教では、こうした仏・如来の身体各部をさらに個別のほとけとして仏格化し、そのパワーを再生産して行ったのであるが、のちにそれを再整理するときには、一般仏教色の強い「如来」という言葉から、より密教色の強い「金剛」（ダイヤモンドのように、堅固で貴重である）という言葉にかわって行ったものと考えることができる。

◇秘密八印の展開

「密印品」の印相は、多くのほとけの象徴、あるいは行法のシミュレーションとして、聖なる世界を拡大させて行ったが、拡大したものは、必ず新たな座標軸によって再整理され、収斂する必要がある。

そのプロセスを『大日経』のマンダラ、すなわち胎蔵マンダラの中台八葉院のほとけたち（胎蔵四仏と四菩薩）と関連づけて説明したのが、「秘密八印品」第十四章である。

ここでは、単なる尊名・尊格を表す印相ではなく、もっと思想と作用を内包する高次の印相となり、結果的にそれがある尊格と等価値に結びついている。

この配当は、漢訳・チベット訳とも経典中では説かれていないが、漢訳の『大日経疏』、チベット訳の『大日経広釈』のいずれの注釈書にも明記されており、決して恣意的解釈ではなかったことは興味深い。

この八つの印は、先に取り上げた自身を本尊の身と観じて入我我入を行う、いわゆる本尊瑜伽の境地を八つの点から説いたものでもあり、漢訳の『大日経』でも、

「これを如来の秘密印《ひみついん》と名づけ、最勝《さいしょう》の秘密なり」

と述べている。

その内容は、名称の「八印《はっちん》」が示すように、八つの印とその真言から成っているが、まず前半の四つの印から紹介しよう。

①本威徳生印《ほんいとくしょういん》

実際の印は、両手を自然に合掌して（虚心《こしん》合掌）、左右二つの小指と二つの人指し指を開いて、火が燃え上がるように形をつくる。これは世尊、すなわち、大日如来の威徳（威力ある徳性）が生じるさまを象徴したもので、三密行の意密にあたる観想（観念《かんねん》）としては、胎蔵マンダラの遍知院に見られるように、三角形がコロナのような光を発するのを思い浮かべるのである。

そして、中台八葉院のうちの仏としては、東方の宝幢如来がこの印に該当するとされている。

②金剛不壊印《こんごうふえ》

印そのものは、やはり合掌して、二つの人指し指を鉤《かぎ》のように少し曲げて、両方の親指の上に幡《ばん》（旗）のごとく置くとしている。これによって、堅固なダイヤモンド（金剛石）がいかなるものによっても破壊されないように、最高の強さが得られるという。観想の対象のマンダラとしては、コロナのような光焰をともなった梵字のva（縛《ば》）字を、ありありと心に浮かべるのである。

中台八葉院の胎蔵四仏でいえば、修行の積み重ねによって次第に強さを増して行った南方の開敷華王（ハスの花が満開になった）如来が、その功徳を司っているといえよう。

③蓮華蔵印《れんげぞう》

今度は、左右の両手の指を（親指を除いて）それぞれ大きく開いて、ハスの花が満開になった状態を表す。経軌によって多少の違いはあるが、両手の指は、ハス（蓮華）、および金剛杵を表すことが圧倒的に多い。

まさに蓮華の蔵のように、あらゆる存在を内包しており、観想するマンダラとしては、私たちの心に等しい満月の輪が、ハスの花によって取り囲まれているヴィジョンを心に描く。

同様のイメージは、インドの密教聖典であるタントラ聖典やその絵画（タントラ・アート）にもよく見られるところであるが、ここでは胎蔵四仏のうちの西方の無量寿（阿弥陀）如来に配当されている。

秘密八印の第四番目、すなわち胎蔵四仏のうちの北方の天鼓雷音如来に配当されるのが、万徳荘厳印である。

④万徳荘厳印《まんとくしょうごん》

万徳荘厳とは、あらゆる良き徳性がそなわっていることで、もちろん全体仏である大日如来のすぐれた宇宙的性格を象徴するとともに、個別には釈尊の説法をたたえた仏である天鼓雷音如来がその功徳を分掌している。

具体的な手の印相としては、両の小指を手の平の中に収めるとしている。マンダラは、漢訳とチベット訳で説が異なるが、漢訳によると満月の半分、つまり半月を思い浮かべるという。動きのある半月のシンボリズムも大変面白い。

◇菩薩の四印

紹介が遅くなったが、チベット訳の残る『大日経広釈』では、これらの八つの印に象徴される仏の徳性を、全体仏たる大日如来に投影して、最初の四つのうちの二つの印、すなわち金剛不壊印と蓮華蔵印を大日如来の住処（世界）を表したものと考える。

そして、残りの六つの印を、それぞれ大日如来の身円満《しんまんえん》・口《く》円満・意《い》円満に配当する。私たちに身・口

・意の三密があるように、宇宙仏であるとともに、人格性をも賦与された大日如来にもやはり身・口・意の三密があり、それを掛け橋として、仏と生きとし生けるものがつながっているのである。

⑤一切支分生印《いっさいしぶんしょういん》

少し難解な用語が登場したが、「支分生」とは、あるものの部分から新たな要素が出生《しゅっしょう》することをいう。大乗経典の『法華経』や『華厳経』に、仏陀の分身が無数に説かれるように、大日如来は全体として捉えることも可能であるが、非常に微細な分身が世界中に満ちあふれているとイメージすることもできる。東大寺の大仏の蓮弁の世界にも、それぞれ無数の仏が同時に存在していることを、思い浮かべていただければ幸いである。

この印相は、先ほどの諸印とは異なって、合掌した上で、二つの親指だけを開いて、残りの八指は合掌したままでいるもので、観想するマンダラとしては、満月の中の瓶《びょう》（つぼ）に金剛杵を思い浮かべる。これは、中台八葉院の東南隅に位置する普賢菩薩の働きとされる。

⑥世尊陀羅尼印《せそんだらにいん》

仏陀の保持能力、それが言葉として現れる場合は、聖音から成る陀羅尼であるが、それを強調した印相。二つの中指を鉤のようにするというが、注釈書は多少異なる。印相は、文献資料によって変動が大きく、最終的には授ける阿闍梨（師）に任されている。この点を考えると、密教の師資相承《ししそうじょう》を重視する空海と、書物によって学ぼうとした最澄の別離も、避けられぬ運命であった。
言葉に関わる徳性なので、「言葉の自在者《じざいしゃ》」というあだ名を持つ文殊菩薩に配当されている。

⑦如来法住印《にょらいほうじゅういん》

さとりを開いた如来は、永遠にさとりの中にあることを示すシンボリック・ジェスチャー。複雑な印相は省略するが、観想のマンダラは、虚空の色（青色）を観じ、中に二つの空点（アヌスヴァーラ）を表すという。

東北隅の弥勒菩薩に配当されている。

⑧世尊持瑜伽印《せそんじゆがいん》

八印の最後の印であるが、漢訳は「迅疾持印《じんしつじいん》」と少し表現が違う。印は合掌して、二中指のみを交叉させたもの。聖なるものの把握、集中こそが瑜伽であり、それがなければ何のための印相か。四菩薩のうちでは、観音菩薩の役割とされている。

以上、まさに「密印」であり、途中で諦めた方も多かったかも知れないが、八印の一つでも縁を持っていただければ幸いである。

ほとけと人の接点

密教と戒律

◇空海と戒律

密教経典の双璧といえる『大日経』と『金剛頂経』の両経の意義を、日本で初めて見抜いたのが、弘法大師空海であったことは、すでに触れてきたところであるが、空海の生地である四国に今も伝わる八十八か所霊場のNHK衛星放送の番組が先に好評を博した。札所全体を網羅したテレビ番組やそのビデオはこれまでもあったが、時間をかけて各札所を詳しく紹介することはこれが初めてで、名前のよく知られている作家やタレントが素人遍路として各札所へ参る姿は、ある意味では、ほっとした安らぎを与えてくれたといえよう。

この遍路シリーズの成功を受けて、四国四県の博物館・美術館で「国宝・弘法大師空海展」が開催されたが、それに先立って、隠れたブームとなっている「ラジオ深夜便」で弘法大師空海を取り上げた。そして、平成十年九月五日、四国・松山の愛媛県立文化会館で公開録音「弘法大師空海セミナー」が、パネラーの早坂暁氏（脚本家）、杉本苑子氏（作家）、そして私も参加して、にぎやかに行われた。

四国の伊予出身で、東映映画の「空海」や、NHKのテレビドラマ「花へんろ」の脚本を書いた早坂氏と、歴史小説の大家で、とくに有名人物の手紙について造詣の深い杉本氏の御二人の話を中心に、非常になごやかなセミナーとなったが、その中で「空海と女性」の問題も取り上げられた。

杉本氏は、「私は最澄ファンよ」と断られた上での歯切れのよい御話で、とくに三十一歳から本格的な僧侶になった空海なので、それまで、および入唐後の中国で「多少、遊んだ」という推論も決して不自然ではない。

私自身も、あれだけの人なら、当然、女性からも「もてた」はずであり、浮いた話が一つや二つあって当り前とも思うが、そのことは、孝謙《こうけん》女帝とのスキャンダルによって名を馳せた道鏡《どうきょう》のように、「戒律を外れた」ということとは別問題である。

そこで、しばらく本尊観や印相などの出家者向きの話が多かったので、ここでは、『大日経』の説く戒律を広い立場から取り上げてみよう。

◇長い誤解の歴史

先の「弘法大師空海セミナー」のみならず、およそ仏教、とくに現在という視点も視野に入れたときに必ず登場するのが、戒律の問題である。具体的には、「坊さんが肉や魚を食べてもいいの」、「僧侶が結婚してもいいのか」などの疑問となることが多いのは、きっと多くの方の経験されたところであろう。

こうした一見素朴で、しかも根が深い疑問が千年以上も続いているのには、大きく言って二つの要因が存在しているからだと考えられる。

まず第一は、一般の方、つまり在家の方がたの理解の中に、仏教の長い歴史的な変遷、とくに紀元前の

涅槃に入った釈迦像

仏陀釈尊の仏教と、二千年以上も後の日本の仏教の区別が十分にできないことである。

もっとわかりやすくいえば、たいていの人が仏教者、とくに出家者と呼ばれる僧侶の生活を思い浮かべる場合、インドにおいて家族を捨てて出家し、長い修行の結果、さとりを開いた仏陀釈尊と、日本では北陸の永平寺《えいへいじ》で雪の中を裸足で修行する青年雲水《うんすい》の像を、ダブらせて思い浮かべることが多い。

これは決してオーバーな演出ではなく、イメージの定着として、人びとの脳裏に焼きついているのだ。今はやりのユング心理学的な言い方をすれば、集合的無意識に近いかも知れない。

ところが、結婚・妻帯の問題はともかく、肉食に限っていうと、釈尊が肉を食べていた事実は、今の日本では学者を除いて、まったく知られていない。初期の仏伝資料を見れば、釈尊は村人チュンダの供養した猪（もしくは豚）の肉を食してのち、体調を害されて涅槃に入られたという。

もっとも、少し時代の下る大乗仏教系の資料、とくに漢訳では、そのままではまずいので、釈尊の食べたものが次第に「きのこ」に変化していったのである。

現在のインドにおいては、逆に「ヴェジタリアン」と呼ばれる菜食主義者が少なくない。私の友人のインド人学者もそうであるが、場合によってはかえって手がかかる。

また、それに加えて、かつて人気アイドルのシブガキ隊の本木雅弘君が「ファンシーダンス」という映画で、現代っ子の禅宗雲水を好演したこともあって、僧侶というと雲水僧というイメージが日本では定着している。

確かに、禅の雲水は、肉食や魚食を禁じられ、しかも人里離れた僧院で共同生活しているが、そういう習慣は、主に中国仏教になって次第に築き上げられたものである。したがって、インドの初期の律典《りってん》には肉食を禁止する条項はなく、大乗経典の『楞伽経《りょうがきょう》』あたりから徐々に議論されるようになったという。

もちろん、仏教の歴史的系統が異なり、しかも過酷な風土のチベットでは、そんな悠長なことは言っておられない。ダライ・ラマをはじめ有名・無名のチベット僧がステーキ大好きなことは、知る人ぞ知るである。これは決して批判・非難ではなく、事実を述べているにすぎないが、仏教の発展段階、つまり釈尊仏教と大乗仏教と密教の内容の違いと、インド・中国・チベット、そして日本などの風土的差違を理解できれば、主に禁止条項にあたる律の規定も決して永遠不変でないことは、容易に納得のいくところである。

◇戒と律の混同

以上は、主に理解する側の責任であるが、それでは仏教者側の問題はまったくないのかといえば、そうではない。

NHK教育テレビの「心の時代」で連続放映されていた田村晃祐・東洋大学教授の「仏教を生きる」の

ガイドブック（テキスト）にもあるように、中国仏教から後は、「戒と律の区別が忘れられ、混同してしまった」といえる。

言葉として見ても、確かに中国・韓半島・日本では、「戒律」という用語が幅をきかせているが、元来は「戒」と「律」は別のものである。

すなわち「戒」の原語は「シーラ（śīla）」であるが、この言葉は、複合詞の後半につく場合は「○○○を習慣とする」、「○○○に通暁している」という意味を持つ。要するに、「戒」の方は、「○○○しよう」という積極的な誓いやモットー（主義）を表す内容であり、密教では、別に「サマヤ（samaya、サンマヤとも発音する）」という用語を用いることもある。

これに対して、「律」は「ヴィナヤ（vinaya）」といい、「進むことから遠ざかる」、すなわち「遮制《しゃせい》」という漢訳が知られているように、「○○○してはいけない」という禁止事項が中心となる。

それゆえ、もし違反した場合は、「戒」であれば誰からもとくに罰せられることはなく、自分で反省して、改めて守っていけばよいことになる。

これに対し、律は、その違反の内容によって数段階の区別があるが、共同での申し合わせがあり、最も重大な違反をしたら、仲間として認められなくなって、教団から追放され、僧の資格を取り上げられてしまうことになる（波羅夷罪《はらい》）。

仏教の歴史全体で見ると、僧院での共同生活を前提とする初期仏教では律を多く制定して重視し、のちに発展した大乗仏教では、在家の信者の立場が大きくなったこともあって、むしろ誓約的要素が強く、行為の結果よりも、動機を大切にする戒が主流となってきた傾向を指摘できる。

そして、中国や日本など主に東アジアの仏教では、具体的な生活形態が異なることもあって、もともとあった「戒」と「律」の区別が十分に理解されず、むしろ「戒律」という語が、主に「律」の意味で使用されてきたのである。

このあいまいさについては、むしろ仏教者の側が、取捨選択の再検討など反省しなければならない問題点であることを、認識しておく必要があろう。

◇『大日経』の戒律観

すでに、思想と実践の両面から詳しく紹介してきたごとく、本格的な密教経典の嚆矢である『大日経』では、大乗仏教からの重要思想を適宜生かしながら、それらを密教的に再編成するという、いわば温故知新的な方法を駆使してきたといっても過言ではない。その結果、構造的には、決して単層的なものではなく、いくつかの要素が複合的に積み重なったような重層性が、『大日経』の特徴であることも御理解いただけたかと思う。

戒律の問題もまったく同様で、『大日経』の中でも、二〜三か所にわたって、仏教者の倫理観ともいうべき戒律の記述が認められる。

とくに、集中的に戒律を取り上げるのが、「受方便学処品」（救いの手だてとしての戒を受ける章）第十八である。ここでは、本尊の大日如来が、密教の菩薩の代表である金剛手菩薩に対して、真言道《しんごうどう》（密教）

のやり方で実践する者の用心、つまり心がまえを詳しく説いているが、その内容から判断して、以下の三種の戒律が説かれているということができるだろう。

(1)十善戒《じゅうぜんかい》
(2)五戒《ごかい》
(3)四重禁戒《しじゅうきんかい》

さて、専門的な名称を列挙したので、以下、その内容と意味をもう一度考え直してみよう。

まず、同品の冒頭では、次のように、十種の菩薩の戒めを説いている。長文なので、わかりやすくするために、現代訳して紹介したい。

「金剛手菩薩よ。注意して聞きなさい。今から修行のための良き手だてを説きましょう。もし、偉大な菩薩たちで、この道(十善業)を依り所とすれば、まさに大乗の教えを完成することになるでしょう。

その十種の良き道(善業)とは、以下のようです。

①いのちを奪わない(殺さない)。
②与えられないものを取らない(盗まない)。
③男女の道を乱さない。
④うそを言わない。
⑤悪口を言わない。

⑥二枚舌を使わない。
⑦飾った言葉を使わない。
⑧むさぼらない。
⑨怒らない。
⑩よこしまな見解をいだかない」

普段、仏壇の前で『勤行法則《ごんぎょうほっそく》』（日々のおつとめ）の本などを読まれている方は、この内容が、

①不殺生《ふせっしょう》　⑥不悪口《ふあっく》
②不偸盗《ふちゅうとう》　⑦不両舌《ふりょうぜつ》
③不邪淫《ふじゃいん》　⑧不慳貪《ふけんどん》
④不妄語《ふもうご》　⑨不瞋恚《ふしんに》
⑤不綺語《ふきご》　⑩不邪見《ふじゃけん》

という十善戒と、ほとんど異ならないことに気がつくだろう。違いといえば、⑤⑥⑦の「言葉を飾らない」、「悪口を言わない」、「二枚舌を使わない」の順序が、多少入れ替っている程度にすぎない。

この十善戒、もしくは十善業は、俗に初期仏教・原始仏教といわれる頃から説かれていた仏教徒の規範（倫理観）で、この十種の戒めを、身体と言葉と精神という三種の行為表現（三業）に配当すると、

(1) **身業（身体的行為）**

①不殺生　②不偸盗
③不邪淫

(2)口業（言語的行為）

④不妄語

⑤不綺語

⑥不悪口

⑦不両舌

(3)意業（精神的行為）

⑧不慳貪

⑨不瞋恚

⑩不邪見

となることも、すでに御聞きになった方が多いだろう。

その具体的内容が、ユダヤ教やキリスト教で有名なモーゼの十戒と重複する点が多いのも興味深いが、最後に「不邪見」というように、知的な理解の重要性を強調するのは、いかにも自覚の宗教である仏教らしい特徴である。

もっとも、『大日経』に説く十善業道《どう》は、漢訳の経文に、わざわざ「道」という言葉があることから知られるように、一般に広くいわれる十善業とは異なり、単なる倫理規範に終始するものではないと思われる。

具体的には、大乗菩薩の大前提ともいうべき智恵と方便を根拠として、しかもあらゆるものが本来は価値的に平等であるとする立場において、自らの修養として十悪（十善業の反対）をなさないばかりでなく、菩薩の利他《りた》の業として、積極的に十善業を実施すべき旨を力説している。

これこそが、まさに「十善業道」といわれるゆえんであろう。

◇五戒による補足

「不殺生」に始まる十善戒が、初期仏教以来の仏教徒の基本的行動原理であったことを述べたが、大乗仏教の途中から、出家した比丘《びく》（僧侶）や比丘尼《びくに》（尼僧）に劣らず、在家でありながらさとりの境地に達し、しかも教理的にも重要な教えを説く在家菩薩が、重要な位置を占めるようになってきた。

そこで、宗教的日常規範である戒律も、俗人と同じ内容の生活をすごす在家の菩薩にも守られる、新しい戒律が要求されることとなる。その場合、当然、規制の数は減少することとなるが、その代表的なものが、五戒である。

『大日経』でも、

「かの在家菩薩は、五戒の句を受持《じゅじ》すべし」

として、

①殺さない。
②盗まない。
③うそをつかない。
④誤った男女関係を持たない。
⑤よこしまな考えを持たない。

という五つのモットーをあげている。

内容的には、十善戒が半分になったと考えることも可能であるが、厳密にいえば、初期の仏教では、五戒の最後が「酒を飲まない」（不飲酒戒《ふおんじゅ》）であった。それが「不邪見」になったのは、やはり結果よりも動機を重視する大乗的展開があったものと思われる。

ともあれ、『大日経』が「不飲酒」から「不邪見」に転換したことは大きな意味を持ち、のちに高野山など自然環境の過酷な修行地では、「般若湯《はんにゃとう》」などが例外措置として幅をきかす有効な方便となってゆくのである。

◇『大日経』の重視した四重禁戒

いささか脱線しかかったが、『大日経』は何も古い（?）伝統的な戒律ばかりを列挙していたわけではない。むしろ、強調したかったのは、「受方便学処品」の最後に説かれる、世にいう「四重禁戒」である。同品での言及は比較的短いが、経典の中では、最初は「具縁品」第二章に韻文の形で登場している。先に、「受方便学処品」を現代語訳すると、次のようである。

「四種の根本となる戒があり、いのちがある間は、決してそれを破ってはならない。

四つとは何かといえば、

①（他を含む）仏教を誹謗してはならない。

②さとりの心（菩提心）を捨ててはならない。

③仏教を教えることを、惜しんではならない。

④生きとし生けるものを悩ませ、傷つけてはならない。

これらの戒めを破ったならば、もはや菩薩としては失格である」

この四つの誓約は、密教では、別に「三昧耶《さんまや》」（本誓《ほんぜい》）とも呼ばれている。

つまり、密教の免許皆伝ともいわれる伝法灌頂では、入壇といわれるマンダラに入って、胎蔵・金剛界の両部マンダラの上にそれぞれ華《はな》を投げる儀式（投華得仏）に先立って、密教者の誓いとして、この四重禁戒の言葉を唱えるのである。

いま、『大日経』の「具縁品」の偈文（韻文）を参考に付しておこう。

「仏子《ぶっし》、汝《なんじ》、今より身命《しんみょう》を惜しまざるがゆえに、常に、法を捨て、菩提心《ぼだいしん》を捨離《しゃり》し、一切の法を慳悋《けんしょく》（惜しむこと）し、衆生を利せざる行を為すべからず。

仏《ぶつ》、三昧耶を説きたまう。汝、よく戒に住する者なり。自らの身命を護るがごとくに、戒を護ることもまたかくのごとし」

この偈文は、『金剛頂経』系の異系統の儀軌であり、金剛智《こんごうち》三蔵の訳出になる『金剛頂瑜伽中略出念誦《こんごうちょうゆがちゅうりゃくしつねんじゅ》経《きょう》』（略称『略出念誦経』）に、散文の形で用いられている。

おそらく、『大日経』で密教の戒相《かいそう》として定着したため、ライバル経典であった『金剛頂経』系の経軌もそれをそのまま採用したのであろうが、そういう細かな経典成立史は専門書に任せるとして、四重禁戒の内容を、もう一度広い視野から整理してみよう。

まず、第一の「仏法を誹謗してはならない」とは、いずれも釈尊の教えからスタートした「仏説」であり、自らだけを絶対視して、他を否定しなければ存在しないような仏教は、正しい仏教ではない。

日本の江戸時代の川柳の中に、「宗論《しゅうろん》は、いずれが勝っても釈迦の恥」というものがあるが、釈尊の仏教と、新しい思想を満載した大乗仏教と、多様なほとけたちから成る密教をすべて受容したインド仏教では、それらを段階として並べ直すことはあっても、捨て去るべきものは何も存在しなかったのであろう。

第二の「菩提心を捨ててはならない」とは、すでに「住心品」の教えとして論じたように、聖なるほとけと俗なる私たちを結ぶヒントの一つとして、「さとりの心」である菩提心があることは論を俟たない。成仏の可能性に最も関心を払う密教においては、菩提心を抜きにしては、戒律も語りえない。

第三の「法を惜しまない」は、人の中には自らのさとりを誇って、それを普遍化・複数化することを好まない者もいないではない。私も大学生の頃、ある先生に資料の借覧を依頼したら、「越法罪《おっぽう》になる」と断られたケースもあった。もちろん、空海と最澄の交友のように各自の言い分があろうが、そういう先生に限って、自らの学問を築き上げた話を聞かない。

第四の「生きとし生けるものを害してはならない」は、まさに仏教の基本であり、思想的には大慈大悲に裏付けられる。インドの後期仏教やチベット仏教では、『大日経』などの密教は、インドの大乗仏教の正統な継承と見ている。

ともあれ、故勝又俊教博士の説かれたように、以上の四重禁戒を菩薩行と見たところに、『大日経』の戒思想の画期的意義を見ることができる。

強力な菩薩のラインアップ
——八大菩薩の成立と意義

◇菩薩の意義

『大日経』の本尊が大日如来であることは、これまでもくり返し述べてきたところである。それは、同経のマンダラである大悲胎蔵生マンダラの中尊が大日如来であるということにとどまらず、法身大日如来の不思議な神変加持《じんぺんかじ》によってこそ、俗なる私たちが仏の境地に到れること、つまり成仏が可能となることを示している。

『大日経』よりも一段と整理体系化された『金剛頂経』の場合、菩薩の代表としてとくに金剛薩埵を立てる。金剛薩埵とは、梵語の vajrasattva に対して、前半の vajra を意訳し、後半の sattva の俗語形を音写したものであり、全体の意味としては、金剛石（ダイヤモンド）のように信心堅固で、高貴な（密教の）菩薩ということになる。

『金剛頂経』では、そのマンダラである金剛界マンダラの中枢を形成する、十六大菩薩の筆頭に位置付けられている。

ところが、宝石としての金剛石と、武器としての金剛杵の両義を含む「金剛」をキーワードとする『金剛頂経』は別にして、『大日経』では金剛薩埵はあまり登場しない。

もっとも、経典を厳密に検討すると、供養次第法と呼ばれる第七巻などに、「金剛薩埵」の語が数回登場する。チベット訳では、この個所が作者名を持つ付属儀軌として扱われていたごとく、同じく『大日経』とは言いながら、恐らく後世の成立であったことは疑いなく、そのために後から成立した『金剛頂経』の重要な菩薩である金剛薩埵を持ち込んだのであろう。

◇『大日経』の主要登場尊

先に触れたように、本尊の大日如来は、ダイヤモンドのように堅固で高貴な金剛法界宮（さとりの世界）において、多くの持金剛者と菩薩に囲まれて教えを説いている。

密教の代表的菩薩・金剛薩埵

このうち、密教経典として大きな意味を持つのは前者の持金剛、もしくは執金剛である。これらのほとけたちは、原語にあたるサンスクリット語では、ヴァジュラダラ、もしくはヴァジュラパーニと呼ばれ、古代インドの武器の一つである金剛杵を手に持つほとけたちである。

仏教が成立する以前のヴェーダ時代では、この金剛杵という武器は、工芸の神トヴァシュトリが造った最高の武器といわれ、とくに英雄神のインドラ（日本では帝釈天）の持つ武器として有名であった。

仏教では、初期仏教の頃から釈尊の侍衛者《じえいしゃ》として、手に金剛杵を持ったヴァジュラパーニ（金剛手）が活躍することになったが、これは威力のシンボルの金剛杵を、釈尊に象徴される仏教の守護、すなわち護法にあてはめたと考えることができる。

尊格のヒエラルキー（階級体系）からいえば、ヴァジュラパーニは一種の武闘派であり、いわば体育会系の系統に属するため、成立当初は比較的周辺に配されていた。

ところが、侍衛者、換言すればボディガードとして釈尊のすぐそばにいれば、必然的に釈尊の説法の聴聞代表者（対告衆《たいごうしゅ》）に昇格することとなり、仏法の秘訣を授けられる機会を与えられた。

その典型例が、『大宝積経』の「密迹金剛力士会」の聴聞者の密迹金剛であり、彼は如来の三種秘密である三密行をつかさどるほとけとして、一躍脚光を浴びることになる。

そして、この金剛手・金剛系の尊格が、一方では忿怒の威力を外的に強調する明王系のほとけとして独立し、かつ他方では侍衛者の「侍」という性格が、如来の脇侍となる菩薩として展開すると考えられるが、『華厳経』の系統も引いている『大日経』では、第一章「住心品」の冒頭部分においては、持金剛と菩薩は別のグループとして、並行して登場している。

すなわち、

「その金剛を名づけて、虚空無垢執金剛《こくうむくしゅこんごう》（以下、十九執金剛をあげる）、金剛手秘密主という。

（中略）

および普賢菩薩、慈氏《じし》（弥勒）菩薩、妙吉祥《みょうきちじょう》（文殊）菩薩、除一切蓋障《じょいっさいがいしょう》菩薩等の諸《もろ》もろの大菩薩によて前後に囲繞《いにょう》せられ、しかも法を演説《えんぜつ》したもう。

（中略）

時にかの菩薩には、普賢を上首《じょうしゅ》（筆頭）となし、諸もろの執金剛には秘密主を上首となす」

とあるように、『大日経』では、むしろ執金剛のグループを先にあげて、その代表を金剛手秘密主とし、次に数体の菩薩をあげて、その代表を普賢菩薩としている。

そういう意味では、『大日経』は、執金剛秘密主を中心とする『大宝積経』と、普賢菩薩をとくに重視する『華厳経』の両者の影響を受けていることは疑いないが、第二章の「具縁品」に到ると、この両者の要素が融合して、菩薩としての金剛手が事実上、登場していることは興味深い。

それを示すと、

「大日の左方に、よく一切の願を満ずる持金剛《じこんごう》慧者《えしゃ》（金剛手菩薩）あり。

（中略）

首に衆宝《しゅほう》（もろもろの宝石）の冠をいただき、瓔珞《ようらく》をもって身を荘厳せり」

とあるように、はっきりと「菩薩」とは表現しないものの、冠をいただき、身に腕釧《わんせん》（腕輪）や瓔珞などの荘厳具をまとう、菩薩の服装を念頭に置いていることは明らかである。

◇三尊仏のマンダラ

ここでのテーマは、『大日経』の菩薩であるが、金剛手菩薩の成立に引き続いて重要な意味を持つのが、大日如来を中央にして、左右に重要な二体の菩薩がいわゆる脇侍として配される三尊形式、もしくは三尊仏である。

具体的には、先述の「具縁品」の金剛手（漢訳は、別系の金剛蔵《こんごうぞう》を使う）を、「大日の左方」と規定するのに対し、反対側の位置にくるのが、次のような観音菩薩である。

「北方（大日の右方）の大精進の観世自在《かんぜじざい》は、（中略）微笑して白蓮《びゃくれん》に坐し、髻《けい》（もとどり）に無量《むりょう》寿《じゅ》（阿弥陀）を現ぜり」

とあるように、蓮華（ハス）を持って、阿弥陀如来の化仏を頭にいただく観音菩薩が、反対側（金剛手院）の金剛手と一対となって、中尊の大日如来をガードしている。

図で示せば、三二頁の図のごとくになるが、これが西インドのアジャンター石窟、エローラ石窟、そしてオーランガバード石窟などでよく見かけられる如来像を中心として、左右両側に蓮華を持った蓮華手菩薩と、金剛杵を持った金剛手菩薩からなる三尊仏と無関係でないことは承認してよかろう。

もっとも、必要以上に慎重な（？）学者は、この組み合わせに対しても、「金剛杵を持っていても、金剛手菩薩とは限らない」とか、「蓮華を持っていても、蓮華手（観音）菩薩とは限らない」と言って、意図的に抵抗する向きもあるが、文献的に見ても、すでに『牟梨曼荼羅呪経《むりまんだらじゅきょう》』・『陀羅尼集経《だらにじっきょう》』などの初期密教の頃から、如来をはさんで蓮華部系と金剛部系の脇侍菩薩を配する三尊形式が成立しており、多少年代の幅はあるものの、西インドに多い三尊仏と矛盾するものではない。

そして、『大日経』よりも少し前に成立したと考えられる『蘇悉地経《そしつじきょう》』や『蘇婆呼童子経《そばこどうじきょう》』では、それ

らの三尊が、むしろ仏部・蓮華部・金剛部の三部形式として完成し、さらに事相（実践面）としては、その三部が、

仏部　身業
蓮華部　口業
金剛部　意業

というように対比されるのである。
なお、チベット密教では、さらに、

仏部　大日如来　文殊菩薩　身業
蓮華部　阿弥陀如来　観音菩薩　口業
金剛部　阿閦《あしゆく》如来　金剛手菩薩　意業

と、ほとけの部族を含んだ精微な体系に発展させていることは、さらに密教化が進んだ証左といえよう。

◇中台八葉院の四菩薩

『大日経』・胎蔵マンダラの菩薩を考える場合、先項で取り上げた三尊仏と、次に紹介する八大菩薩が重要であるが、その中間に位置するのが、中台八葉院の四隅に位置する普賢以下の四菩薩である。

この四菩薩の位置は、資料によって少し変動があるが、漢訳の『大日経』をはじめ多数の資料によれば、次のように配される。

東南隅　普賢菩薩
南西隅　文殊菩薩
西北隅　観音菩薩
北東隅　弥勒菩薩

これらの四菩薩に対して、後世の一般向けの解釈としては、各菩薩から中尊の大日如来に向かって右辺（右手）の四方如来の各仏に対して、その役割を補佐すると説明されることが多い（たとえば、金岡秀友『密教の哲学』平楽寺書店、一九六九年）。

それを表にすると、

普賢菩薩→宝幢如来
文殊菩薩→開敷華王如来
観音菩薩→無量寿如来
弥勒菩薩→天鼓雷音如来

となるが、教義的に補足すると、第二の文殊菩薩の例を除くと、大部分、合理的に説明できる。

たとえば、胎蔵マンダラの東方の宝幢如来は、密教の実践の第一段階である発心（さとりへのスタート）を表すが、普賢菩薩はさとりの心を示す菩提心のほとけとして、有名である。

無量寿（寿命が量り知れないほとけ）とも呼ばれる阿弥陀如来は、西方の極楽浄土の教主として知らない人はないが、観音菩薩はその脇侍として、『阿弥陀経』や『無量寿経』の頃からペアを組んでいる。

さらに、北方の天鼓雷音如来は、天上にある不思議な鼓《つづみ》になぞらえて釈尊の説法を讃えたほとけであるが、次期の如来（未来仏）として約束されている弥勒菩薩が、それを補佐するのは当然のことである。

したがって、こういう説明でも納得がいくが、もう少し学問的にいうと、後述のように、これらの四菩薩は、いわゆる八大菩薩に属する菩薩ばかりである。さらに私見を述べるならば、『大日経』は、先行する『金剛手灌頂タントラ』の八大菩薩を強烈に意識していた。そして胎蔵マンダラを構築する場合に、原則として観音・金剛手・虚空蔵・文殊・地蔵・除蓋障の各菩薩にセクション（院）を割りあてたが、『華厳経』と近すぎる普賢菩薩と、釈尊と近すぎる弥勒菩薩は、逆に独自のパートを構成することができなかったと推測することができる。したがって、これらの二菩薩は、別に中台八葉院に含まれることとなる。すなわち、『大日経』では、「具縁品」第二章よりも遅れて成立した「入秘密曼荼羅位品」第十三章になって、やっと中台八葉院の四隅に普賢や弥勒などの四菩薩が登場したが、成立の早い「具縁品」を重視するチベットの胎蔵マンダラでは、八葉の蓮弁に四仏と四菩薩を描くことはない。

敦煌出土の大日・八大菩薩（大英博物館）

◇八大菩薩の意義

密教のほとけの成り立ちを研究している私は、大日如来を中心とする五仏を軸として学位論文を書いたが、その時から

日本の八大菩薩（京都・醍醐寺）

観音と金剛手を二大筆頭として、さらに文殊・弥勒・普賢・地蔵・虚空蔵・除蓋障の各菩薩から成る八大菩薩が、密教菩薩のメインとなるという作業仮説を立てていた。

そのことを証明するかのように、弘法大師空海も、わざわざ中国から八大菩薩を説く『八《はち》曼《まん》荼羅《だら》経《きょう》』(aṣṭamaṇḍalaka)の梵本を、いち早く請来している。

さらに、私自身、今から十数年前にインドやチベットの八大菩薩の石像や壁画を紹介した際に、その中尊については、たとえ定印で宝冠をかぶっていても、一応、阿弥陀如来の可能性も視野に入れて、速断を避けてきたが、最近では、多くの若い学者が積極的に胎蔵大日と八大菩薩説を主張するようになったのは、まさに隔世の感がある。

ところで、文献資料から考察する限りでは、確かに『大日経』の本文や注釈書の中にも「八大菩薩」という用語は、見出すことができない。それにもかかわらず、インド・中国・チベット・日本のいずれにも、胎蔵大日如来を本尊とした八大菩薩の仏像や仏画があり、また東南アジアでも如来・八大菩薩の仏像を見出すことができるのは不思議だ。

近年、八大菩薩の研究と作例紹介は、私のみならず、宮治昭・松長恵史・朴亨國・田中公明・川村知行など、各氏によってなされている。とくに、エローラ石窟の第十二窟の定印如来と八大菩薩や、アメリカのネルソン・アトキンズ博物館蔵の仏龕《ぶつがん》形式の定印如来像は、胎蔵系のマンダラと断定される傾向が顕著になっている。

その他、チベットの東部などでも、数例の胎蔵大日と八大菩薩の浮き彫り像や塑像が報告されている。さて、『大日経』の本文に戻れば、確かに「八大菩薩」という言葉はなく、また観音・金剛手などの八体の菩薩をまとめた個所は見られない。けれども、注意深く読めば、たとえば「具縁品」には、以下のような菩薩が配されている。

仏龕形式の大日・八大菩薩
（ネルソン・アトキンズ博物館）

観音　北方
金剛手　右方（南方）
妙吉祥（文殊）　東方（第三院）
除一切蓋障（除蓋障）右方（南方）
地蔵　北方
虚空蔵　龍方《りゅうほう》（西方）

これらは、現図の胎蔵マンダラの各菩薩院と正確に対応する。

また、各尊の真言を説く「普通真言蔵品」第四章では、冒頭に、普賢・弥勒・虚空蔵・除一切蓋障・観音の五菩薩が連続して登場し、少し遅れて、地蔵・文殊・金剛手の真言が続けて説かれている。このことは、これらの計八体の菩薩が決して無関係に存在しているのではなく、全体で一つのグループを形成していることを暗示している。

結論を先に述べると、『大日経』の先行経典としてインドやチベットで大きな関心を集めた密教経典に『金剛手灌頂タントラ』があったことは、チベット密教の学僧たちによって十分に知られていた。

この経典は、なぜか漢訳されなかったので、中国と日本では注目されなかったが、もし空海にでも知られていたら、きっと大きな影響を与えたに違いない。

この貴重な密教経典に最初に気づいたのは、故酒井真典博士であったが(『大日経の成立に関する研究』修訂版、国書刊行会、一九六二年)、私も八大菩薩の位置を中心に『金剛手灌頂タントラ』と『大日経』の関連を、詳しく論じたことがある(拙稿「金剛手灌頂タントラの四仏・八大菩薩説」、『仲尾俊博先生古稀記念・仏教と社会』永田文昌堂、一九九〇年、所収)。

それによると、通称「八曼荼羅《はちまんだら》」とも呼ばれる観音・金剛手・文殊・虚空蔵・普賢・弥勒・地蔵・除蓋障のいわゆる八大菩薩は、菩薩の代表として、同経では次のように四方と四隅の八方位に配されていたのである。

観音	北方
金剛手	南方
文殊	東方
虚空蔵	西方
普賢	東南隅

弥勒	西北隅
地蔵	東北隅
除蓋障	西南隅

申し遅れたが、中尊はすでに毘盧遮那（大日）如来となっており、八大菩薩のうち、観音と金剛手がそれぞれ北方と南方の反対方位になっているのは、大日と観音と金剛手が三尊仏から展開した事実を示している。

ところが、『金剛手灌頂タントラ』から多くのヒントを得た『大日経』は、多くの菩薩に眷属をつけ、「〇〇院」という形に拡大させたため、結果的には東西四重・南北三重の計十二院構成（とくに現図マンダラ）となった。

今、菩薩の位置する院とその方位を『金剛手灌頂タントラ』と対照すると、以下の通りである。なお、観音と文殊は二か所に重複して登場するが、中台八葉院以外のものを優先する。

方位	**『大日経』**	**『金剛手灌頂タントラ』**
東	文殊	文殊
東南	普賢	普賢
南	金剛手・除一切蓋障	金剛手
南西		除一切蓋障
西	虚空蔵	虚空蔵

西北	弥勒	
北	観自在《かんじざい》・地蔵	観自在
北東	弥勒	地蔵

このうち、文殊・普賢・金剛手・虚空蔵・観自在（観音）の五菩薩は、両者の方位が完全に一致する。

次に、除一切蓋障と地蔵の二尊は、両経の間に四十五度のズレがある。この現象は『金剛手灌頂タントラ』が、八方に各菩薩を配する一重構造であるのに対し、『大日経』のマンダラは、あくまで四方を基本とした多重構造であったため、『金剛手灌頂タントラ』では、それぞれ南西と北東に位置していた除一切蓋障と地蔵の二尊を各四十五度移動させ、金剛手院と観音院の外側に重ねて配列したと思われる。

以上のような巧みな調整にもかかわらず、『金剛手灌頂タントラ』で北東にいた弥勒のみは、『大日経』では東方の座を文殊に、北方を観音と地蔵に占められたので、新たに設けられた中台八葉院の四隅の空いている個所、つまり北東方に配せられることになったのは、苦心の跡がしのばれる。

実に八大菩薩は、『大日経』のマンダラの基本軸の一つに他ならないのである。

不動明王の登場

——さまたげを除く如来の使い

◇大日如来と不動明王

『大日経』の本尊である大日如来と、密教の護摩《ごま》のスターである不動明王が非常に近い関係にあることは、一般によく知られている。

とくに有名な京都・東寺の講堂の立体マンダラを例にとると、中央に位置するさとりを開いた如来が、いうことをきかない難化《なんげ》の衆生（人びと）を無理に教化するために、悪しきものを叱りつける忿怒《ふんぬ》の姿をとったのが、向かって左側に位置する明王であるから、実に大日如来の忿怒形《ぎょう》が不動明王であり、それが教学的には「教令輪身《きょうりょうりんじん》」と呼ばれている存在である。

少し難しい言葉なので、補足しておくと、「教令」とは、上から下へ教え（情報）を伝え、徹底させることで、昔の日本の時代劇などで、将軍や大名の命令を伝える「下《げ》」としたためた書状などがそれにあたる。不動明王の場合は、主人にあたる大日如来の教えとその救いを伝えるので、まさにその通りであるが、厳密にいうと、東寺の講堂の二十一体の密教仏像群の場合、それを構想企画した弘法大師空海は、以下のような三段階で、ほとけたちの組み合わせを考えていたようだ。

仏・如来（五仏）	**菩薩（五菩薩）**	**明王（五大明王）**
大日如来	金剛《こんごう》波羅蜜《はらみつ》菩薩	不動明王
阿閦《あしゅく》如来	金剛薩埵《さった》菩薩	降三世《ごうざんぜ》明王
宝生《ほうしょう》如来	金剛宝《ほう》菩薩	軍荼利《ぐんだり》明王
阿弥陀如来	金剛法《ほう》菩薩	大威徳《だいいとく》明王
不空成就《ふくうじょうじゅ》如来	金剛業《ごう》菩薩	金剛《こんごう》夜叉《やしゃ》明王

この組み合わせは、大変に理解しやすく、現在では東寺の講堂の立体マンダラを紹介する場合の常套手段となっているが、経典的には、成立とわが国への伝来の早い『大日経』ではなく、中国である程度、密教が出来上ってきて問題点が整理された頃の経典である『摂無礙経《しょうむげきょう》』（別称『補陀落海会軌《ふだらくかいえき》』）を待たなければならないという説もある。この経典は有名な不空《ふくう》三蔵の訳出とする伝承もあるが、もう少し時代の下る晩唐期の撰述経典と推測される。

確かに、経典そのものが伝わらないと、思想や教えも伝わらないと考えるとそうなるが、弘法大師空海の場合、たとえば自分を生み、育ててくれた父母の恩や、教えの世界に導いてくれた師の恩など四種の関係論（恩）を説く四恩《しおん》の教えを、実際にそれを文章化した『心地観経《しんじかんぎょう》』の訳出以前に、すでにもう一人の師僧である般若三蔵によって口伝《くちづ》てで教えを受け、日本に伝えていたことを考慮に入れると、空海はおそらく師の恵果和尚から、密教の如来と菩薩と明王の重層的なつながりを、教えられていたのではないだろうか。

必ずしも経典が先にあって教えができるのではなく、逆に教えのイメージや原形が人びとの間に広まって、それが文章化されて経典となることも少なくない。

経典絶対主義の人にとっては少しおもしろくないかも知れないが、思想はもっと弾力的で、かつエネルギッシュである。

◇『大日経』の不動明王

実際、『大日経』に不動明王が登場するのは、胎蔵マンダラの構造と配置を説く「具縁品」の次の記述である。有名な個所であり、後世の不動明王の図像的特徴を集成した「不動十九観《ふどうじゅうくかん》」の典拠ともなるので、ここにその原文を記した上で、あわせて現代訳を付しておこう。

「真言主《しんごんしゅ》の下、涅哩底《ぬりてい》の方に依《よ》って、不動如来使《にょらいし》あり。充満《じゅうまん》せる童子の形にして慧刀《えとう》と羂索《けんじゃく》を持《じ》し、頂髪《ちょうはつ》、左肩に垂る。一目《いちもく》にして諦観《たいかん》し、威怒身《いぬしん》にして猛焔《もうえん》あり。安住《あんじゅう》して盤石《ばんじゃく》にあり。面門《めんもん》に水波《すいは》の相《そう》あり。かくのごとき具慧者《ぐえしゃ》なり」

〈現代訳〉

大日如来の下方、南西の方角に如来の使いである不動（明王）が位置している。（不動は）よく肥えた童子の姿をして、智恵を表す剣と（獲物をとらえる）なわを持ち、編んだ髪の毛が左側に垂れている。

片目をつぶって明らかに見、忿怒の姿をとって、（後に）火焔が燃えさかっている。

大きな岩の上にゆったりと坐り、額にはしわがある。このような姿をしたのが智恵ある（不動明王）である。

以上の短い言葉の中に、不動明王の重要なエッセンスが、ほとんど盛り込まれているといっても過言ではない。

まず、第一は、経文にある「如来使」（如来の使い）という記述である。先にも触れた東寺講堂の仏・菩薩・明王の三つのほとけの体系、つまり世にいう三輪身説《さんりんじんせつ》になると、不動明王は大日如来の化身《けしん》という

肥えた姿の不動（大分・熊野磨崖仏）

ことも可能だが、不動明王が成立して間もない『大日経』では、不動はまだ如来、とくに大日如来の使い走りであり、そのために童子、つまり子供の姿をとっているのである。

次に、童子であっても、その体格が「肥盛」、すなわち「よく肥えている」と形容されている点に、疑問を持つ方も少なくないだろう。現代のように、エステやエアロビクスでやせることに惜しみなく金を使う時代の人びとにはピンとこないが、インドでは肥えていることは美徳であり、むしろ富貴のシンボルである。

したがって、やせた童子では、たとえ使い走り、つまり給仕であっても、如来の仕事を直接する者としては不十分なのである。

◇なじみの深い不動の姿

不動明王の姿・形の基本となるのは、次の「慧刀」と「羂索」である。これらは、右と左の手に持つ物、つまり「持物《じもつ》」として広く不動明王の目印となっているのは、ご案内の通りである。

要するに、右手で立てて持つ剣は、武器として災いをなす外敵を打ち滅ぼすのみならず、精神的（内的）には、私たちの心の内にある煩悩や迷いなどを断ち切る利剣《りけん》（するどい刀）なのである。

なお、この剣に龍がからみついた剣を、倶利迦羅剣《くりからけん》と呼んでいる。

これに対して、左手でつかむなわ（縄）は、単なる「ひも」ではなくて、インドやチベットの不動明王や不空羂索観音では、アメリカの西部劇に出てくるカウボーイの投げ縄のように、一方の端に輪が作られ、獲物を捕えるようにできている。

これは、悪しき者を捕えて縛り上げるのみではなく、溺れて助けを求める者を救い出す力をも示しているという。実に、上記の刀剣となわこそが不動の最大の特徴であり、密教のシンボリズムである三昧耶形としては、この二つが用いられている。

また仏像・仏画として細かく見た場合、不動明王の髪の毛にはかなりの多様性がある。私の恩師の一人である故佐和隆研博士は、そのちぢれ毛に注目されて、不動明王の起源はインドでも直毛のアーリヤ人系ではなく、先住

投げ縄状の羂索を持つインドの不動（ヴィクラマシーラ）

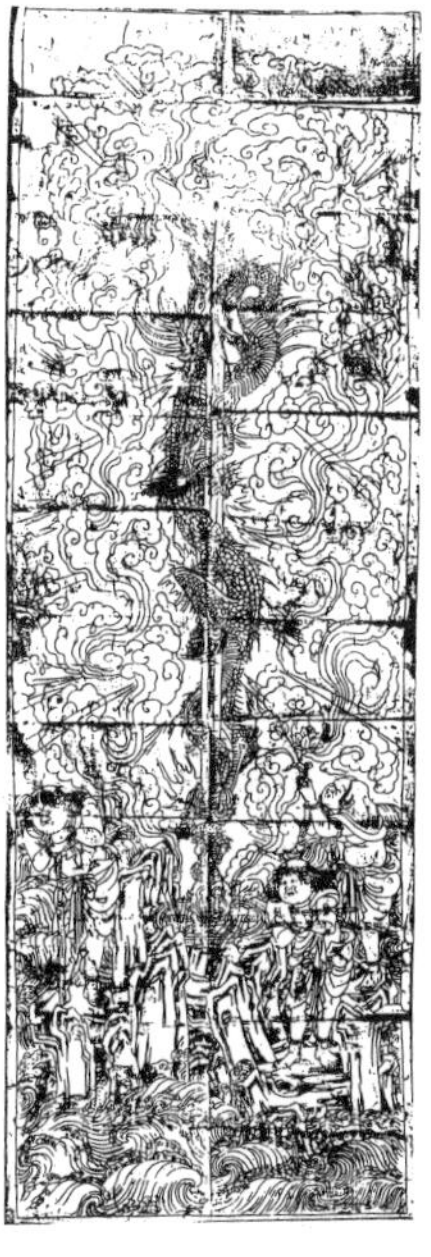

白描図像の倶利迦羅剣

左肩に弁髪をたらす不動

民族で、現在、主に南方に居住しているドラヴィタ系の人びとではなかったかという、興味深い仮説を立てられた。

確かに、やや小型な体軀、黒色の濃い肌色など要素的には、仏教主流のほとけたちとは、少し系統を異にすることは否定できない。もっとも、後代の不動明王には、ヒンドゥー教のシヴァ神と不可分な特徴もあり、そのシヴァ神自体にインド文化の主流を形成するアーリヤ的特徴と、より基層的な非アーリヤ的要素を含んでいるので、さらに詳しい検討が必要だろう。

話を髪の形に戻すと、平安中期に不動明王の特徴的な図像が十九のポイントとして整理された、いわゆる十九観系の不動では、髪の毛は一本の筋として編んだ、世にいう弁髪《べんぱつ》とされている。年代の古い方なら、明治の頃の日清戦争で日本と交戦した清国の皇族・貴族の人びとが、この弁髪を結んでいたことを記憶しているだろう。そして、それを左側に垂らすのが、不動明王の定番の姿となっている。

十九観系の資料では、この「左側」ということによって、慈悲、つまり他の者に対する憐れみの心を表すとしている。

◇細かな特徴とその意義

次の「一目諦観」は、経典自体にそれ以上の説明がないため、後に論議をかもすこととなった。たとえば、注釈書の一行禅師の『大日経疏』では、仏陀の目から見れば、すべての衆生はみな同じように見られ、罪のある者は一人もいないという風に、教義的に解釈されている。

それもある意味では含蓄のある教えだが、やはり姿・形を中心に考えれば、問題はさらに複雑となり、美術的には左右両眼のうち、左眼を閉じるか、もしくは少し細い眼にするか、いずれかのケースが多い。

なお、十九観の資料である石山寺《いしやまでら》の淳祐《しゆんにゆう》(八九〇~九五三)の著した『要尊道場観《ようそんどうじようかん》』などの資料では、左の目を閉じるのは、左道《さどう》、すなわち邪道である異教徒の教えに入るのを遮断して、仏教のみに引き入れるためとしている。

不動明王の仏画を描く場合に、他の観音菩薩や地蔵菩薩の絵と比べて大きく異なるのは、その背後にはげしく燃えさかる火焔を描くことである。その根拠となったのが、『大日経』の「猛焔」であるが、十九観では「自身の火の中に住す」と言いかえて、有名な「火生三昧《かしようざんまい》」と読みかえている。

仏教学的にもう少し厳密にいえば、不動などの明王の背後に燃えさかる火炎を強調するのは、世界の終りにあらゆるものを焼き尽くす劫火《ごうか》(カルパアグニ、kalpāgni)を表現していたが、漢訳の段階でよく似た発音のガルダアグニ(garuḍāgni)に変化し、もとの意味が忘れられて、火炎の中に金翅鳥《こんじちよう》(ガルダ)を表現する迦楼羅炎《かるらえん》が大流行することとなり、日本の仏画の中で独特の表現として確立されるのである。

経文から導かれるあと二つの特徴は、「盤石」と「水波」であるが、前者の方がすぐ脳裏に浮かぶ方が

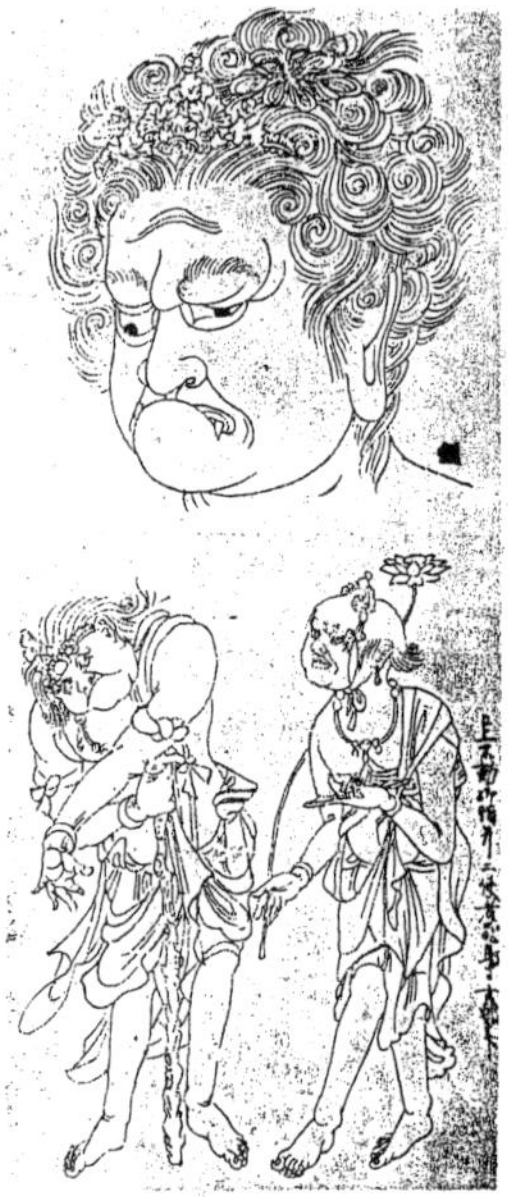

水波を表す不動と二童子

多いようだ。「盤石のかまえ」とか、「大盤石」という言葉がよく知られているが、そこから出てくるのは、不動明王が大きな岩に乗っていることだ。これは尊名のいわれである「不動」、つまり「動かない」、「動揺しない」と無関係ではないが、梵本がない『大日経』からは、直接原語が想定しにくい。

そこで、これまで何人かの学者がさまざまな説を立てたが、私は渡辺照宏氏の「シラーサナ」説、つまり結晶体の宝石（たとえば水晶）説を支持したい。

要するに、山のほとけでもある不動は、蓮華より岩石に坐す方が適しており、梵語のシラーサナが音写される際に、意味不明の瑟々座《しつしつざ》という語に訳されたものと思われる。東寺講堂の五大明王の中尊の不動明王像など、多くの不動明王像が平らな大きな岩を組み合わせた瑟々座に乗っているのも、決して偶然ではない。

最後の「水波」は最も難解であり、図像学に興味を持っている方でなければ、おそらく何のことか理解し難いだろう。

「水波」、すなわち「水の波」とは額にできるしわを指す。このしわは、梵語ではブリクティ（bhṛkuṭī）

といい、慈悲深いほとけが苦しむ衆生を憐れんで眉をひそめた結果、生じるしわを指し、観音菩薩の侍者として有名な毘倶胝《びくち》（観音）もそれを表すほとけである。

人びとを救う不動明王の本誓《ほんぜい》（誓い）としては、ふさわしい属性の一つであるが、後に忿怒の要素が強くなったために、後期密教系の不動では額に第三眼が登場して、図像的にはいささかわかりにくくなってしまった。

◇不動明王の真言と印

多くのほとけが登場する胎蔵マンダラでは、不動明王は降三世明王とともに、大日如来を守っているが、マンダラとしては西方が比較的空いていたので、恵果和尚が苦心した現図胎蔵マンダラ（現在、一般に使われているマンダラ）では、新たに導入された大威徳明王などと明王グループ、つまり持明院を形成している。

ところで、身・口・意の三密行を説く『大日経』では、意（心）にあたる三昧（瞑想）の対象となる不動の姿と並行して、その真言と印相を説いている。これは、他のほとけたちについても同様である。

まず真言は、マンダラに登場する各ほとけの真言を列挙する「普通真言蔵品」第四章に、次のように説かれている。

「ノウマク・サンマンダバザラダン・センダマカロシャナ・ソハタヤ・ウン・タラタ・カンマン」

（日本読み）

この真言は、一般に慈救呪《じくしゅ》と呼ばれ、さまざまな災難や困難から人びとを救う不動明王の根本真言として、あまねく知られている。

まず、真言の冒頭の「ノウマク」は、「帰命《きみょう》」、つまり「帰依します」ということを意味する。第二句の「サンマンダバザラダン」は、「あまねき金剛部の諸尊に」という意味であり、不動をはじめ金剛鎖《こんごうさ》、金剛輪《りん》などの、金剛杵に象徴される力のほとけたちの真言に用いられる定型句である。

これに対し、大日如来に代表される仏部、ならびに観音菩薩をリーダーとする蓮華部のほとけたちは、「ノウマク・サンマンダボダナン」（あまねき仏部の諸尊に帰依します）という定型句を用いている。

不動の真言に戻って、第三の「センダマカロシャナ」とは、「恐しき大忿怒（のもの）」という意味である。これは不動明王の形容詞であるが、インドやチベットでは、日本の不動明王の原名にあたる「アチャラ（不動なるもの）」ではなくて、「センダマカロシャナ」の梵語読みにあたる「チャンダマハーローシャナ」と呼ばれる不動明王が流行していたことが知られている。

また、真言末尾の「カン」（hāṃ）と「マン」（māṃ）は、いずれも単音節（母音が一つのみ）の種字であり、とくに前者の「カン」は、三種ある不動明王の真言のいずれにも用いられており、その重要性を知ることができる。

もう一方の印相については、『大日経』は比較的単純で、両部の大経の相手である『金剛頂経』のごとく、四種類の印を説かない。ただ一種の印を説く「密印品」第九章では、その印相が伝統的用語を使って詳しく説かれているが、煩雑になるので、要点だけを述べると、右手の人指し指と中指で剣の形をつくり、それを左手の諸指で形づくる鞘《さや》に納めるポーズをとる。これを通常、不動剣印《ふどうけんいん》と呼び習わしている。

なお、後世の実践法、つまり事相では、行法がプロセスをとって具体化する結果、不動明王の関係する印相も十四種に増加し、それぞれ特有の印相と真言を具備するようになるが、こうした流れを儀軌化と称してよかろう。

◇不動ならではの働き

さて『大日経』の不動明王は、十二天など他の天部《てんぶ》のほとけとは異なった、独特の働きを担っていることを忘れてはならない。先に触れたように、不動明王が大日如来の化身として後に活躍するのは、決して「ダテ」ではない。

そこで、『大日経』を見ると、第三章の「息障品」（障《さわ》りを除く章）に、以下のような興味深い記述が認められる。

「障《しょう》は自心《じしん》より生ず。昔の慳悋《けんりん》（ものおしみ）に随順《ずいじゅん》す。かの因《いん》を除かんがための故《ゆえ》に、この菩提心を念ずべし。

（中略）

行者、もろもろの過《か》を離れ、常にまさに心に不動摩訶薩《まかさつ》（偉大な存在）を思惟し、しかもか

不動明王を表した金剛鈴

の密印《みっちん》を結んで、よくもろもろの障礙《しょうげ》（さわり）を除くべし」

要旨をまとめると、障りやさまたげは人の心から生じると明言している。人間的にできていない人ほど、何か都合が悪いことがあると必ず他人や運命のせいにしがちであるが、心の考察に主眼点を置く『大日経』では、むしろ外的な精霊や悪鬼よりも、私たちの心の中に問題があると強調するところに説得力を感じる。

そして、その原因が昔のものおしみ、すなわち「ケチの心」にあるというのは痛快だ。確かに、世にいう「宗教家」の中には、本堂や庫裏《くり》などの建物を立派にすることに熱心だが、福祉などの他の人の営みには冷淡な方も少なくない。

『大日経』の戒律の中にも、「法（教え）をものおしみしない」という一項目があったが、自分の知るもの、持つものは必ず他と共有することが必要だ。おたく的なコレクションならいざ知らず、さとりは一人だけのものではない。

この点を克服するために、『大日経』は、いつものように菩提心（さとりの心）を説く。教義を説く第一章の「住心品」から一貫して、このさとりの心が重要であり、そのことを確認し、心の動揺をなくすには、まさに「不動」（動揺がない）というほとけが盤石の役目を果すのである。

このように、内と外のさまたげをなくすことが密教、広くは仏教のアルファ（最初）であり、オメガ（最後）であるが、それを儀礼としてシステム化したのが、有名な護摩の行である。『大日経』では、供養次第法と呼ばれる第七巻の「供養儀式品」に、不動明王と結びついた護摩の実際が説かれている。

ここでは、不動明王の種々の働きと図像的意味を紹介したが、次に障りを除き、真実の自分を得る修法の一つである護摩の内容を明らかにしたい。

護摩の迫力――祈願エネルギーの流れ

家族や身内に病人やケガ人が出た場合、しばしば原因をすぐ外部に求めたがる人も多い。「いい人が何でそうなるの」という率直な感情だが、比較的クールといわれる私は、生老病死は避けるべきものではなく、味わうものだという信念を持っている。もっとはっきり言えば、「老病死にならない」ことを売り物にする宗教は、ニセ物だと考えている。

だから、身近な人の病気についてもいわば自然体ではあるが、病気が治ってほしいと念じるのも正当な宗教行為である。その場合、功徳のある神仏に祈ることも可能であるが、密教では聖なるほとけとの加持感応《かんのう》が実現すれば、その結果が必ず、空《むな》しからず生じるものと確信されている。とくに、敬虔なる祈りにとどまらず、対象に対して積極的に働きかける、広義の呪術が密教の中には準備されている。呪術というと、その字面からブラック・マジックのように相手を破滅に陥し入れるような恐しい内容を想像しがちであるが、そうではなくて、祈願エネルギーの人為的表出と考えていただきたい。その代表例が、『大日経』にもごく断片的に説かれる護摩の作法である。

ここでは、その護摩にスポットをあててみよう。

星供（ほしく）に用いる息災護摩

◇護摩を説く章品

『大日経』に限らず、およそ根本聖典の意味を持つ経典は、必ずしもすべての項目を論理的・体系的に、詳しく説いているわけではない。むしろ、法律学における憲法のように、重要なことを基本的、かつ抽象的に説くだけで、おのおのの詳しい説明や解釈は、密教では、いわば法律にあたる儀軌（実践テキスト）にゆだねている。

『大日経』では、すでに説明したように、第一章の「住心品」では主に教理を説き、第二章の「具縁品」以下で、マンダラの描き方やほとけたちの位置と図像、さらには印相や真言などのいわゆる三密行に必要な各項目を説く。

実際に、護摩の名前が初めて登場するのは、第十一章の「秘密曼荼羅品」になってからである。

そこでは、同経の副主人公（対告衆）である執金剛秘密主（金剛手菩薩）が、本尊である大日如来に対して多くの質問をするが、その中に、

「①諸もろの（食と）護摩、おのおの何の儀軌をかもってせん。

（中略）

②幾種の護摩の火かある。
③いくばくの事をもってか、しかも威を増す」
という三種の質問がある。

これを現代訳に直して要約すると、
①どういうテキストがあるのか。
②護摩の火には、どういう種類があるのか。
③どのようにすれば、効果があるのか。
ということになろう。

これらの質問に対しては、本経の巻末に近い「世出世護摩法品」第二十七章に回答がなされているが、先の「秘密曼荼羅品」には、もう一か所、重要な言及がなされている。

その漢訳を読み下すと、次のごとくである。

「護摩に二種あり、いわゆる内《ない》とおよび外《げ》なり。業《ごう》と生《しょう》とに解脱《げだつ》を得て、また芽種《げしゅ》生じることとあり。よく業を焼くをもっての故《ゆえ》に、説いて内護摩《ないごま》となす。

外用《げゆう》に三位《さんい》あり。三位は三の中に住して、三業道《さんごうどう》を成就す。世間《せけん》の勝護摩《しょうごま》なり。

もし、これに異なって作《な》す者は、護摩の業《ごう》を解《げ》せざるなり」

経文だけでは難解なので、注釈書の『大日経疏』の助けを借りて説明すると、次のようである。

チベット式護摩のひしゃく

すなわち、『大日経』に説く護摩法には大別して二種があり、それを内護摩《ないごま》と外《げ》護摩と呼んでいる。

このうち、内護摩、すなわち精神的護摩は、実際に火を用いることはなく、解脱の妨げになる業の原因、つまり煩悩を智恵の火で焼き尽くすことである。

これに対して、現実に火を燃やして行う護摩を外護摩という。この護摩には三位、つまり行者自身と炉と本尊が三大要素となり、護摩の行自体は、身・口・意の三密を駆使して実践する。これが、すぐれた世間の護摩であり、それ以外のやり方は、外道、すなわち異教徒（ヒンドゥー教）の護摩にすぎない。

どうやら『大日経』では、密教の教理化・哲学化が進んでおり、重点は内護摩の方にあったようで、他の密教経典、たとえば先行する『蘇悉地経』などに比べると、具体的な作法は必ずしも詳しく説かれていない。

すでに知られているように、火炉《かろ》に油や穀物などさまざまな供養物《くようぶつ》を投げ入れて燃焼させ、火の神アグニ（仏教では火天《かてん》）の媒介を経て天の諸神に達して、祈願の成就を祈るホーマの儀式は、紀元前一千数百年前の古代ヴェーダ文化の中で重要な役割を果していた。

そのホーマの儀式と修法は、聖典ヴェーダとともに今も継承されているが、そのホーマの儀式の多くの要素、たとえば息災《そくさい》や増益《ぞうやく》などの祈願目的、用いるひしゃくなどの法具、重要な真言（たとえば、成就を意味する「ソワカ」）などの諸要素を、紀元後四・五世紀の頃から密教が発展する中で、積極的に取り込んだのである。

チベット式護摩の供養物

ただし、仏教の一形態である密教なので、大日如来や不動明王など多くのほとけを、マンダラの中に擁している。そこで、密教では、ヴェーダ以来のホーマを「護摩」と音写して直接採用したものの、祈願の対象としては、不動明王などの本尊を別に設け、火神アグニは火天として、「燃やされた供物」を本尊や諸天などに届ける伝達者の役割をすることになったと考えられる。

したがって、仏教の本流を自負する『大日経』にあっては、もともとバラモン教の中心的行法であった護摩法をそのまま採用するのは、あまりにも現世主義的であり、無我説・無自性空説を標榜する仏教の本意ではない。

そこで、『大日経』では、外的な護摩法でも三密行の一環として、しかも同経の主張である「仏と衆生と心」の無差別を根底に置いて行う、格調の高い護摩を説いたのである。

◇『大日経』の外護摩

チベット式護摩壇

確かに格調の高い『大日経』ではあるが、やはり密教経典であることには相違ない。密教では、ヒンドゥー教の影響の強い初期密教に対し、それを継承し、しかも仏教化した『大日経』と『金剛頂経』では、三密行の一種としての護摩法が説かれている。

とはいえ、現在、日本の密教寺院で用いられている護摩法は、『大日経』や『金剛頂経』そのものでは使いものにならず、むしろ前者は、晩唐の密教僧の法全《はっせん》が撰したと伝える『建立曼荼羅護摩儀軌《こんりゅうまんだらごまぎき》』を、また後者は、有名な不空三蔵が訳出した『金剛頂瑜伽護摩儀軌《こんごうちょうゆがごまぎき》』を基本テキストとしている。

そして、それらをベースにして、わが国の平安時代に京都の東西に興った小野流《おのりゅう》と広沢《ひろさわ》流の高僧たちが編纂した護摩次第や口訣《くけつ》が、実際の行法の基本資料として用いられているのである。

それゆえ、くり返すごとく、非常に断片的ではあるが、『大日経』でただ一章だけ、護摩に関して集中的に説く「世出世護摩法品」第二十七を簡単に紹介しておこう。

そこでは、昔、大日如来がまだ菩薩として修行していたとき、ヒンドゥー教の神である梵天（ブラフマー）に質問を受け、護摩などに用いる火に四十二の種類があることを、例をあげて説いたという。

ところが、大日如来として成仏したあとで考えると、それらは世にいう「外道の火」であり、必ずしも仏教（密教）で用いる正しい火ではないことを悟った。そこで、智火《ちか》を第一とする十二の火を、改めて説いたのである。

それらの記述の中には、護摩などの祈願の目的とされる「息災《そくさい》」・「増益《そうやく》」・「降伏《ごうぶく》」が説かれているので、すでに御存知の方もおられるかも知れないが、それらの意味内容をエネルギーの流れと関連づけながら紹介しておきたい。

まず、なぜ護摩をたくのかといえば、最も多い目的は、息災ということである。これは、漢字のごとく「災《わざわ》いを息《や》める」こと、換言すれば、力（エネルギー）の動きを示すベクトル的にいって、現在はマイナスであるものを少なくともゼロにしようとする祈願で、病気の平癒、厄年の無事、安産などの願望があげられる。

先年の私の家内のガン手術の場合も、多くの方々に病気平癒の祈願をしていただき、一時は、病室が護摩札の展示室の観を呈したが、それらの御蔭か、今は元気な日々を送っている。

第二の増益は、現在ゼロ、つまり普通の状態にあるものをプラスにする修法であり、寿命長遠、商売繁盛、学力増進、子孫繁栄などがあげられ、息災と並んで密教護摩の中では最も人気を得ている。

最後の降伏、もしくは調伏《ちょうぶく》は、現在プラスあるいはゼロの状態にある他人の運命を、いっきょにマイナスにしようとするもので、かつては戦争や政争に多用されたという。現在でいうならば、環境破壊、人権

承仕（じょうじ・侍者）の付くチベット式護摩

侵害などわれわれの身近に生じているさまざまの問題があげられる。

なお、『大日経』の「世出世護摩法品」では、以上の三種の祈願目的が説かれているが、後世では、増益の中から、とくに男女の恩愛、目上の人からの恩顧などを別出した敬愛《けいあい》を加えて、いわゆる四種法《ししゅほう》を説くことが多い。

とはいえ、『大日経』では、四つの主要要素を並べる四分法よりも、身・口・意や仏部・蓮華部・金剛部などの三部組織を重視していたので、あまり四種法に関心を払わなかったのかも知れない。

◇護摩の作法

「世出世護摩法品」の後半は、再び金剛手（秘密主）が、大日如来にいくつかの護摩の作法の要点を質問する。

長文になるので、原文は省略し、要点のみを列挙しよう。

①どのように火炉（護摩炉）を設営するのか。
②灑水《しゃすい》（水を空中にそそぐ仕草をすること）を、どのようにするのか。
③吉祥草《きちじょうそう》（すすきのような草）を、どのように敷くのか。
④どのような物を供養して、炉中にささげるのか。

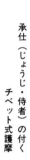

回答の方は、必ずしも具体的ではないが、護摩炉にあたる火炉は、定まった長さ（肘量《ちゅうりょう》、ひじから指先までの長さ）を持ち、原則として四方向は同寸法で、周囲に金剛杵の連続文様を表現する。

空間やものを浄めるのに行う灑水作法（水をそそぐこと）は、日本では散杖《さんじょう》という細い木製の棒で行われるが、インドやチベットでは、吉祥草、もしくは孔雀の羽根を使用することが多い。

昨今のわが国では、吉祥草にあたるものを使わないが、釈尊が最終的な成道の瞑想に入るときに、村人から吉祥草の布施を得て、それを座具としたことからも知られるように、昔は自然のものを用いて修法したが、中国や日本では、仏具や護摩具は半永久的なものと見なされ、いちいち自然のものを用いなくなったのは、果して喜ぶべきことだろうか。確かに便利とはいえ、プラスティク製の香華《こうけ》を見ると、まさに複雑な心境である。

最後の供養物（火中に投入するもの）について、経文には、

「塗香《ずこう》・華《け》・燈《とう》をもって、次に火天に献ぜよ」

と記すのみで、それ以上の細かい方法は説いていない。

三具足《みつぐそく》（三種の供養具セット）や五具足《ごぐそく》という言葉が定着しているように、香と花と灯明はやはり供養の中心であり、護摩といえども例外ではないのである。

◇日本密教の今と護摩

密教の護摩では、本尊は祈願目的やテキストに従って自由に選択できるが、やはり不動明王が群を抜い

後七日御修法の護摩炉

て人気を博している。後期密教は護摩とは別の新しい生理的、もしくは性的な行法を生み出したが、『大日経』と『金剛頂経』では、やはり護摩の実践を重視している。

それに対し、『般若経』の流れを色濃く残す『理趣経』が、まったく護摩に冷淡なのは興味深い事実だ。

現在の日本では、護摩は大部分は不動明王の信仰と結合しているので、不動明王を祀っている寺では、その縁日にあたる二十八日に護摩をたくことが多い。

護摩は、火をたき、その中に供物や祈願のお札などを投入するというリアルな行為によって、祈禱という宗教行為を非常に端的に表現した実践であり、しかも儀式である。

率直に言ってしまえば、祈願を依頼した願主も、単に経典を読んだり、声明《しょうみょう》を唱えているだけでは働きかけのプロセスやインパクトを実感しにくいが、火中に乳木《にゅうぼく》（燃やす木）や供養物を投入した瞬間、ぱっと火柱が上ると、「ああ、願いが伝わったな」という安堵感を得ることは受けあいである。

このように、確固たる位置を占めた護摩は、日本密教の実践体系にも強力に組み込まれた。公式の（資格取得に必要な）行法体系である四度加行《しどけぎょう》には、流派のいかんを問わず、護摩が組み入れられている。

さらに、最高の秘法といわれる後七日御修法《ごしちにちみしほ》(一月八日から十四日まで、東寺の灌頂院で執行)でも、金剛界法もしくは胎蔵界法、さらに十二天供《じゅうにてんく》などの大法立《たいほうだ》ての中に、必ず息災と増益の二種の護摩が並修されるのである。

なお、四種の祈願を目的とする四種法を明確に区別するために、経典によっては、行者の向かう方向、修法を開始する時刻、火炉の形、その色などを識別している。

今では、息災と増益以外は実際に行うことが少なくなったが、最後に今でも用いられる微妙な火炉の区別をあげておこう。

祈願内容	**火炉の形**	**その色**
息災	円形	白色
増益	四方形	黄色
敬愛	半月形(弓形)	赤色
調伏	三角形	黒色

このほか、不動明王を積極的に取り入れた修験道では、屋外でうず高く護摩木《ごまぎ》を積み上げて壮大に挙行する採灯《さいとう》(もしくは紫灯)護摩という一大スペクタクルがあり、山伏の活躍する晴れの機会として、テレビのニュースなどで御存知の方も少なくないだろう。

私自身、知ることと行うことはできるだけ一致した方がよいという、世にいう「臨床仏教学」に共鳴しているので、「実学」とはいわないまでも、力のエネルギーや効果を視野に入れた護摩の作法と構造の意義を、今後も見守ってゆきたいと念じている。

結果の現れ——功徳と悉地

◇「結果」ということ

仏教経典の研究をしていると、必ずといっていいほど、経典の最後にその功徳や利益《りやく》が列挙されていることに気がつく。もちろん、それがなくても経典にひかれる人は少なくないが、やはり希望・願望をかなえてくれることは大きな「ウリ」となることも事実だ。とはいえ、言葉がよく似ている希望・願望と欲望の間には相当のギャップがあり、最近では自分本位の欲望があまりにも幅をきかせ、文明そのものを損い始めていることを、直視する必要があろう。

ところで、卒業試験、さらには通常の試験でもそうであるが、合否のいずれかで判断されるケースでは、たとえ紙一重の違いでも結果は過酷である。大学などの場合、六十点以上が合格であるから、たとえ五十九点をつけられても、0点との間には価値的差違はなく、いずれも不合格である。採点する先生側がミスでもして、それが訂正されない限り、結果が変更されることはありえない。

入学試験、もしくは中選挙区制の選挙では、同様に合否・当落の境界がどこかで設定され、それをはさんで天国と地獄の光景がいつも映し出される。結果は過酷であるが、現実には、卒業試験などの個人の合否とは異なり、他との関係という救済原理が働くことがある。

たとえば、入試では合格辞退者が出て補欠合格というケースが少なくない。選挙でも、当選者の思わぬ死去、もしくは失効によってくり上げ当選という現象が、最近よく見うけられる。近年、選挙制度がこれだけ複雑になってくると、ある選挙区で落選しても惜敗率とかで、別の枠で復活当選することもあるそうだ。

一方、マラソンやスキーのジャンプのように順位のつくスポーツでは、「結果」は、もう少しゆるやかなニュアンスを持っている。もちろん、金メダルが一番で、銀メダル・銅メダル・入賞、そして賞なしと続くが、実力と運とによって生じる結果は、要求水準によってかなり左右されることになる。

何だか場ちがいな話を始めたが、宗教においても「結果」の把握にさまざまな捉え方、もしくは温度差がある。極端な例をあげると、望む結果を得ることを目的とする宗教が多い反面、逆にそういう自己的我欲を徹底的に排除する宗教もある。

また、先のケースの「結果を目的とする宗教」を厳密に検討すると、結果の内容が現世利益《げんぜりやく》のようにリアルな願望成就を意図するものと、もっと精神的・抽象的にさとりを求めるものもある。

以上のように、「結果」の捉え方にも非常に幅があるが、これまでも触れてきたごとく、哲学と宗教の違いは、結果を射程に入れるか、あるいは結果をまったく度外視するかにかかっている。少し乱暴な言い方をすれば、哲学は思考の独創性・緻密性・整合性などを重視するが、考える人が必ずしもその通りに生きなくてもよい。ニヒリズムを主張する人が、楽観的、もしくは経験的な人生を送っても、文句を言われ

毎日勤行の功徳（中国・五台山）

る筋合いはない。

しかし、宗教の場合は、神学や宗学を専門とする特殊なケースを別にすれば、やはり「どう生きるか」という最終行動が問われるべきであり、原因とともに結果も無視することはできない。よほどのマゾヒストでない限り、不幸になるためにある宗教に関心を持ち、それにゆだねることはしないだろう。

そこで、ここでは『大日経』に説く結果、換言すれば「悉地《しつじ》」に焦点をあててみたい。

◇功徳・利益・悉地

『大日経』に限らず、いずれの経典にも必ず結果を説く。もちろん、結果は原因と対応するものであり、両者の間には、行・信心などのベクトルが働くのである。

仏教史的にいささか乱暴に区切ると、『般若経』などの大乗経典では、結果は「功徳」という言葉で表現されることが多く、『十一面観音神呪《しんじゅ》経』や『千手観音陀羅尼経』などの初期密教経典では、巻末に「利益」という条目がいくつか掲げられることが多い。

それに対して、『大日経』や『金剛頂経』の中期密教経典では、結果は「悉地」と漢訳されることが多

い。「悉地」とは、梵語シッディ（siddhi）の音写で、漢字自体には何の意味もない。あえて意訳すれば、「成就」・「円満」ということになる。

『金剛頂経』では、四つの章から成る『初会《しょえ》金剛頂経』（『真実摂経《しんじつしょうきょう》』）の第四章に「一切義成就品《いっさいぎじょうじゅぼん》」を置き、非常に詳しい説明を加えている。

ご利益の多い四国遍路

それでは、『大日経』では、どのようになっているのだろうか。

ここで、もう一度、『大日経』の構成の前半部を整理してみると、中心教義として心の実相を考察する第一章の「入真言門住心品」（略称「住心品」）、マンダラに入るなど実践の概要を説く第二章の「入曼荼羅具縁真言品」（略称「具縁品」）に続いて、第三章の「息障品」で、聞き役（対告衆）の金剛手秘密主（金剛手菩薩）が、世尊の大日如来に以下のような三つの質問を発している。

①真言の実践者は、どのようにして障害を取り除くことができるのか。

②どのように真言を受持《じゅじ》し、読誦《どくじゅ》するのか。

③その成果（結果）は何か。

従来の伝統教学では、これら三つの質問に対する答えが、この「息障品」第三と「普通真言蔵品」第四と「世間成就品」第五に、それぞれ順に配当されているという。

チベット訳もこの部分は同じ配列となっており、そういう考え方を一応承認してよいだろう。

さて、第三の問いに対する答えとして、「世間成就品」第五では、本尊の大日如来が偈文（定型詩）でもって答えを返している。

漢訳では、次のようにある。


「真言教法のごとくすれば、かの果を成就す。

まさに、字と字に相応《そうおう》すべし。句と句とも、またかくの如し」


ただし、この偈文だけでは解釈が難しいので、『大日経疏』の助けを借りると、本尊の三密である字（身）・声《しょう》（口）・句義《くぎ》（意）と、行者の身・口・意の三業とが相応一致することが、「世間成就《せけんじょうじゅ》」であるという。

通常、「世間」という言葉は、世俗に該当し、勝義にあたる「出世間」と反対概念になることが多いが、『大日経』のように十分に発達した密教経典では、世間と出世間の間に、必ずしも越え難い壁を設けないことが多い。

そのことを補足するかのように、次の節で、

「正覚《しょうがく》（さとり）を成《じょう》ぜんがためのゆえに、自らの菩提に回向すべし」


として、世間の悉地が、実は出世間のさとりの実現に他ならないことを、明瞭に示している。

さらに具体的には、

「かの曼荼羅処《まんだらしよ》は、ことごとく金剛宮《こんごうぐう》のごとくせよ。このところに結護《けつご》し、行者、成就をなせ。

（中略）

この真言行《しんごんぎよう》に住すれば、必定《ひつじよう》してまさに成仏すべし」

とあるが、これを注釈書等を参照して現代風に要約すると、山の頂き・牧場・河の合流点・四つ辻など縁起の良いところに描いたマンダラを、あたかも大日如来の住する金剛宮殿のように観じて、そこで身体と言葉と心をほとけの境地に集中する三密行を行いなさい、とある。

このあと、中略の部分には、空中から声が聞こえたり、大地が震動したりする吉祥な徴候があると、必ずほとけの境地に到達できる証拠であるとしているが、確かに好ましい結果が実現するには、不思議な予告が不可欠である。

『大日経』では、「具縁品」において、寺院や如意宝珠や花や傘蓋《さんがい》（日がさ）などの夢を見た人は、弟子として指導するにふさわしい旨が説かれている。

今、問題としている有効な結果（悉地）とは少し観点が違うが、夢が不可欠の役割を果していることは、見過してはならない。私も淡路島で加行という修行をしたとき、行の合間に夢日記をつけたことがある。

もっとも、そのとき偶然か、必然か、現実の世界では、気の毒なことに一週間のうちに航空機事故が三回（羽田、岩手など）続けて起ったが、それはどういうメッセージだったのだろうか。

(1)直接、マンダラを見る。
(2)ある尊（ほとけ）と縁を結ぶ。
(3)聖なる言葉（真言）を正しく唱える。
(4)さとりの心（菩提心）を起こす。

◇悉地出現の有様

『大日経』では、続けて重要な「悉地出現品」第六を設けている。「悉地出現」とは、望んだ良き結果が現れ出ることを示すが、注釈書によれば、「悉地出現」とは無相の三摩地《さんまじ》、すなわち大日如来の果徳《かとく》、つまり大日如来がさとりの結果において備えている功徳（徳性）を表すという。

そこで、経典は、まず、

「法界神力《ほっかいじんりき》の悉地流出《しつじるしゅつ》の句を現すべし」

と述べ、すべてに遍満するさとりの宇宙、つまり法界の威力、それはほとけとしての大日如来と同体であるが、その具体的属性として、以下の二十種の成就（悉地）を列挙する。

理解しやすくするために、現代訳して、それらを説明しておこう。

(11)多くの学問を修める。
(12)人を救う手だてに巧みである。
(13)修行にひるむことがない。
(14)食事の規則を守る。

(5)深い信仰を持つ。
(6)慈悲の心を持つ。
(7)真理を一人じめしない。
(8)悪しきものを調伏する。
(9)縁起の真理を知っている。
(10)してはいけない戒めを守る。
(15)ものに執われがない。
(16)心に恐れがない。
(17)真言の行法を十分に行うことができる。
(18)真言の意味内容に熟達している。
(19)禅定に慣れ親しむ。
(20)結果功徳を得る。

これらは、仏教全体に通じる十分条件であるのみならず、マンダラや真言については密教独自の要素である。これらが意のままにそなわっていることは、言葉をかえれば大日如来の境地と考えることができる。法界、すなわちさとりの世界から流出・顕現すること、仏教学の用語でいう法界等流《ほっかいとうる》を具体的な様相で示すと、先のような二十項目となるのである。

◇他のための悉地

先に取り上げたのは、法界たる大日如来の境地であり、見方を限定すれば、自らのさとりの現象化であった。

ところが、大乗仏教成立以来の利他の立場をも保持している『大日経』では、同じ「悉地出現品」において、他のすべての人びとのための悉地をも説いている。

「もろもろの群生《ぐんじょう》（人びと）を安楽にせんと願い、（中略）あるいは一切有情《いっさいうじょう》のもろもろの希願《きがん》を満足す。

（中略）

三種の加持の句をもって、一切を想念《そうねん》して、心に真言を誦持《じゅじ》す。

わが功徳力《くどくりき》と、如来の加持力《かじりき》と、および法界力《ほうかいりき》と、衆生界《しゅじょうかい》に周遍《しゅうへん》せるをもって、もろもろの念求《ねんぐ》の義利《ぎり》（望むところの意義）、ことごとく皆これを饒益《にょうやく》す」

要約すると、他の人びとを幸福にしようとし、かれらの願望を満足させようとするならば、次の三種の力の総合を心に観じて唱えるべきである。すなわち、漢文のままでいうと、

「以我功徳力《いがくどくりき》　如来加持力《にょらいかじりき》　及似法界力《ぎゅういほうかいりき》」

という三句は、あとにもう一句「普供養而住《ふくようにじゅう》」という言葉を付加して、全体で「三力偈《さんりきげ》」と呼ばれ、現在も密教の修行や修法で多く用いられている。

三力とは、修法・修行を行う行者が持っている個人の能力と、聖なるほとけが救済のために授けてくださる力と、両者の力がめぐり合う場として働く力の三種であり、これらの力がうまくオーヴァーラップしなければ、十分な効力は発揮されない。

有名な芥川龍之介の短篇小説『蜘蛛《くも》の糸』では、主人公の男カンダタが、現世で行ったただ一つの善行である一匹のくもを殺さなかったことの報いで、ほとけの慈悲によって下された一本の細いくもの糸を登り始めることができた。三力でいえば、「我の功徳力」と「如来加持力」の二つの力はそなわったのである。

ところが、残念ながら、あとから登ってこようとする他の人びとに対して、「これは俺だけのものだ。

みんな降りろ」と叫んで独占しようとしたので、たった一つの善行の功徳も消滅してしまったのである。

いわば、最後の「法界力」が成就しなかったといえる。

三力偈は、もちろん自らの修行・修法のときにも唱えられるが、先ほどの経文に、

「衆生界に周遍せるをもって」

とあるように、自らの功徳を他にふり向けることができるという大乗仏教の回向の精神を生かすことによって、他の人びとに、その恩恵をふり向けることができるのである。

回向のほとけ・地蔵菩薩（高野山参道）

◇真言の功徳

少し事相（実践行法）的な話になるが、密教的修行の完成を説明しようとする「悉地出現品」では、『大日経』の中でもとくに重要な意味を持つ真言が、三句掲げられている。

それぞれ大きな役割を果しているので、最後に取り上げておきたい。

最初は、事相の用語でいう「無所不至《むしょふし》の真言」で、経文では「あまねく一切法界に遍じて虚空と等しき」という修飾語がついている。

「無所不至」とは「至らざる所なし」という意味で、大日如来の広大

無辺なる功徳を示している。

日本読みの真言は、

「ノウマク・サラバタタギャティ・ビュビジンバ・ボクケイビャク・サラバタ・ア・アー・アン・アク」

で、梵文の真言の内容は、「あらゆる在り方で、すべての方角に住する一切如来《いっさいにょらい》に帰命します。ア・アー・アン・アク」となる。

以前に説明したように、最後の「ア・アー・アン・アク」は、存在の始源ともいうべき阿字が語学的に展開したもので、教義としては、「発心・修行・菩提・涅槃」のプロセスを指す「(阿字の)四転」と呼ばれている。

(1)発心　さとりへのスタート
(2)修行　さとりへの実践
(3)菩提　さとりの実感
(4)涅槃　さとりの体得

なお、真言中の「一切如来」という用語は、法界に遍満する無数のほとけとして大日如来と同一視され、のちに『金剛頂経』ではキーワードの一つとなってゆく。

第二の真言は、少し難しい名前で、通常、「虚空蔵転明妃《こくうぞうてんみょうひ》の真言」と呼ばれている。これについては、

「これを持《じ》すること三転《さんてん》すれば、かの所生《しょしょう》に随《したが》って、善願《ぜんがん》みなまた成就せん」

とあるように、この印を結んで右に三回まわせば、思うところの妥当な願望はすべて成就すると説いている。

その真言を日本読みすると、

「ノウマク・サラバタタギャティ・ビュビジンバ・ボクケイビャク・サラバタケン・ウダギャティ・ソハラ・ケイマン・ギャギャノウケン・ソワカ」

となるが、真言中の「ギャギャノウ」と「ケン」が虚空、すなわち無限の空間と産出を可能とする大宇宙を表しており、そこからあらゆる結果功徳が生まれ出ることを祈るのである。

『大日経』に基づく行法次第の「胎蔵界念誦次第」では、先に紹介した三力偈とセットになって、唱えられることになっている。

最後の真言は、わが国では胎蔵大日如来の真言として知られている、

「ノウマク・サンマンダボダナン・アビラウンケン」

である。

経典では、

「毘盧遮那世尊（大日如来）、（中略）四魔《しま》（四種の悪しきもの）を降伏《ごうぶく》し、六趣《ろくしゅ》を解脱して、一切智智を満足する金剛の字句を説きたもう」

インドでも信仰される仏陀釈尊

と説明し、煩悩や死などの恐しい存在に打ち勝ち、六道とも呼ばれる地獄や餓鬼《がき》などの苦の生存に苦しむ者たちを救う、最高の智恵を持つ大日如来の境地としている。

この真言は、チベットなどでは「大勤勇《だいごんゆう》三摩地《さんまじ》の心呪《しんじゅ》」と称されるが、「大勤勇」とは「マハーヴィーラ」（偉大なる勇者）の意味で、古くは釈尊やジャイナ教の教祖がそのように呼ばれていた。

密教では、当然、大日如来のことを指し、とくに真言後半部の「アビラウンケン」を「五支《ごし》（五つの部分）の心呪」という。すでに触れたように、この五支「ア・ヴィ・ラ・ウン・ケン」は、地・水・火・風・空の五大を表す「ア・ヴァ・ラ・カ・キャ」の五字真言を変化させたもので、五大から成る大宇宙は、そのまま大日如来に他ならないという、一種の宇宙方程式を築き上げている。

以上の三種の重要な真言を説いたあと、「悉地出現品」は、私たちの身体の中に隠されている地・水・火・風・空の五大から成る五支マンダラを詳しく説明する。これが五輪塔とも関係を持つことは先に紹介したが、成仏にしても、病気平癒にしても、聖なるものと私たちが、何らかの仕方で結びつくことが不可欠であろう。

アジアの大日経(1)

インドと中国

◇インドと『大日経』

山ほどある仏教経典の大部分は、確かに釈尊の国インドで成立している。密教経典の代表である『大日経』も例外でなく、七世紀頃に、インド、とくに東インドで説かれ、しかも編纂されたのではないかと解説してきた。

そして、そののちはインドの各地に広がり、本尊にあたる大日如来の仏像も制作されたことは疑いない。後述するように、東インドと西インド、そして珍しく中インドからも貴重な胎蔵大日如来の石像が発見されている。

しかし、経典としては、すでに触れたごとく、素材が貝多羅《ばいたら》と呼ばれるパルミラ椰子《やし》の葉を使うという自然素材であったため、亜熱帯のモンスーン気候が大半を占めるインドでは保存が難しく、記録や文献の収集を重視しないというインド的発想も影響して、結局『大日経』の梵本は、現在の段階で報告されていないのは惜しまれるところである。

なお、もう一つの他律的理由は、『大日経』のすぐ後に、その影響を受けながら、しかも密教化のレヴェルが進んだ『金剛頂経』という手強い後続経典が登場したことである。なかんずく、同経の金剛界マンダラの基本軸となった金剛界の大日如来をはじめとする阿閦・宝生・阿弥陀・不空成就という五体の如来、すなわち五仏（五智《ごち》如来）は、『理趣経』をはじめ後続の密教経典の大部分において、まさに中心的役割を果したのに対し、『大日経』のマンダラの中心に位置する宝幢・開敷華王・無量寿・天鼓雷音のいわゆる胎蔵四仏は、四国遍路のヒントとなった発心・修行・菩提・涅槃の世にいう四転と結びつけられることはあったが、残念ながら『大日経』の中では、マンダラの直接の根拠となった「具縁品」に説かれていなかったこともあって、ついにインドでは仏像として制作されることはなかったと思われる。

◇インド現存の胎蔵大日如来像

私が東インドのオリッサの密教に魅せられて、間もなく二十年になろうとしている。故佐和隆研博士と二つの大学の合同調査団を組んで昭和五十五年の暮に初めてラトナギリ遺跡を訪れたときも、最初に感激したのは定印を結んだ、荘厳された菩薩形のすばらしい胎蔵大日如来像だった。

もっとも、学者の世界はなかなか疑い深く、『大日経』の梵本がないためにインドの学者の頭の中にない胎蔵大日如来は、日本の美術史学者からもすぐには承認を得られなかったが、左右の両脇侍が金剛薩埵（金剛手）と聖観音（金剛法）菩薩であり、胎蔵マンダラの主要三尊であることを論証したら、それ以後は定説とされたようで一安心だった。

また、八大菩薩を両脇に四尊ずつ配した胎蔵大日如来像を紹介したら、その後、シルクロードの敦煌や隣接する安西楡林窟（万仏峡《まんぶつきょう》）、さらには東チベットなどから同様の絵画や浮き彫り彫刻が多数発見され、

安西楡林窟の胎蔵大日如来

私たちの主張が裏付けられたのは、本当に嬉しい限りである。

学問の世界は、単に事実を並べて無難に説明するだけではなく、時には可能性を信じて作業仮説を設定し、新たな展開を模索してゆく積極性が求められるが、その一つの例が西インドのエローラ石窟の後期窟に見られる胎蔵大日如来と八大菩薩の九分割パネルである（四三頁・図版参照）。

この特異な一種のマンダラ構造も、最初は佐和隆研博士が『仏像の流伝』（法蔵館、一九七一年）で取り上げ、私も「インドの八大菩薩像について」（『中川善教先生頌徳記念論集・仏教と文化』同朋舎、一九八三年、所収）で、概略を紹介した。

けれども、比較的彫りが粗く、しかも積った塵などで図像的確認が取りにくく、その段階では、控え目に「定印如来」と述べるにとどめておいた。

そののち、新進の松長恵史氏によって、周囲の八大菩薩の配列と図像系統が論じられ、また最近、大日如来のすぐれた研究で学位を取得された朴亨國氏（当時名古屋大学）によって、中尊の胎蔵大日如来と八大菩薩が全体的に研究されたことにより、西インドにおいても『大日経』が造形化されていたことが証明されたのである。

なお、筆者の友人で、アメリカの密教学の権威であるA・ウェイマン教授（コロンビア大学）は、私のオリッサ研究を参考にした上で、東インドと西インドの接触・交流を論じている。ともあれ、東インド・オリッサと西インド・エローラの胎蔵大日如来・八大菩薩像を比較すると、オリッサの方が作品的に古いと思われる。

このほか、最近注目を集めているのが、ナーランダー僧院遺跡の考古博物館に収蔵されている如来形の胎蔵大日如来像である。同像に関しては、インドのS・サラスワティが最初に文殊菩薩の一種として紹介したが、名古屋大学の宮治昭教授は、禅定印を取るその姿と、黒色玄武岩の光背に刻まれるA・Sa・Hūṃなどの種字から胎蔵大日如来に比定された。確かにA・Sa・Hūṃは、それぞれ仏部・蓮華部・金剛部（日本ではva）の種字であり、『大日経』の教義と実践の一翼を形成している。

ナーランダー考古博物館の胎蔵大日如来

私も宮治教授の説に全面的に同意するものであり、オリッサのラリタギリ遺跡の現地収蔵庫には、同様に長髪で、髪を結い上げる姿をとる胎蔵大日如来像が二体収蔵されており、うち一体はその真言が刻入されていることで有名である。

それのみならず、インド仏教の中心地であった中インドのナーランダーと、東インドのオリッサとは、玄奘三蔵時代の活発な交流からも明らかなように、直線距離にすればさほど遠くなく、想像以上に接触があったことが承認されているからである。

『大日経』は、確かに『金剛頂経』の流行以降はその位置を譲ったかも知れないが、やはり画期的な密教経典であったので、他書に引用されたり、あるいは胎蔵大日如来はのちに単独尊、もしくは八大菩薩とセットとなって表現されたのである。

ただ、日本とは違って、「具縁品」が実践や美術の中心となったため、宝幢如来以下の胎蔵四仏を従えることはなく（胎蔵四仏は、「入秘密曼荼羅位品」第十三のみに登場）、中国で多数のほとけを人為的に導入した現図マンダラとは大きく異なった形態をとっていたのである。

◇密教の中継地・中国

本書のはじめに、『大日経』の資料としては、唐の時代（七二五年）に、インド僧の善無畏三蔵（六三七〜七三五）とその中国人弟子の一行禅師（六八三〜七二七）の訳出になる『大毘盧遮那成仏神変加持経』七巻が、いわゆる「漢訳大日経」として中心的意味を持っていることを紹介した。

そして、根本経典にあたる『大日経』に対して、善無畏が口述して、それを一行が撰述した『大日経疏』、さらには後に弟子たちが校訂を加えた『大日経義釈』も現存しており、『大日経』を学ぶ上で重要な補助資料になっていることは、すでに周知の通りである。

このほか、善無畏が訳出したと伝える『大日経』の実践儀軌として、

(1)『摂大儀軌《しょうだい》』

(2)『広大《こうだい》儀軌』

の二本がある。

これらは、正式には長い名称を持っているが、煩瑣になるので、略称で紹介しておきたい。

上記の二つの儀軌が、いわゆる「訳」といわれ、一応インド成立の可能性があるのに対して、以下の二本は、長安の青龍寺《せいりゅうじ》（空海の師・恵果和尚の寺）の法全《はっせん》が著した儀軌といわれている。

(3)『玄法寺《げんぽうじ》儀軌』

(4)『青龍寺儀軌』

この二種の儀軌も、本来は長い名称を持っているが、ここでは省略して、略称を用いることとする。

法全は、恵果なき後の中国密教を支えた人で、恵果の弟子の義操《ぎそう》に金剛界法を、また別の弟子の法潤《ほうじゅん》に胎蔵界法を受けたという。

中国で歴史上、四回（三武一宗《さんぶいっそう》）生じたという法難《ほうなん》（仏教弾圧）の一つに遭遇したが、よく耐えることができ、法難の前後にそれぞれ『大日経』を実際に修法するための実践儀軌を撰述した。

すなわち、会昌《かいしょう》二年（八四二）から五年にかけて、道教を盲信した武宗《ぶそう》皇帝によって行われた会昌の法難の前に、長安の玄法寺で、いわゆる『玄法寺儀軌』を書き上げたが、武宗の政治的・宗教的仏教弾圧で、経典や儀軌などの聖典や聖教《しょうぎょう》の破棄を命じられたので、弾圧がおさまったのちの大中年間（八四七〜八五九）、今度は長安市街でも東端にある青龍寺に移って、改めて『青龍寺儀軌』を撰述したものと推測される。

わが国の有名な密教僧も、この法全の世話になっているが、とくに法難の前には、天台宗の円仁（在唐八三五～八四七）が玄法寺で、また法難後には、同じ天台宗の円珍（八五三～八五八）が青龍寺で法全から教えを受けている。

『大日経』に関する文献資料でいえば、善無畏三蔵の弟子であった新羅国の僧・不可思議が、開元の末年（七四〇）に、『大日経』の第七巻、つまり儀軌にあたる「供養次第法」に対する注釈である『大毘盧遮那経供養次第法疏』二巻を著している。

空海の例もあったように、唐代の長安や洛陽の都には、アジア各地から多くの仏教僧が往来しており、当時最先端の教えを自らの国に持ち帰ったのである。

このように、唐代に『大日経』が経典や儀軌をともなって流行したことは、疑いのないところである。

◇唐代のマンダラ資料

経典・儀軌とともに、中国における『大日経』の流行を跡付ける資料として、マンダラを中心とする図像資料をあげることができる。

『大日経』に説かれるマンダラは、正しくは「大悲胎蔵生マンダラ」というが、一般には「胎蔵生マンダラ」、もしくはさらに略して「胎蔵マンダラ」と呼ばれている。

ただし、中国ですでにセット（一対）とされていた相手方のマンダラが、典拠である『金剛頂経』に「金剛界マンダラ」と説かれていたこともあって、わが国では比較的早くから「胎蔵界マンダラ」と称されていたことも、すでに指摘した通りである。

ところで、現在でも、わが国の真言宗や天台宗などの密教寺院で見られる両界マンダラの一つが、『大日経』に説かれる胎蔵マンダラであることは歴然とした事実であるが、そこに登場する多くのほとけたちの姿や形、さらには持ち物や手の姿を詳しく検討すると、何段階かの成立過程があったことが証明されている。

大著『曼荼羅の研究』(東京美術、一九七五年)で学士院恩賜賞を受賞した石田尚豊博士の研究によると、中国で漢訳の『大日経』が訳出されて以後、そのままの形で胎蔵マンダラが出来上ったのではなく、現実には特定の密教僧やその人と縁の深い他の経典の図像的影響を大きく受けているという。

なぜならば、根本資料となる『大日経』だけなら、マンダラやそこに登場するほとけたちの記述が非常に簡単であり、ある意味では現在の私たちが知っている胎蔵マンダラとは、かなり違ったものになってしまうからである。その代表的な例が、チベット系の胎蔵マンダラである。そこでは、日本で見られる胎蔵マンダラの半分以下のほとけの姿しか認めることができない。

話をもとに戻して、石田博士の説によると、唐代の中国では、『大日経』のマンダラであるべき胎蔵マンダラは、歴史的には他の密教経典やそれを支えた著名な密教僧の影響を受けて、以下の三段階を経たとしている。

(1) 胎蔵図像　　善無畏系
(2) 胎蔵旧図様　　不空系

インド的な胎蔵図像

(3)　現図マンダラ　恵果系

あまり専門的になりすぎない範囲で、その発達段階を要約しておこう。

(1)　胎蔵図像

「胎蔵図像」という固有名詞は、現在、奈良国立博物館に鎌倉時代の転写本が収蔵されている白描《はくびょう》（線画）の諸尊図で、巻子本《かんすぼん》である。これは、『大日経』を翻訳した善無畏が、洛陽の福光寺で自ら画いたものとされ、『大日経疏』巻六にも登場する「阿闍梨所伝曼荼羅《あじゃりしょでんまんだら》」を簡略にしたものといわれている。

一言でいえば、善無畏系の胎蔵マンダラであり、わが国へは、大中九年（八五五）入唐していた智証大師円珍が長安で書写して、請来したと伝えられている。

原本は存在しないが、建久五年（一一九四）に転写された第三転写本が奈良博本であり、他に東京の大東急文庫本（部分）が伝存している。

内容的には、ほとけたちが肌を露出したインド的豊満さを強調して表現されているのみならず、配置や持物などの記述が、『大日経』よりも少し以前（十六年前）に翻訳されたという菩提流志訳の『不空羂索神変真言経』に近いことが、石田博士によって指摘されている。

さらに興味深いのは、近年注目を集めている東インド・オリッサ州の密教美術が、『不空羂索神変真言経』や「胎蔵図像」の図像表現と非常によく合致することである。

すなわち、先年、オリッサのウダヤギリ遺跡を訪れた帰路、同行の米田雅一氏（当時・種智院大学研修員）が、付近の村の小学校の校庭に立て掛けられている仏像三体を見つけたが、その中の一体が文殊菩薩像であり、その向かって左下部に小さくて見分けにくいが、多面多臂で水牛に乗った忿怒像が浮き彫りされていた。この文殊像と付属の小像に関しては、帰国後、高野山大学助教授の森雅秀氏の言及のあることを知ったが、明らかに五大明王の一つである大威徳明王（ヤマーンタカ）が、文殊菩薩とセットになって表現されているのは興味深い。

オリッサの大威徳明王（左下）をともなう文殊菩薩

なぜならば、『大日経』とそのマンダラである胎蔵マンダラの中には、文殊菩薩と大威徳明王を不可分と捉えている資料が、少なからず存在しているからである。その代表が「胎蔵図像」で、そこでは牛に乗った六面六臂の大威徳明王が、現図の胎蔵マンダラのように持明院（不動明王のいる所）ではなく、文殊院に描かれている。

ちなみに、大威徳明王は、古代インドの魔牛

「胎蔵図像」の文殊菩薩と大威徳明王（右下）

（死の神）調伏伝説から発展したもので、有名な『西遊記』に登場する牛魔大王も、その延長線上にあることで知られている。

したがって、オリッサで認められた大威徳明王をともなう文殊菩薩像は、やはり善無畏がかつて親しんだほとけたちであった可能性が高いのである。

すでに強調しているように、『大日経』の翻訳者である善無畏は、オリッサの王族の出身であるといわれており、「胎蔵図像」が最も原初的なタイプの胎蔵マンダラであったことは十分に納得のゆくところである。

(2) 胎蔵旧図像

「胎蔵旧図像」と呼ばれ、名称の中に「旧」の字が認められるが、実質的には「胎蔵図像」よりも新しい系統の胎蔵マンダラである。すなわち、金剛界マンダラの影響を強く受けており、金剛界マンダラの諸尊の図像が、『大日経』のマンダラの中に導入されている。その文献的根拠が、中国において『金剛頂経』系の密教を実質的に確立させた不空三蔵の訳した密教経典であったことは、よく知られている。

そういう意味では、不空系の胎蔵マンダラといっても過言ではなく、原本は、円珍が在唐中に海岸部にある越州《えつしゅう》の開元寺で弟子の豊智《ほうち》とともに書写したものである。残念ながら、原本は遺存していないが、鎌倉時代の転写本が二本（武藤家蔵、和泉市久保惣記念美術館蔵）伝わっている。

ただ、歴史的には、続けて成立した現図マンダラ系の胎蔵マンダラが恵果・空海の系譜を通して主導権を得たこともあって、過渡期ともいうべき「胎蔵旧図様」は、ほとんど流行することはなく、また図像的誤りや記入文の誤りも数多いため、実質的には流行することはなかった。

『金剛頂経』の影響を受けた「胎蔵旧図様」

(3) 現図マンダラ

弘法大師空海が持ち帰った両界マンダラは、長さ・幅とも四メートル以上あったと考えられ、その系統のマンダラを「現図マンダラ」と後に名付けている。のちの学匠たちは、「現在、流布しているマンダラ」という意味を与えているが、人との関係でいえば、空海の直接の師であった恵果和尚（七四六〜八〇五）のマンダラと考えて大過ないだろう。なぜならば、空海が持ち帰ったマンダラは、当然のこととして恵果の思想の結晶であるからである。

専門的にいえば、現図マンダラは、不空系の『金剛頂経』の図像を取り入れたのみならず、左右や上下の均衡をとるために尊格の数を調整した。そこで、『大日経』になく、『不空羂索神変真言経』にもなく、さらには不空訳系の密教経典にもほとんど登場しない十一面観音・千手観音・般若菩薩・孔雀明王などのほとけを適宜、空白の個所に配置したのである。

なお、文献的に比較的近い資料として、石田博士は、不空訳という伝承を持つ『摂無礙経』に注目した。この経典は、やはり非常に長い名称を持っているが、通常は『摂無礙経』、もしくは『補陀落海会軌』と呼ばれている。

この経典は三つの部分から成り、最初には『金剛頂経』系の思想に基づいて、大日をはじめとする五仏や五部族、さらには不空訳の『仁王経《にんのうきょう》』とも関連を持つ五大明王について解説する。中国において五大明王が成立したことを示す、貴重な文献である。

続いて、第二部では、金剛界マンダラの主要尊である三十七尊の密教的名称、つまり金剛名《こんごうみょう》を説くが、これは『金剛頂経』を整理し、要約したものといえよう。

最後に、千手観音を本尊とする五重（五院）からなる広大なマンダラを説く。このマンダラは、端的にいえば、胎蔵マンダラと金剛界マンダラを融合した構造になっており、そこに登場する各尊の図像を参考にして、わが国の現図胎蔵マンダラが出来上ったのであろう。

そういう点からも非常に貴重な『摂無礙経』に対しては、私と畏友の下泉全暁氏との共訳（『大乗仏典・中国日本篇8　中国密教』中央公論社、一九八八年）があるので、参照していただければ幸いである。

文献学的にいえば、『摂無礙経』は『大正大蔵経』などでは「不空訳」となっているが、不空関係のいずれの目録にもその記述を認めることはできない。内容から判断して、不空門下のいずれかによって編纂された中国産の経軌であり、空海が重視したことで有名な『菩提心論』と似たような位置にあったと考えられる。

ともあれ、上記三種のマンダラが、いずれも善無畏・不空・恵果などの著名な密教僧の思想と図像を通して表現されて、当時の中国で流行し、しかもその後継ともいうべき転写本が日本でいまも伝えられていることは、心にとどめておく必要があろう。

以上、密教が展開したアジア各地の中で中国の唐代の資料から、『大日経』の流れのあとを私なりに復元してみた。

◇中国における法難と『大日経』系遺品

ところで、数千年の歴史を誇る中国でありながら、宗教系の美術の古い遺品を見出すことは決して容易ではない。もちろん、体制的性格の強い儒教などの聖典や文献は、為政者・支配者の側によって公的に文章化され、叢書や文庫の中に収録されているが、それとて、次の王朝が興ったときには、逆に排斥され、抹消されるケースもないではない。

すでに論じられているように、外国（インド）から伝わった宗教である仏教は、剃髪して出家し、国王や父母などの世間的絆を断つことを条件としたため、皮相的に見れば、税金も払わず、兵役にもつかず、しかも子孫をも作らないという非生産的存在であった。

したがって、よほど仏教に理解がある王者（国王・皇帝）でなければ、仏教は「百害あって、一利ない」存在であり、しばしばその粛正（弾圧）がなされたことは想像のつくところである。

多くの仏像やマンダラ、さらには修法のための法具（仏具）を必要とする密教は、最も法難の被害をこうむりやすく、とくに唐末の会昌の法難（八四二〜八四五）や、後周《こうしゅう》の世宗《せそう》の法難（九五五）では、多くの仏像や仏画を失なったことは疑いない。

長安（現在の西安）の大安国寺跡の井戸から発見された不動明王・降三世明王・宝生如来など大理石製の密教系仏像は、破損のあとが目立つことから当時の人びとの悲しい気持が感じとられてならない。

以上のような背景で、今日の中国からは、『大日経』のごとき唐代に流行した密教の遺品を発見することは、極端に困難とされてきた。むしろ十二世紀頃までに、中国から仏教の資料を多数受け容れたわが国の中に、それらの重要資料が生き残っていることは、先に取り上げた「胎蔵図像」や「胎蔵旧図様」のような密教図像の例からも明らかである。

今、中国密教における『大日経』の名残りを示す胎蔵マンダラの遺品としては、高野山の金剛峯寺《こんごうぶじ》に伝わる、次の三面の板彫《いたぼり》の胎蔵マンダラがある。

(1)両界マンダラ二面一対のうちの胎蔵マンダラ
(2)胎蔵マンダラ（甲面）
(3)胎蔵マンダラ（乙面）

これらは、いずれも縦二〇センチ前後、横十数センチほどの小品で、桜材を用いている。把手《とって》が取りつけられた跡が残っているので、灌頂の儀式の際に鏡の代用として、ほとけの世界を受者に示したものと推察される。晩唐期（九世紀頃）の中国での製作であろう。

このうち、少し大きい目の両界マンダラは、図像的に見れば、現在の日本で規準となっている現図系の胎蔵マンダラに属するが、大きさの制限からすべての像を彫出することができず、左右両側の地蔵院と除蓋障院が省略されている。

他の二面は、さらにユニークで、いずれも現図マンダラから離れて、以前に紹介した『胎蔵図像』や『胎蔵旧図様』など異系統で、しかも古様の胎蔵マンダラに近い。とくに千手観音や金剛蔵王の前に供養壇を表すなどは、四天王寺蔵の胎蔵マンダラなどわが国の台密（天台密教）系の胎蔵マンダラに似ており、下段の五大明王や宝塔の特異な表現とともに今後の課題である。

唐代の板彫胎蔵マンダラ

◇唐代密教の宝庫──法門寺地下宮殿

ところで、一九九四年に西安市郊外にある法門寺の地下宮殿と、そこに永く眠っていた唐代文化の遺品が世界中に知られるやいなや、中国考古学の今世紀の三大発見として多くの人びとの関心を集めたことは記憶に新しい。

懿宗《いそう》・僖宗《きそう》など唐朝晩期の皇帝が直接関与した当時最高

レヴェルの文化を示した金工品や茶器などは、すでに数点の出版物やいく度の関連する展観（法門寺展など）を通して、日本にも紹介されている。

密教系の遺品については、過去約五十年にわたる社会主義政策（毛沢東主義）による宗教否定の影響もあって研究者が不足していたが、近年、韓金科・法門寺博物館長のように、日本の密教学研究の成果を積極的に取り入れる傾向が強まったことは喜ばしい。

密教史の観点からいえば、法門寺の地下宮殿から発見された舎利容器や銀香炉などから、晩唐期の密教僧であった智恵輪《ちえりん》の名前が見出されたことが重要だ。なぜならば、空海の師であった恵果和尚以後、中国密教を伝えた阿闍梨は法全・海雲《かいうん》など必ずしも数多く知られておらず、中でも会昌の法難ののちに入唐した円珍が深く帰依したのが智恵輪三蔵であった。

智恵輪には、『般若心経』の翻訳が伝えられているほかは十分な史料がなく、「幻の密教僧」とされてきたが、法門寺の密教法具などに刻入された銘文などから再び歴史の世界に姿を現したのである。

ところで、密教マンダラという分野では、法門寺には貴重な遺品が、まるで日本の正倉院のように伝わっている。たとえば、八重構成の舎利容器の表面に陽鋳されている金剛界マンダラは、わが国の天台密教に十数点伝わっている金剛界八十一尊マンダラに非常に近い。すなわち、外周の外院《げいん》には降三世・軍荼利などの明王が表現されている。

また、韓館長が非常に重視する捧真身《ほうしんじん》菩薩像の台座の上部には、金剛界五仏の種字と三十二尊の姿から成る金剛界三十七尊が見られることは大変興味深い。これらの金剛界系のマンダラについては、『高木訷元先生古稀記念論文集』（山喜房仏書林、二〇〇一年）所収の拙稿を参照されたい。

どうも話が脇へそれたが、法門寺の密教遺品には『大日経』系のものが少ない。捧真身菩薩像の台座の上部の底に、

(1)ア・ヴァン・ラン・カン・ケン

(2)ア・ヴィ・ラ・ウン・ケン

(3)ア・ラ・ハ・シャ・ノウ

という世に三身《さんじん》真言と呼ばれる三種の真言が刻まれているが、このうち「ア・ヴィ・ラ・ウン・ケン」が『大日経』の大日如来の真言と符号するという程度で、むしろ三身真言は晩唐期に流行した『蘇悉地経』系の真言と解釈した方が妥当かも知れない。

天台宗の慈覚大師円仁が、当時はやっていた『蘇悉地経』系の密教を請来したことは、唐代密教の信仰形態をよく反映していた証左であろう。

法門寺・舎利容器側面の智拳印大日如来

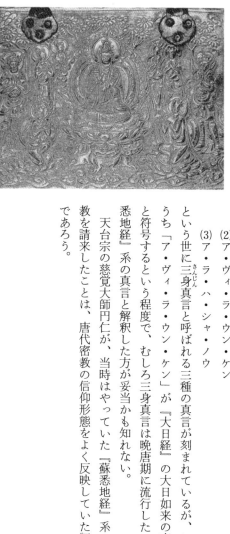

アジアの大日経(2)

チベット仏教圏と周辺アジア

◇清朝チベット密教の遺品

現在の中国の仏教寺院を参拝・拝観したり、あるいは博物館や美術館などで仏教美術を調査する際に気をつけねばならないのは、元《げん》（一二六〇〜一三六七）と清《しん》（一六一六〜一九一二）という漢民族以外の異民族王朝が支配したときには、チベット仏教、つまり世にいうラマ教が、伝統的な中国仏教と混在して流行したことである。

その結果、現在の中国仏教の寺院は、いわば中国仏教とチベット仏教が適宜交じり合っていることが多い。

さて、元と清の二つの王朝のうち、元時代のチベット密教の遺品としては、北京から程遠くない居庸関《きょようかん》の浮き彫り像、とくに五つのマンダラが有名である。

また、浙江省の首都・杭州の霊隠寺境内の山内岩壁に見事に彫刻されている飛来峰《ひらいほう》の石仏群では、大きな腹を誇示する布袋《ほてい》和尚と十六羅漢などの中国系美術のみならず、まったく系統の異なる宝蔵神《ほうぞうじん》（ジャンバラ）や尊勝仏頂《そんしょうぶっちょう》などのいわゆるラマ教系の仏像群が見られ、中国の多数派である漢民族の根拠地である江南にも、チベット仏教の影響が及んでいた事実を如実に示している。

しかし、以上の遺品の中から、『大日経』系の作例を抽出することは難しい。

それに対し、満州民族が国を建てた清朝の都城である北京の故宮《こきゅう》の遺品の中には、『大日経』に関わるものを見出すことができる。

すなわち、清朝の皇居にあたる北京の故宮の西側の部分に、慈寧宮《じねいぐう》と呼ばれる宮殿がある。その中の宝《ほう》相楼《そうろう》という建物に、高宗乾隆《こうそうけんりゅう》帝（在位一七三六～一七九五）が母后の六十寿・七十寿・八十寿の賀に贈ったと伝える大量の金銅仏（鋳造仏）のセットが収蔵されている。

居庸関に浮き彫りされた四天王

今次の大戦以前の一九二六年、ホルンシュタイン男爵が、室相楼の上階に収蔵されていた仏像の撮影を行ったが、下階に移ろうとしたところで中止命令を受けた。のちに、アメリカのハーバード大学のW・クラーク教授は、この宝相楼の金銅仏と、モンゴルのチャンキャ活仏《かつぶつ》であったロルペードルジェが編纂した『三百六十尊図像集』の二種の写真を合本して出版し、それによって広く知られるようになった。その六つの楼閣の一室に、『大日経』に依拠した胎蔵マンダラの仏像群が安置されていたのであるが、その中の胎蔵大日如来は本書でも先に図版として紹介している（八五頁）。
近年、田中公明氏は、このブロンズセットに注目し、その図像を写

飛来峰の宝蔵神

真から詳細に解析するとともに、文献資料としては、パンチェン・ローサンチューキギェンツェン（一五七〇～一六六二）の作になる『胎蔵マンダラ儀軌』に注目している。

なお、その後の中国の政治的事情から、これらの仏像群の現在の所在は、残念ながら確認されず、諸々の憶測を生んでいる。まだ故宮の奥深く眠っているという説もあれば、もはや海外に流出したという説も流れている。

先年、私たちが杭州の飛来峰のチベット系石像の調査をしたとき、北京まで足を延ばして、ある所に保管されている金銅仏一万数千体の一部を取り出して見学させていただいた際に、宝相楼と同図像の鋳造仏を確認することができた。

しかし、帰国後、クラークの図版と対比したところ、同一図像ではあるが、細かな表現の違いから同一仏像ではないことが証明された。このようなセットの金銅仏は数組あったことが知られており、先の文化大革命の中で中国各地から集積された厖大な数量の金銅仏とともに、今後の日中共同調査の機会を期待したい。

また、清朝のチベット仏教系遺品として、もう一か所重要なのは、十年ほど前にやっと開放されたため、日本にはほとんど知られていない北京の東北方九〇キロの清東陵《しんとうりょう》である。ここには清王朝の康熙《こうき》帝や、かつて映画で悪女として宣伝された西太后《せいたいごう》などの巨大な陵墓が林立しているが、何といっても圧観は、世界の皇帝年号の中でも第三の長さを誇っている乾隆帝の眠る裕陵《ゆうりょう》である（ちなみに最長は、日本の昭和の六十四年）。

とくに、その地下宮殿は、奥室へ続く三重の構造で、白大理石で彫成された豪華な宮殿である。他の歴代皇帝の場合は、内部は中国の正統宗教である儒教の教えに則っているが、仏教好きの乾隆帝は、内部を密教空間、つまりマンダラとして密厳浄土《みつごんじょうど》へと旅立ったのである。

棺を納める奥室を中心に、すべての壁面は満州語・チベット語・ランツァ文字の梵語の合壁《がっぺき》による真言・陀羅尼で覆われている。四重の石門を守るのは、文殊（満州の語源）を筆頭とする八大菩薩。その他、四天王・五方仏（五智如来）などの見事な浮き彫りは、この世の浄土を思わせるに十分である。

乾隆帝陵内の八大菩薩

このように、清代きっての名君であった乾隆帝は、仏教に深い信仰を持っていた疑いない証拠として、『大日経』にも縁の深い八大菩薩の浮き彫り像と、仏頂尊勝《ぶっちょうそんしょう》陀羅尼や阿弥陀如来の陀羅尼（無量寿宗《むりょうじゅしゅう》要経《ようきょう》）に囲まれて、永遠の眠りについているのである。

◇チベットの胎蔵マンダラ

次に、どうしてもチベットの『大日経』について触れなければならない。なぜならば、最近、諸般の状況によってチベット密教の情報が多量にわが国に入ってくるのみならず、マンダラに関していえば、チベットの胎蔵マンダラと日本の胎蔵マンダラの相違が、大きくクローズアップされているからである。

最初に、文献について言えば、『大日経』は、密教経典の中では比較的早くチベットに伝わり、九世紀中葉のいわゆるダルマ王の破仏《はぶつ》（仏教弾圧）よりも以前に訳出された旧訳である。一方、いつも比較される『金剛頂経』は、十一世紀の仏教復興以後に有名なリンチェンサンポによって翻訳された新訳である。

そして、密教史の上では、『金剛頂経』を土台とし、『理趣経』や『悪趣清浄軌《あくしゅしょうじょうき》』などの瑜伽部《ゆがぶ》の密教、さらには生理的行法や性的行法を導入した後期密教が流行したため、チベットでも、一ランク下（第二段階の行儀《ぎょうぎ》タントラ）の『大日経』に対する研究と信仰は、必ずしも盛んではなかった。

とはいえ、チベットには、仏教経典はすべて真実であり、いかに初歩的なものでも不要なものは一つもないという堅い信念があったため、のちに密教のマンダラをすべて収集して一大叢書を築き上げるときにも、『大日経』は行儀タントラの代表として、無視できない位置を占めていたことは幸運であった。

そこで、チベットでは、仏教史の編纂や大蔵経目録の作成などの功績で名をあげたプトゥン・リンチェンドゥプ（一二九〇～一三六四）や、ジョナン派の学僧のボドン・チョクレーナムギェル（一三七八～一四五一）、さらにはパンチェン・ラマのうちの一世や三世などがそれぞれ胎蔵マンダラの儀軌を著しており、近年は、先の田中公明氏をはじめ、中山華子（高野山大学卒）、池内幸恵（種智院大学卒）などの諸氏によって、詳細な研究がなされているのは興味深い。

あまり専門的になりすぎてもいけないので、ここではチベットの胎蔵マンダラの遺品とその図像内容の特徴、とりわけ日本の胎蔵マンダラ（現図マンダラ中心）との差違を取り上げておこう。

チベットの胎蔵マンダラの代表的な例としては、日本に帰化してアメリカで逝去した祖南洋（ソナム・ギャムツォ）氏が請来した、サキャ派のゴル寺に伝えられた彩色マンダラが、幾度かの展覧会や原寸大の複製出版（一九八三年、講談社）などを通じて、広く知られるようになったことは有難い。

これに対しては、インドの著名な密教学者のローケーシュ・チャンドラ（L. Chandra）氏は、みずからが編集・発行するシャタピタカ叢書の一冊として、チベット人に新たに書き起こさせたが、図像の誤った転写も少なくない。

このほか、彩色のチベット胎蔵マンダラとしては、富山県の立山博物館や個人蔵のタンカ、さらには同県の利賀《とが》村の「瞑想の郷《さと》」の新写の胎蔵マンダラなどがあり、細かな図像や配列の問題については、前記の池内氏の研究がある。

それらの全体的特徴を日本の胎蔵マンダラと比較してみると、以下のような重要な差違を見出すことができる。

(1) チベットの胎蔵マンダラは、中国や日本の胎蔵マンダラのように他の経典を使って新たな尊格（ほとけ）を付加せずに、『大日経』の本文に忠実に従っているので、登場するほとけの数が比較的少な

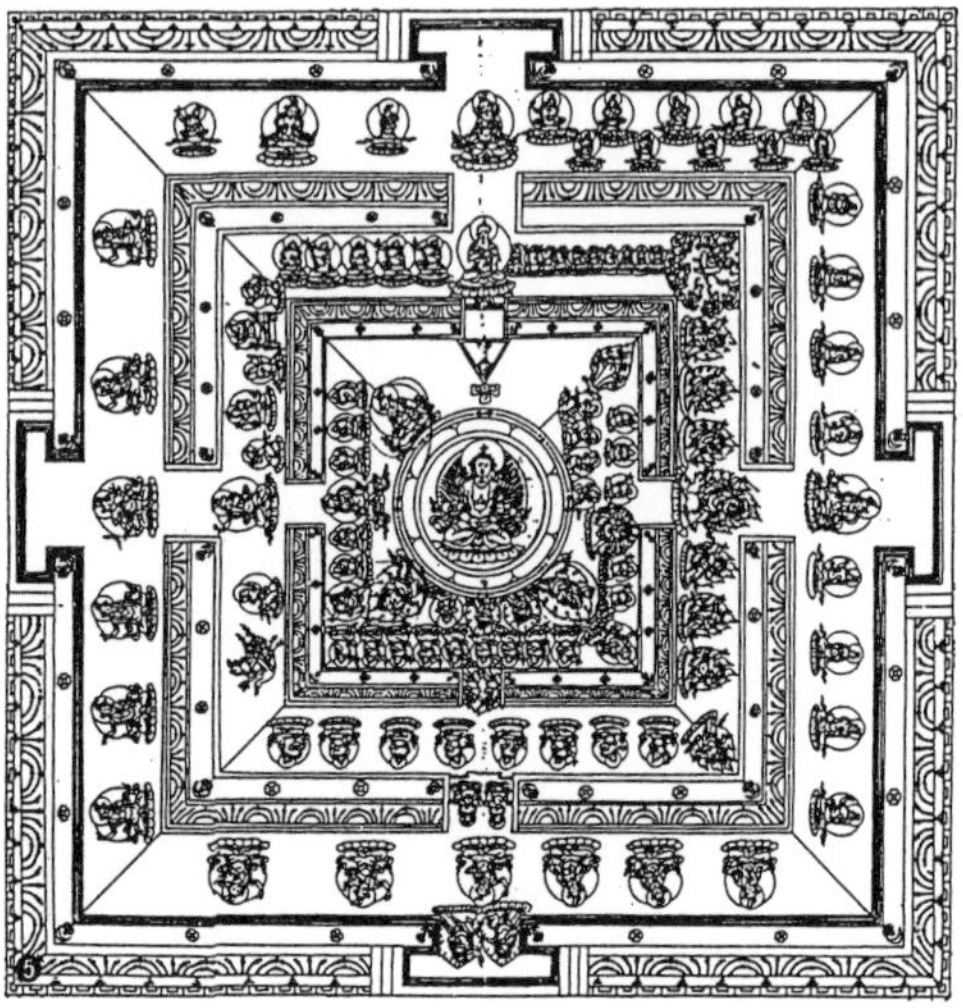

チベットの胎蔵マンダラ

い。

(2)　日本で胎蔵マンダラの定番になっている現図マンダラのように、左右や上下の部分の均衡に一切配慮しないので、空白部分も少なくない。

(3)　日本の胎蔵マンダラとは異なって、最外院が文殊院（東）・除蓋障院（南）・虚空蔵院（西）・地蔵院（北）の内側にある。

(4)　『大日経』のうちの「具縁品」のマンダラに基づいているので、日本のマンダラのように、中台八葉院に大日如来以外の四仏（宝幢・開敷華王・無量寿・天鼓雷音）と四菩薩（普賢・文殊・観音・弥勒）を配さない。

(5)　一切遍知印の三角形が、日本の胎蔵マンダラとは逆向きの逆三角形となっている。

このように、相当内容の異なる胎蔵マンダラとはなっているが、いずれも定印を結んだ胎蔵大日が本尊となり、しかも上方を東方としている点は共通している。

先に取り上げたチベットの胎蔵マンダラは、大部分が国外へ流出した資料である。このほか、インドのムンバイ（旧名ボンベイ）のプリンス・オブ・ウェールズ美術館には、西チベットで作られたと推測される、相当の大きさの胎蔵大日如来像が展示されている。

これらに対し、近年、東チベットの仏教寺院を紹介した研究書の中には、中尊の胎蔵大日如来像の両側に、磨崖仏の八大菩薩を配した例がいくつか紹介されている。

かつては、これらのモチーフは阿弥陀如来と八大菩薩と考えられることが多かったが、インドや中央アジアなどから多数の作例が発見され、しかも阿弥陀如来よりも大日如来の必然性が高まってきたので、これらも『大日経』流行の跡として大過ないだろう。

◇シルクロードと『大日経』

これまでインドと中国、ならびにチベットという重要な仏教文化圏における『大日経』とその遺品を要約してきたが、上記の仏教文化圏の間、もしくは周辺の地方においても、やはり『大日経』は伝播し、その生命を伝えたのである。

まず、インドと中国、およびチベットをつなぐシルクロードであるが、『大日経』の原本、ならびに翻訳者である善無畏三蔵が通過した実績があるだけに、流行した可能性は指摘されていた。

その推測理由を挙げると、善無畏三蔵は中インドのナーランダー僧院から、陸路シルクロードを経由して中国に入っている。その詳細なルートは残念ながら明らかでないが、十世紀末にできた『宋高僧伝』の

高昌故城寺院跡

「善無畏伝」には、

「毘盧《びる》を突厥《とっけつ》の庭に講じ」

とあり、善無畏三蔵が遊牧民族の突厥が支配していたシルクロードで『大日経』を講説したと説かれていることは、注意しなければならない。

けれども、敦煌や高昌《こうしょう》などの漢訳資料の中に『大日経』の言及がほとんどなく、その論証が遅れていたが、チベット語の文献や、敦煌、さらには安西の楡林窟（万仏峡）から胎蔵大日如来と考えられる資料が発見されたことは、誠に喜びに堪えない。

最も興味深いのは、敦煌の北東約百キロの安西（旧名・瓜州《かしゅう》）の近くに位置する楡林窟である。その第二十五窟は唐代の造立であるが、主室の東壁には中央に菩薩形で宝冠を戴き、巻髪を肩に垂らしたほとけが描かれている（三〇六頁・図版参照）。

その左側には、「清浄法身《しょうじょうほっしん》盧那舎仏」と傍題が記されているが、一見して明らかなように、それは「清浄法身盧舎那仏（大日）」の誤記である。しかも、中尊が定印を結んでいることから、胎蔵大日如来であることは疑う余地はない。また、壁画の右側は破損のために塗りつぶされているが、向かって左側には、四体の菩薩がそれぞれの身色と持物でもって表現されており、順に「虚空蔵菩薩」・「地蔵菩薩」・「弥勒菩薩」・「文殊師利菩薩」と短冊状の部分に尊名が榜書されている。これらは、いわゆる八大菩薩の半数の菩薩で、すべて『大日経』に登場している。

なお、このほかロンドンの大英博物館に所蔵されているA・スタイン将来の通常「阿弥陀・八大菩薩図」とされている絵画でも、中央に白色で、定印を結び、宝冠をかぶる如来像が描かれている（二六一頁・図版参照）。

台座に二羽の孔雀らしい鳥が見られることから、私もこれまで、阿弥陀説を尊重していたが、両側の八大菩薩のうち、上から二段目と三段目の左右の四菩薩には、チベット文字で尊名が記入されており、その位置と内容は楡林窟のものと完全に一致する。中尊阿弥陀如来の可能性も棄て切れないが、アメリカのネルソン・アトキンズ美術館の木製の仏龕（二六三頁・図版参照）も考慮して、『大日経』の影響と考えたい。

◇韓半島の『大日経』

中国大陸につながる韓半島にも、八世紀から九世紀にかけて『大日経』が伝わった。『大日経』を翻訳した善無畏三蔵の弟子では、注釈書である『大日経疏』を著した一行禅師や、それを校訂した智儼《ちごん》などが知られているが、韓半島の新羅国の出身者としては、玄超《げんちょう》と不可思議を忘れてはならない。

前者の玄超は、のちに弘法大師空海の師である恵果和尚に胎蔵法、つまり『大日経』系密教を伝えている。また、不可思議は、新羅の僧といわれているが、『大日経』のうちの第七巻の供養次第法（実践儀軌）のみに対する『供養次第法疏』を著している。

現存する遺品に関しては、金剛界大日如来像について詳細な研究をまとめて学位を取得した朴亨國氏によれば、菩薩形で、禅定印を結ぶそれらしき像は二～三体遺存しているが、胎蔵大日如来と確定するには至っていないという。

韓半島では、華厳と融合した密教が栄えたが、美術的には『金剛頂経』の方が有力であった。

◇東南アジアの『大日経』

最後に、南伝系の仏教ルートの中継地として、八世紀頃から十二、三世紀にかけて密教を中心とする大乗仏教が流行した、東南アジアにおける『大日経』を跡付けておきたい。

現在のインドネシアのジャワ島とスマトラ島を中心とする密教の痕跡については、これまで佐和隆研・岩本裕・伊東照司・石井和子・松長恵史・伊藤奈保子などの各氏によって、研究が積み重ねられている。

結論的に言えば、ジャワ島のボロブドゥール遺跡などに代表される『金剛頂経』・金剛界マンダラ系の遺跡・遺品に比べると、『大日経』の痕跡は必ずしも豊富でない。

その中で確実なのは、すでに先学諸氏によって指摘されたように、『聖大乗真言理趣論《しょうだいじょうしんごんりしゅろん》』という文献のサンスクリット偈頌《げじゅ》（韻文）の中に、未だ梵本の発見されていない『大日経』の原文が見出されたことである。すなわち、「具縁品」の中の灌頂を受ける弟子に対する勧発《かんぽつ》・慰諭《いゆ》の部分にあたることが、故荻原雲来博士などによって報告されている。

このほか、佐和隆研博士によって、東部ジャワのクディリ出土の頭部欠損の定印菩薩形の像が、胎蔵大日如来に比定されている。近年、海路による交渉関係のある東インドのオリッサ地方の同様の図像の仏像が、胎蔵大日如来像であることが証明されているので、その可能性は少なくないが、願わくば銘文などの確証が欲しいものである。

また、ボロブドゥールの隣に位置する仏教寺院であるチャンディ・ムンドゥー寺院の外壁には、観音・金剛手・文殊・普賢などから成る八大菩薩が浮き彫りされ、インドの密教図像学の泰斗であるローケーシュ・チャンドラ博士は、ボロブドゥールの金剛界マンダラに対して、チャンディ・ムンドゥー寺院を胎蔵マンダラに比定して、いわゆる両部マンダラとする。

いささか我田引水的なので、ただちには双手をあげて賛同できないが、八大菩薩のグループが、いずれかといえば『大日経』に近いことは、改めて多言を要しないだろう。

チャンディ・ムンドゥーの八大菩薩

ともあれ、東インドと関連の深い『大日経』が、ジャワやスマトラなどの東南アジアにも伝わったことはほとんど間違いないだろうが、他の地域と同じく『金剛頂経』には勝ち目がなかったのである。

空海と大日経

大日経の日本的変容

◇日本密教と六月十五日

仏教の世界が広くなったのか、インドやチベットの仏教が紹介される機会も多くなった。考え方によれば、仏教自体、今から二千五百数十年前にインドで興ったので、インドの仏教を取り上げても何の不思議もないわけであるが、歴史的事実としては、肝心のインドの仏教は、日本の鎌倉時代にあたる十三世紀の前半には、ほとんど滅んでしまい、少なくとも日常世間からは姿を消してしまったのである。もっとも東インドのアッサムやベンガルなどの周辺地には民俗化した仏教が生き残り、さらには新仏教運動の展開もあるが、現在のインドはヒンドゥー教主流の国であることは間違いない。

一方、東アジアの終着地といわれる日本では、すでに六世紀には韓半島を通して中国大陸系の仏典や仏像が伝わり、遣唐使が廃止された十世紀以後には、漢文仏教も次第に和様化し、宗派的体制がほぼ出来上ってきたいわゆる鎌倉仏教の頃には、日本型の仏教が定着していたと考えて大過なかろう。

したがって、インドとのつながりが深い密教に属する『大日経』を扱うこのシリーズでは、先のように「アジアの大日経」という切り口を設けることも可能だが、批判があるとはいえ、まだ仏教国の日本では、日常生活の中に「日本仏教」が生き続けているといえる。その一つの例として、毎年六月十五日に弘法大師空海の誕生法要が全国各地で営まれている。

釈尊の誕生日にあたるとされる四月八日の「花まつり」を除いて、東洋では一般に命日を重視して、誕生日を祝う風習は希薄である。その中にあって、空海だけは、鎌倉時代の大師信仰の興隆もあって、密教相承の第六祖の不空三蔵の生まれ替わり説が流布しており、そのために不空の命日である六月十五日が特別の意味を持っているのである。

◇『請来目録』と『大日経』

弘法大師空海

空海が急に中国に渡った理由が、大和国の久米寺の塔の中に見つけた『大日経』であったというのは、少し時代が下る『御《ご》遺告《ゆいごう》』（東寺興隆に尽力した観賢《かんげん》の作とされる）の説であるが、空海が入唐前に、すでに『大日経』に出会っていたことは、まず間違いない。

その理由は、すでに奈良時代にいく度か『大日経』が請来され、しかも天平写経の中に数点遺存していたことがあげられるほか、空海が中国の長安や、港町の越州《えつしゅう》で多数集めた経典や儀軌の中に、『大日経』の名前が認められないことによる。

司馬遼太郎氏の指摘を待つまでもなく、空海はかなり合理的

『請来目録』の古写本

な性格であり、中国から多くの密教経典を持ち帰るときも、思い切った取捨選択を行っている。

具体的には、不空訳などの新訳経典は極力すべてを持ち帰ろうとしたにもかかわらず、すでに訳された密教経典、たとえば奈良時代に多数請来された世にいう変化《へんげ》観音経典（十一面・千手など）には、未訳のものを除くとほとんど関心を払っていない。

それゆえ、公式の帰朝目録である『請来目録《しょうらいもくろく》』に『大日経』の名前が見られないのは、すでに日本に伝わっており、空海も以前にそれを読んでいたことを示していると考えてよかろう。

それに対し、『請来目録』の「論疏章等《ろんしょしょうとう》」の項には、

「大毘盧遮那経疏一部　二十巻一行禅師撰」

とあることから、いわゆる『大日経疏』はそれ以前には伝わらず、空海が中国で初めて入手して日本に紹介したと考えられてきた。

しかるに、近年、空海の史実、とくに書誌学的分野で瞠目すべき業績をあげている高木訷元教授（元高野山大学学長）の研究によれば、「二十巻」とは後世の加筆であり、他の写本では「十巻」とあることが証明された。

そして、空海の入唐以前に、有名な玄昉《げんぼう》や西大寺の徳清《とくせい》が『大毘盧遮那経義記』と呼ばれる注釈書を持

ち帰っているが、題名と巻数（十巻、もしくは七巻）から判断して、のちに校訂を受けて『大日経疏』二十巻となるものと考えられ、しかも最澄も、空海も、入唐する前にそれを見ていた可能性も高いことを総合すると、『大日経疏』も必ずしも初めての請来ではなく、従来のものの不完全を補うために、改めて意識して持ち帰ったとすべきであろう。

◇『弁顕密二教論』と『大日経』

私は、持論として空海の思想教義を、次のような構造として捉えている（拙著『空海・日本の仏典2』筑摩書房、一九八八年）。

a、**教判《きょうはん》**
　ア、横《おう》の教判　顕密対弁《けんみつたいべん》
　イ、竪《しゅ》の教判　十住心

b、**教理**
　ア、縦の軸　即身成仏
　イ、横の軸　密厳国土《みつごんこくど》（四恩《しおん》）

この場合、「教判」とは、他のものとの比較の上に成り立つ思想方式（比較思想）であるのに対し、「教理」とは、それ自体で成り立つ思想法式である。

そして、この四種の思考方法を空海の生涯に求めてみると、四十歳すぎに、まず顕教《けんぎょう》と密教を比較することによって、密教の利点を強調し、ついで四十五、六歳の頃には、密教の問題にしぼって、即身成仏の理論と声字実相《しょうじじっそう》の言語哲学を体系づけた。

さらに、五十歳をすぎた頃から、著作や文章の中に、他の人びとのことも視野に置いた密厳国土（大日如来を中心とする理想的密教世界）や四恩（父母・衆生・国王・三宝の恩）の思想が見られるようになる。最後に、五十七歳のとき（天長七年）に著した『秘密曼荼羅十住心論』とその略論である『秘蔵宝鑰《ひぞうほうやく》』において、十種の思想に代表されるあらゆる思想を総合止揚した十住心体系が確立されたのである。

今、その順序に従って、空海の著作を検討し、そこに説かれる『大日経』を眺めてみると、最初に顕密の二教を四つの観点から比較した『弁顕密二教論《べんけんみつにきようろん》』（略称『二教論』）を取り上げなければならない。

空海の単著としては、おそらく早期に属する『二教論』では、伝統的解釈としては、次の四種の対弁《たいべん》（比較）が論じられているという。

(1)能説《のうせつ》の仏身の対弁（ほとけの相違）
(2)所説《しょせつ》の教法の対弁（言葉の解釈の相違）
(3)成仏の遅速の対弁（成仏の仕方の相違）
(4)教益《きようやく》の勝劣の対弁（利益・功徳の相違）

これらの四点を論じたあとの「引証注解《いんしようちゆうげ》」、すなわち他経論の例をあげて解釈を加える個所で、上記の第一点の仏身観（ほとけの捉え方）に関して、『大日経』の「住心品」の冒頭の部分を用いている。

その一部を例示すると、以下のようである。

「大毘盧遮那経にいわく、
一時《いちじ》、薄伽梵《ばがぼん》、如来加持広大金剛法界宮《にょらいかじこうだいこんごうほっかいぐう》に住したもう。一切の持金剛者《じこんごうしゃ》、みなことごとく集会《しゅうえ》せり。
（中略）
いわゆる、三時《さんじ》を越えたる如来の日、加持のゆえに、身・語・意平等句の法門なり〈これは自性身《じしょうしん》の説法を明《あ》かす〉」

以下の部分を省略したので、少しわかりにくいかも知れないが、要は、『大日経』の冒頭の大日如来とその眷属（部下）たちを説明した部分を四つに分けて、その末尾に空海の言葉で、それぞれ次のようにつけ加えている。

(1)これは、自性身《じしょうしん》の説法を明かす。
(2)これは、受用身《じゅゆう》の説法を明かす。
(3)これは、変化身《へんげ》の説法を明かす。
(4)これは、等流身《とうる》の説法を明かす。

ここに順に説かれている自性身・受用身・変化身・等流身の四種の仏身説は、不空三蔵訳の略称『十八会指帰《じゅうはつてしいき》』や略称『分別聖位経《ふんべつしょういきょう》』に説かれるもので、現代訳すると、おおむね次のようになろうか。

(1)自性身　それ自体の本性としての仏。
(2)受用身　さとりの楽しみを享受する仏。
(3)変化身　相手に応じて現れる仏。

(4)等流身　人間や獣畜などの形で現れる仏。

これらは、すでに触れたように、不空三蔵訳の『金剛頂経』系の経軌に説かれる思想で、空海はそれを非常に重視しており、本来は別の系統の密教経典である『大日経』を解釈する際にも、それを導入したのである。

言うならば、空海得意の読み込みであるが、そんなところに他の追随を許さない個性を感じとることができる。

◇『即身成仏義』と『大日経』

空海の代表的著作は何かと聞かれたら、やはり『即身成仏義《そくしんじょうぶつぎ》』と『声字実相義《しょうじじっそうぎ》』と答えることになろうか。というのは、体系的に見事にまとまった『十住心論』も捨てがたいが、やはり独自の密教思想としては、「即身成仏」と「声字実相」は、空海の身体論と言語論を知る上で看過できないからである。

すでに触れたように（前掲拙著『空海』）、ほとけと人との関係を説く『即身成仏義』の二つの重要要素は、いわゆる二経一論八箇《にきょういちろんはっけ》の証文《しょうもん》と、二頌八句《にじゅはっく》の即身成仏偈である。

前者の証文は、二つの経典（『大日経』と広義の『金剛頂経』）と一つの論書（『菩提心論』）を引いて、それらから密教の成仏が他の仏教に比べて「速い」ことを強調している。

他方、後者の即身成仏偈は、おそらく法相宗《ほっそうしゅう》の学匠であった徳一《とくいつ》などからの反論も考慮して、単なる経証《きょうしょう》（教証）ではなく、理論的な即身成仏の根拠を示したものである。

このうち、前者の証文の部分では、『大日経』の「悉地出現品」第六と、供養次第法の「真言行学処品」第一から、以下の文が引用されている。

(1)「この身《しん》を捨てずして神境通《じんぎょうずう》を逮得《たいとく》し、
大空位《だいくうい》に遊歩《ゆうぶ》して、しかも身秘密《しんひみつ》を成《じょう》ず」

(2)「この生《しょう》において悉地に入らんと欲すれば、その所応に随ってこれを思念せよ。まのあたり尊のみもとにおいて明法《みょうほう》を受け、観察し、相応《そうおう》すれば、成就を作《な》す」

これらは、いずれも『大日経』の経文であるが、ともに「この身を捨てずして」、「この生において」という限定句を有しており、浄土信仰や大乗の菩薩行のように、他の世界を想定したり、無限の長い修行期間を設定することはしていない。空海は、その点にとくに関心を持ったものと思われる。

もっとも、「この世」、「この生」、「この身体」の意義を強調する発想は、『大日経』に続く『金剛頂経』ではより鮮明になっていくので、他の六種の証文は、『菩提心論』も含めて、すべて『金剛頂経』系の経軌であることは決して偶然ではあるまい。

『即身成仏義』の中心テーマは、有名な次の即身成仏の偈頌《げじゅ》（詩文）である。

六大無礙《ろくだいむげ》にして常に瑜伽《ゆが》なり
四種曼荼《ししゅまんだ》、おのおの離れず
三密加持《さんみつかじ》して速疾《そくしつ》に顕《あら》わる
重重帝網《じゅうじゅうたいもう》なるを即身《そくしん》と名づく

なお、第三句の読みは、松長有慶博士の説に従う。

偈文の意味は、六種の存在要素（六大）と四種のマンダラ（四曼《しまん》）と三種の行為形態（三密）という密教の中心的教義を、それぞれ本体（体《たい》）と様相（相《そう》）と作用（用《ゆう》）という三種の面に配当して、仏と衆生を結ぼうとしたわけであり、従来の「速い」ことや「この世」を強調するのみの時間的即身成仏思想からは、かなり進歩している。

さて、問題を『大日経』の役割に戻すと、空海の態度は実にはっきりとしている。すなわち、『大日経』の引用は、主に冒頭の六大（六種の存在要素）の証明に集中しているのである。

具体的には、『大日経』からは「具縁品」第二、「阿闍梨真実智品」第十六、「悉地出現品」第六の三つの章品から経文を引用し、それらの文章を六つに分解して、地・水・火・風・空・識の六大に配当している。

参考として、「具縁品」を例にとると、

「我《わ》れ、本不生《ほんぷしょう》を覚《さと》り、語言《ごごん》の道を出過《しゅっか》し、諸過《しょか》（もろもろの誤ち）解脱《げだつ》することを得、因縁《いんねん》を遠離《おんり》せり。空《くう》は虚空《こくう》に等しと知る」

という有名な言葉を次のように分解し、巧みに六大に配当する。

(1)覚本不生《かくほんぷしょう》　阿《あ》（a）　地大
(2)出過語言道《しゅっかごごんどう》　縛《ば》（va）　水大
(3)諸過解脱《しょかげだつ》　羅《ら》（ra）　火大

(4) 遠離因縁《おんりいんねん》　訶《か》（ha）　風大
(5) 等虚空《とうこくう》　佉《きゃ》（kha）　空大
(6) 我覚《がかく》　吽《うん》（hūṃ）　識《しき》大

すなわち、以前に五大・五輪説のときに取り上げたが、漢文でいうと、最後の「我覚（我は、覚る）」を除いた五句は、順に a・va・ra・ha・kha で始まる梵語の単語を読み込んでおり、それらが順に地・水・火・風・空の五大・五輪を表している。

ここまでなら、ある意味で常識的であるのだが、空海は、最後の「……と我は、覚る」という個所を、別の識大、すなわち主観として読み込んだのである。

他の二か所も、ほぼ同様の操作を行っており、その結果、空海は『大日経』に説く五大と、『金剛頂経』に説く識大を総合止揚して六大を完成したことになる。

なお、地・水・火・風・空と識から成るいわゆる六大は、古くは『中阿含経《ちゅうあごんきょう》』に説かれ、また唐の玄奘訳の『阿毘達磨倶舎論《あびだつまくしゃろん》』では、「六界《ろっかい》」という表現で、同じ内容が説かれている。

それゆえ、六大そのものは、必ずしも空海の独創とはいえないが、空海の場合は、『大日経』系の五大と、『金剛頂経』系の識大が不二《ふに》となって六大が成立する。換言すれば、金胎両部がはっきりと総合されている点に、画期的意義を認めることができる。

◇『般若心経秘鍵』と『大日経』

数ある空海の著作の中で、思想内容のみならず、宗教的に功徳あるテキストとして特別の位置を占めているのが、『般若心経秘鍵《ひけん》』（略称『秘鍵』）である。一般の理解では、『般若心経』は大部であり、深遠な内容を誇る『般若経』の心要《しんよう》（エッセンス）を取り出したものとされているが、空海はそれを密教の視点から、般若菩薩の偉大なるさとりの境地（大心真言三摩地法門《だいしんしんごんさんまじほうもん》）と見なしたのである。

『秘鍵』は、無味乾燥な注釈書ではないので、『大日経』をはじめ他の経論を直接引用することはない。ただ、注意深く読めば、のちに空海の十住心に登場する「唯蘊無我《ゆいうんむが》」と「抜業因種《ばつごういんじゅ》」などの言葉を見出すことができ、『大日経』の「住心品」を知悉していたことを示している。

むしろ、注目すべきは、五つの部分（五分）に分ける中で、小乗（声聞《しょうもん》と縁覚《えんがく》）を除く華厳《けごん》・三論《さんろん》・唯《ゆい》識《しき》（法相《ほっそう》）・天台《てんだい》の四つの教えに対し、それぞれ重要な意味を持つ菩薩を配していることである。

それを要約すると、以下の表のごとくである。

(1)普賢菩薩（建立《こんりゅう》如来）	華厳
(2)文殊菩薩（無戯論《むけろん》如来）	三論
(3)弥勒菩薩	法相
(4)観音菩薩（得自性清浄《とくじしょうしょうじょう》如来）	天台

なお、カッコ内の如来名は、各菩薩が成仏した際の名称であり、その思想をよく表現している。

後述するように、これらの四菩薩は、『十住心論』や『秘蔵宝鑰』においては、第六住心から第九住心にそれぞれ配当されて、一応、価値段階を含んでいる。

それに対し、『秘鍵』は経文の解釈に対応して解説されているので、必ずしも価値体系は歴然とはしていない。むしろ大切なのは、この四菩薩が、『大日経』に説かれる大悲胎蔵生マンダラ、世にいう胎蔵マンダラの中央にあたる中台八葉院の四隅に位置する四菩薩と完全に一致することである。

この点については、関連する『十住心論』などに詳しいので、そちらを使ってさらに考察を進めたい。

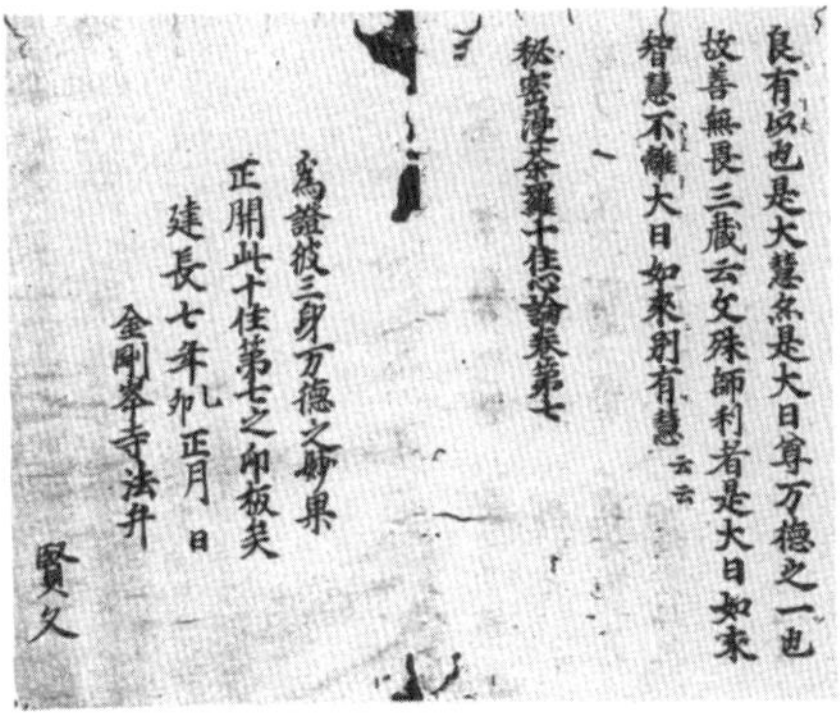
良有以也是大慧糸是大日尊万徳之一也
故善無畏三蔵云文殊師利者是大日如来
智慧不離大日如来別有慧云云
秘密漫荼羅十住心論巻第七
為證彼三身万徳之妙果
正開此十住第七之印板矣
建長七年乙卯正月日
金剛峯寺法弁
賢久

『十住心論』の古刊本

◇『秘密曼荼羅十住心論』と『大日経』

天長七年（八三〇）に編纂されたとされる『秘密曼荼羅十住心論』（略称『十住心論』）は、ときの淳和《じゅんな》天皇が、諸宗の代表的な学匠に命じて撰述させた各宗派の綱要書の一つであり、空海はすでに五十七歳に達していた。いわば、晩年に著された密教の集大成と考えられる。

そこでは、周知のように、『大日経』の「住心品」に説かれる心の上昇（心品転昇《しんぽんてんしょう》）と、仏教各宗を含む当時の思想状況を勘案して、次のような壮大な十住心体系を築き上げている。

住心名	内容
(1)異生羝羊心《いしょうていようしん》	無道徳・本能のみ
(2)愚童持斎《ぐどうじさい》心	道徳・倫理
(3)嬰童無畏《ようどうむい》心	他宗教
(4)唯蘊無我《ゆいうんむが》心	声聞乗《しょうもんじょう》
(5)抜業因種《ばつごういんじゅ》心	独覚《どうかく》乗
(6)他縁大乗《たえんだいじょう》心	法相宗
(7)覚心不生《かくしんふしょう》心	三論宗
(8)一道無為《いちどうむい》心	天台宗
(9)極無自性《ごくむじしょう》心	華厳宗
(10)秘密荘厳《ひみつしょうごん》心	真言宗

いま、各住心の内容と、その向上的展開について詳しく紹介する余裕を持たないが、すでに触れたように、各住心の用語は、大部分は『大日経』の中に見出すことができる。

それよりも、むしろここで強調しておきたいのは、第六住心以降が、わが国の大乗仏教の各宗に配当され、しかも胎蔵マンダラを意識して、中台八葉院の四隅の四菩薩に対応させていることである。

第六住心から第九住心までの、各巻の最後の方に説かれる文章を列挙しておこう。

(1)如上《にょじょう》の無縁乗《むえんじょう》の法は、すなわちこれ弥勒菩薩の三摩地門《さんまじもん》なり。この三昧《さんまい》は、すなわち、いわゆる大《だい》慈三昧《じざんまい》なり。またこれ大日如来の四行《しぎょう》の一なり。
(2)いわゆる覚心不生住心の法門は、これ文殊師利《もんじゅしり》菩薩の三摩地門なり。
(3)いうこころは、一道無為住心の所説の法門は、これ観自在《かんじざい》菩薩の三摩地門なり。
(4)次に秘密趣《ひみつしゅ》とは、自上所説《じじょうしょせつ》の極無自性住心は、これ普賢菩薩所証《しょしょう》の三摩地門なり。またこれ大毘盧遮那如来の菩提心の一門なり」

これらの表現を見ると、先に取り上げた『般若心経秘鍵』と非常に重要な関連を持っていることがわかる。各住心を、順に弥勒・文殊・観音・普賢の三摩地、換言すれば三昧の境地であるとしている。

弥勒菩薩

また、第六住心の弥勒菩薩の個所では、「大日如来の四行の一つ」と規定しているが、これは以前に詳しく解説した宝幢（発心）・開敷華王（修行）・無量寿（菩提）・天鼓雷音（涅槃）の、世にいう胎蔵四仏に象徴される段階的仏道修習《しゅじゅう》が四転と呼ばれるのに対し、その原因的存在（因位《いんに》）にあたる中台八葉院の四菩薩に、それぞれ次のような属性を与えているからである。

(1)普賢菩薩　仏境界荘厳三昧《ぶっきょうがいしょうごんざんまい》
(2)弥勒菩薩　大慈三昧
(3)観音菩薩　普観《ふかん》三昧

(4)文殊菩薩　仏加持神力三昧《ぶつかじじんりき》

以上は、「普通真言蔵品」第四に直接説かれる原典解釈であるが、後世では多少改変して、これらの四菩薩の働きを四行と呼んでいる。

なお、言及が遅れたが、法相・三論・天台・華厳の各宗に、それぞれの教えと密接に関係する弥勒・文殊・観音・普賢の各菩薩をあてたことは、空海の仏教知識の深い見識を表している。そして、それを胎蔵マンダラの中台八葉院の四菩薩から読みとったことは、まさに大日如来の導きによるものであったかも知れない。

このように、弘法大師空海は、密教に触れた若年期から真言密教を大成した晩年に至るまで『大日経』と深い関わりを持っており、その経題や冒頭の部分を詳しく説明した『大日経開題《かいだい》』を七本残している。

まさに、『大日経』は、空海の血であり、肉であったのである。

大日経のメッセージ——古くて新しいもの

◇玄奘三蔵と『大日経』

本書のもとになった連載を始めて二年あまり、その間に私自身の転職、家内の入院など大きな変化もあったが、『大日経』という巨大な建物の回りと内部をウロウロしながら、やっと出口に差しかかった感がある。途中では、大変見晴らしの良い所があり、その壮大な構造に大きな感銘を受けた個所もあれば、あまり窓がなく、比較的うす暗い廊下が続いて十分に見通しのきかない部分もあったかのごとくである。

もちろん、案内者の好みと性格もあって、『大日経』という建築物の歴史と構造、そしてそこに住めるかという居住性・快適性などを比較的クールに説いたつもりであるが、必ずしも営業には向いていないので、テンションを高くして、その購入を勧めるという段階には至らなかったかも知れない。

ところで、本当に不思議な縁が重なったが、『大日経』の成立とほぼ同時期の七世紀の中頃にインドを訪れた三蔵法師・玄奘をテーマとした国際シンポジウムが平成十一年七月に奈良で開催された。

これは、朝日新聞社の創刊一二〇周年記念の事業の一環であり、「三蔵法師・玄奘のシルクロード（その遺産と指針）」という国際シンポジウムと、「三蔵法師の道」という展覧会（奈良県立美術館・山口県立美術館・東京都美術館）、ならびに三蔵法師の道研究会（座長＝千田稔・国際日本文化研究センター教授）による計五次のシルクロード調査の三本柱から成る企画の中心イベントであり、私も実行委員の一人として準備段階から参画させていただいた。

なかでも、二日・三日の両日に奈良県公会堂で開催された専門研究者向けの分科フォーラムでは、「玄奘と心」、「玄奘と現代」、「玄奘のもたらした文化遺産」というサブテーマを設け、インド・中国・フランス・韓国から招聘した六名の外国人研究者と、日本の仏教学・宗教学・東洋史・美術史などの関連領域を代表した計十名の研究者が発表を行い、それを受けてパネラーと会場との活発な綜合討論がなされた。

私も、日文研の先輩である山折哲雄氏（当時、白鳳女子短期大学学長）とともにコーディネーターを勤めさせていただき、充実した二日間をすごすことができたのは幸いであった。

そこで気がついたことだが、分科フォーラムのサブテーマである「玄奘と心」、「玄奘と現代」、「玄奘のもたらした文化遺産」をそのまま『大日経』に読みかえて、「大日経と心」、「大日経と現代」、「大日経のもたらした文化遺産」とすると、本書の内容と実によく付合することに驚いた。

すでに、『大日経』に説かれる「心」については、思想・教理を説く「住心品」第一に詳しく説かれているのは、これまで詳しく述べてきたごとくである。

また、「大日経のもたらした文化遺産」とは、『大日経』に説かれる本尊の胎蔵大日如来像をはじめとして、胎蔵マンダラの主要軸となった観音・金剛手・文殊・虚空蔵などの八大菩薩像、さらには明王の最初ともいうべき不動明王像などをあげることができる。インドをはじめとするそれらの貴重な遺品の例は、これまでに可能な限り紹介したところである。

◇心の複数性と水平・垂直の軸

さて、再び『大日経』を現代にタイムスリップさせ、「大日経と現代」というテーマのもとにその可能性を再構築する場合、やはり最初に取り上げるべきは、「心の考察」であろう。七世紀頃に成立したと考えられる『大日経』でも、周知のように、冒頭に「住心品」（チベット訳では「心の差別を説く章」）を設けて、「心」を教義の中心にすえている。

とくに、「心」に空性の智恵を読み込んで、勝義（より高い境地）としては、「心」すらも固有の本性（自性）がなく、縁起的な存在であると達観して執着を離れることの重要性を説いている。

これに対し、『大日経』では、少なくとも世俗（一般世間的な理解）としては、「心」を水平的にも、垂直的にも、複数の要素から成る総体として把握していることが看取される。

具体的には、レヴェルの低い世間的な心としては、「犬の心」・「ねずみの心」・「塩の心」・「商人の心」などさまざまな心があり、同一の人間の全体的な心の中にも、六十心、あるいは百六十心など多種多様の要素、もしくは側面があるという。

こうした「心」を複合要素の集まりであり、しかも全体的には一つの世界を形成するという解釈は、十九世紀の末から二十世紀の初めにかけて、ヨーロッパのフロイト・アドラー・ユングなどに代表される深層心理学の発想と似通った点が多く、とくにユングが「マンダラ」の意義と有効利用を導入したことはよく知られている。

また、単に「心」の水平的な拡がり（多様性）だけではなく、「心」は知的修習《しゅじゅう》や、外的交渉（現代風にいえば、外部からの情報）によって段階的に向上することができる。詳しいプロセスは、「住心品」の中に体系的に説かれており、注釈書の漢訳の『大日経疏』も、チベット訳の『大日経広釈』も独自の興味深い説明を行っているが、あまりに専門的になるので、ここでは触れない。

しかし、同一人間であっても、心の階段の質的上昇（心品転昇《しんぼんてんしょう》）が可能という『大日経』の発想は、わが国で最初にその価値に気づいたと考えられる弘法大師空海によって、非常に組織的に編成しなおされて、名著『秘密曼荼羅十住心論』の中に見事に結実したことは特筆しておきたい。

近年では、脳科学、とくに大脳生理学などの分野が目ざましい発展をとげ、従来、「心」の領域にあると信じられていた要素が、脳の細胞の働きに還元されつつある。理解・解釈・記憶などの思考的な分野はもちろん、怒り・悲しみ・喜びなどの感情因子もほとんどが脳の働きに帰せられつつある。

このほか、行動や性格など意志的な要素もあるが、いずれにしても、「心」の世界が脳の働きに侵食されつつあることは否定できない。

けれども、確かに個々の働きに分散され、還元されつつあっても、人間はやはり「全体性」の中で生きており、瞬間瞬間で異なる心作用を経験している。同じ恋人と、同じような恋愛経験をしても、いつも同一の心作用とそれを統合する心ということはない。

極端な表現をすれば、脳科学がいかに進歩しても、心理学や哲学が不必要となり、消滅することがないように、『大日経』に説く「心」の水平と垂直の両様の複数性、そして高次の全体性は、依然としてその価値を有していると確信している。

◇胎蔵マンダラの意義

現代という我々自身が「現に在って」生きている時間と空間から『大日経』の価値を問うと、たとえば本尊の大日如来がどういう手の姿（印相）をとり、髪の毛を伸ばしているか、もしくは冠をかぶっているかなどの形態的な点は、あまり重要な意味を持たないように感じられる。

確かに、図像学は、その時代の人びとがそのほとけの表現をどのように実現し、しかもその思想的背景は何であったかなどの諸点を考察するには有効であるが、逆にあまり細部の点のみに拘泥して、その基盤にあるものを見失なって、単なる「もの知り学」にとどまってはならない。

本書では、図像学の分野は必要最小限にとどめたが、『大日経』に説かれる胎蔵マンダラの思想的意義をもう一度整理しておこう。

以前にも取り上げたが、空海が直接請来し、現在も流布している金剛界・胎蔵両部のマンダラを、詳しくは現図マンダラと称している。

この現図マンダラは、空海がもたらした時からとくに大幅の巨大なマンダラであり、しかも一対として扱われたことは間違いない。そして、両者の内容構造は、胎蔵マンダラが十二の部分から成り、金剛界マンダラが九つの部分から成っていたことは現在と同じであろう。

後世、この二つのマンダラを、胎蔵（界）十二院マンダラと金剛界九会《くえ》マンダラと呼んでいるが、この

「院」と「会」の使い分けがいつまで遡るかは定かではない。おそらく、中国、もしくはわが国において、ある時期に「観音院」・「釈迦院」・「持明院」などの院名と、「成身会《じょうじんね》」・「四印会《しいんえ》」などの会名が確立したと推測されるが、詳細な考察は別の論考に譲るとして、少なくとも教化的には、両種のマンダラの尊格表現（ほとけの登場の仕方）に大きな差違があるとする見解が有力である。

なかでも興味深いのが作家の寺林峻氏の説で、胎蔵マンダラをコーラス型、金剛界マンダラをドラマ型と区別している。この理由は、胎蔵マンダラは、多くのほとけがそれぞれの場（院）を与えられて同時に登場するマンダラであるのに対し、金剛界マンダラは、原則として大日如来を本尊とする個別のマンダラ（会）を集めたもので、同じほとけが何度も姿・形をかえて、反復的に登場するからである。

確かに、この対比は、細かな学問的問題点を別にすれば、大変明快であり、胎蔵マンダラと金剛界マンダラ（いずれも現図マンダラ）の表現の違いを浮き彫りにしている。

つまり、胎蔵マンダラは、『大日経』に説かれるただ一つのマンダラであり（表現の仕方は三種あるが）、本尊の胎蔵大日如来をはじめ、四〇九尊という多数のほとけが、いわば総出演の形で登場している。比較的名前の通ったほとけで胎蔵マンダラに見られないのは、少し時代が遡る薬師如来と、金剛界マンダラからの派生尊と考えられる愛染《あいぜん》明王くらいと言われるほどである。

このように、多くのほとけがマンダラに場所を占め、しかも同じ働きを持つほとけ、たとえば聖観音や不空羂索観音や如意輪《にょいりん》観音などが一つのグループ（パート）を形成するのは、あたかも同じ音域の人が集まるコーラスや、同じ楽器が集まって演奏するオーケストラにたとえることができる。ただ、そこでは、同一の瞬間に二つのことをかけ持ちすることはできない。いくら音楽に自信のある女性でも、ソプラノとアルトを同時に発声するのは無理だ。

これに対し、金剛界マンダラは九つの部分があり、一見すると井桁《いげた》状に九分割されているように見受けられるが、決してそうではない。典拠となる『金剛頂経』の「金剛界品」には、名称も内容も異なる六つのマンダラが説かれているが、それらは完全に独立している。西チベットのラダック地方の有名なアルチ寺院の金剛界マンダラのように、別の壁面にそれぞれ描かれることが多い。

ところが、自らが中心と考える中華思想の顕著な中国では、最初に説かれる成身会（根本会《こんぽんえ》）を中央に置き、それを右回りに順に九つのマンダラをめぐらす九会マンダラを見事に作り上げた。陰陽五行《いんようごぎょう》説（木・火・土・金・水）によって、中央に中心を置き、右回りに構成要素を配する思考方法が得意な中国で、いわゆる現図の九会金剛界マンダラが成立したことは疑いない。それを組み立てたのは、空海の師である中国人の阿闍梨の恵果和尚であった可能性が高く、文献的・資料的にヒントを与えたのは、恵果の師であった有名な不空三蔵だったかも知れない。

ともあれ、九会から成る金剛界マンダラでは、同じほとけが何度も登場するが、状況場面が違っているので、詳細に見れば姿や形が異なっている。

たとえば、さまざまな姿をした成身会のほとけたちも、第八会の降三世会《ごうざんぜえ》になると、そのほとんどが忿怒拳《ふんぬけん》という相手を威嚇する印相に変わっている。いわば、ドラマのように、登場人物が同じでもその場面（シーン）によって、衣裳やせりふ（言葉）が違っている。

そのように、登場するほとけの姿・形、そしてその意味するところが相違しているのが金剛界マンダラということができる。

以上のように、図像表現が違えば、当然、思想内容も変化してくる。そこで、現代の視野に戻るとき、この胎蔵と金剛界という二種のマンダラの思想が有効な力を発揮したのが、去る平成七年一月十七日未明の阪神・淡路大震災のときだった。

忿怒拳のほとけたち（金剛界マンダラ・降三世会）

予期せぬ二十数秒の大激震のあと、真暗な闇の中で互いに家族の名前を呼び合い、幸い助かった人びとは着のみ着のままで近くの学校や公民館などの避難所にころがり込んだ。余震におびえながら不安な一夜をすごしたが、ともかく避難所にいる人は、いわばマンダラに参加しているわけであり、全員集合できるだけで感謝しなければならない。そのうち、食事当番や掃除当番などの共同生活の役割が自然と出来上ってくる。これは、まさに胎蔵マンダラの世界である。

けれども不自由な避難所生活が一週間以上も続くと、皆が一つの所に一緒にいるだけで幸せというレヴェルでは、必ずしも満足というわけにはゆかなくなってくる。人びとの欲求が、生きるため（生存欲求）だけでなく、「さらに上」（ベター）を求めて変化するからだ。具体的には「今度は、洋食が食べたい」、「新聞が読みたい」、「プライベートな場所と時間が欲しい」などの成長欲求にかわってゆく。救援物資を送る場合にも、この質的な変化に留意しておかないと、折角の善意もムダになってしまう。

この段階になると、初期の全員集合タイプの胎蔵マンダラだけでは、人びとの満足を得られないことになる。新しい金剛界マンダラのように、ほとけたちが状況に応じて何度も登場し、しかも内容をかえることができなければならない。被災者が全部集まる必要がなければ、代表者だけでもよい（四印会《しいんえ》・一印会《いちいんえ》）。

また、もめごとが生じて、時には批判しなければならないケースでは、こわもての世話人（降三世明王）が活躍することもある（降三世会）。密教は力の流れや動きに敏感なので、硬軟両様の対策が可能である。

いずれにしても、性格と内容の大きく相違する胎蔵・金剛界の両マンダラの智恵をうまく組み合わせることは、大震災などの非常時のみならず、教室での教育、会社や組合での組織運営などで、貴重なアドバイスを与えることができるのではなかろうか。

◇巡礼思想の再発見

平成十年の春からスタートし、同十二年の三月まで約二年間にわたって放映されたＮＨＫの四国八十八か所巡礼、世にいう四国遍路の番組が好評で、日曜の朝を待ちわびていた人が多かったという。著名人が気さくな恰好で登場し、日本人が最近忘れがちな四国ののどかな遍路風景を見ながら、心が洗われた気がすると話してくれた。

私自身も生きがいの一つが四国遍路であり、また地方の有名無名の寺社参詣も大好きなので、まったく同感であるが、すでに触れたごとく、四国遍路の四国（阿波・土佐・伊予・讃岐）の決め手の一つとなったのが、『大日経』に断片的に説かれる発心・修行・菩提・涅槃のいわゆる四転（四種の段階的展開）であった。

若い人も参加する四国遍路

具体的には、地理的・交通的要因もあって、やはり東方の徳島からスタートする。発心とは、さとり（菩提）に向かって方向性を定め、まず最初の一歩をしるすことである。

次に、それを自らの行動によって体験するのであるが、それは俗から聖に向かうベクトルの中でのプロセスであり、四国遍路では室戸崎・足摺崎に象徴される難所を黙々と歩むことである。テレビの影響もあって、歩き遍路の意義が見直されつつあるのは好ましい傾向である。

中間地点ともいうべき大宝寺・岩屋寺を打ち終わると、ようやく四国遍路の「有難さ」が霧の向こうに見えてくる気がする。どこかに忘れていた自分と、それを生かしてくれる何か大きなものがあるのではないかという実感が湧いてくるのも不思議だ。

そして、結願の讃岐(香川県)になると、八十八か所の残りもわずか。感謝の実感もますます強くなり、感激のうちに大窪寺(第八十八番)に至ることになる。

この四国遍路の具体的な成立、たとえば八十八か所の寺(神社を含む)の確定や順序については、江戸時代の資料にも出入りがあり、しかも明治維新時の排仏毀釈《はいぶつきしゃく》による混乱もあって複雑な変遷を示しており、いずれ畏友の白木利幸氏とともに専著をまとめたいと思っている。

さらに、前にも詳しく取り上げたが、今は定番の説明になっている発心・修行・菩提・涅槃の四つの教えが、典拠となる『大日経』からどのような過程を経て、四国遍路の実践体系に組み込まれたかを資料的に実証することは容易ではない。もしかしたら、今から数十年前の成立かという極端な説もあるほどである。

ただ、この不確実・不透明な時代にあって、どちらかといえば、原因と結果の間の短兵急《たんぺい》な結論が期待されやすい思想情況の中にあって、『大日経』の一つの特色となっている四転の段階的プロセスの持つ意義を、もう一度見つめなおす必要があるのではないだろうか。

さらに、四転の構成と順序について考察をつけ加えるならば、発心と菩提が東西の反対位置に置かれていることは興味深い。さとりへのスタートとさとりの実感は、まさに対極であるとともに、両者が互いを視程に入れた関係であることを示している。そして、この両要素を結果的に包括しているのが菩提心(「さとりを求める心」と、「さとりそのものの心」の両義がある)であることは歴然としており、『大日経』の中心的教義というべき三句の法門（最高の智恵は「菩提心を因とし、大悲を根とし、方便を究竟とする」）は、後に発展した四転の基盤ともなっている。

あたかも、現代にも新しい仏画が制作されているように、『大日経』は古くて新しい要素をそなえ持っているのである。

以上、私の好みもかなり影響しているようだが、現代社会にも積極的に通用する『大日経』の中心教義をいくつか選んで再整理してきた。かつて同様の指摘をしたこともあったが、改めて「大日経と心」、「大日経と現代」を整理してみると、やはり次の諸点をあげることができるのではないだろうか。

今も描かれる胎蔵マンダラ（紺地金泥）

①心の考察
②三句の法門
③胎蔵マンダラの意義
④四転

くどいようだが、このうち①・②・④の三点はお互いに密接に関連し合っており、切り口の違いによるだけだ。

ともあれ、全宇宙を代表する大日如来の説く心の世界は、まさに密教の出発点であり、かつ到達点にほかならないのである。

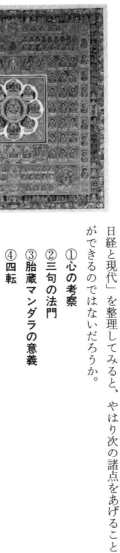

あとがき

激動の二十世紀が間もなく終わろうとしている。私自身、今世紀の半分あまりを生きて、還暦の道標が前方に見え出したようだ。昔なら「隠居」というイメージが浮かんでくるが、二年前に縁あって京都の桂坂にある国際日本文化研究センター（文部省大学共同利用機関）に移ったこともあって、日本文化における仏教の位置と意義について、聖なるものの形と場を中心に体系化の試みを、もうしばらく続けたいと考えている。

来し方を振り返って、仏教学、とくに密教学とのつながりも、すでに三十五年をこえ、長年御世話になった種智院大学では、今も客員教授として「密教文化概論」などを担当させていただいている。

私にとって、数ある密教の経典とほとけの中でも、やはり一際関心が高く、かつ実際の縁が深かったのが『大日経』と、その本尊の大日如来である。本格的な密教経典の始まりとされる『大日経』の中でも、「菩提心を因とし、大悲を根とし、方便を究竟とす」という有名な三句の法門が同経のキーワードだということは先達の著作から知っていたが、実際に原文として読んだのは、京都大学における学部の仏教学演習だった。

担当は当時新進気鋭の梶山雄一助教授で、梵本テキストのある『修習次第』の中に引用されていた。同書は大乗菩薩道の修習の綱要書であるが、密教経典としては『大日経』のみが引用され、しかも第一句の菩提心と第二句の大悲の順序が逆転していたのが非常に印象に残っている。おそらく著者の蓮華戒（カマラシーラ）としては、すべての人びとを救おうとする大悲（大いなる慈悲）に強い思い入れがあったのかも知れない。

その後、十数年たって故佐和隆研博士の御縁などがあって訪れた東インドのオリッサ州では、思いもかけず数多くの胎蔵大日如来像を発見し、経典・儀軌と仏像・仏画を総合して研究する私の方法論が出来上ったといってよい。本書でも、経典のみならず、多くの『大日経』系の仏像が登場している。聖なる仏の世界を志求する密教では、具体的な「形と場」を通してそれを実感することとなる。大日如来であれ、不動明王であれ、理論的には姿や形を超越しているが、実際に感得させていただくのは私たちの感官を通さねばならない。

こうした私の発想と方法に興味を持っていただいた編集者の御蔭で、『大法輪』誌に平成九年から二年数か月にわたって「大日経入門」を連載させていただいたことは幸いであった。もっとも、経典の構成に従って順に語句と大意を説明する伝統的な講義・講伝方式を用いることも考えたが、あまりにも専門的になってしまうことを恐れて、『大日経』という密教形成期の重要経典の中から特別に大きな意味を持つ思想と実践の大項目を取り出して、重点的に論じるという方法を採用している。

また、日本の真言や天台という狭義の密教を軸に置きながらも、同様に『大日経』が流行し、しかも信仰されたインド・中国・チベットなどの密教にも注意を払い、とくに「姿・形」や「場」をとって現れてくる仏像や巡礼などの信仰形態には、他書以上に力点を置いている。

さらに付け加えると、最も狭い方法論を用いれば、今から一千年以上も前に説かれた経典を扱う場合、それを翻訳し、解説を加えて事足れりとすることも可能である。それを扱う人の思想の深みと、人生の年輪を持ち出さなくても「研究」はできる。

けれども、本書のスタンスはそうではなく、『大日経』が今を生きる私たちにいかなるメッセージを発信しているのか、そして不透明、かつ不確実な現代において、私たちがそのメッセージをどのように受信することができるのかを念頭において、この「大日経入門」を進めることができたことを有難く思っている。

ささやかな願いを持った連載であったが、密教の原点ともいうべき『大日経』の意義が再評価され、高野山の夏安居《げあんご》のテーマに取り上げられたり、いくつかの文化センター、カルチャーセンターでも講座が組まれたのは望外の幸福であった。

最後になったが、諸事に追われて足踏みがちであった本書が世に出るにあたって、格別の御尽力をいただいた大法輪閣編集部の安元剛氏、校正に御協力いただいた畏友の下泉全暁氏、ならびに図版提供に御協力いただいた各山・各氏に厚く御礼申し上げる次第である。

参考文献

テキスト

『大正新修大蔵経』第一八・三九巻、大正新修大蔵経刊行会
服部融泰校合『蔵文大日経』西蔵訳経典出版所、一九三一年
田島隆純『蔵漢対照大日経住心品――附大日経蔵漢両訳比較研究概観――』新興社、一九二七年
塚本啓祥・松長有慶・磯田熙文編『梵語仏典の研究Ⅳ 密教経典篇』平楽寺書店、一九八九年
松長有慶篇『密教を知るためのブックガイド』法蔵館、一九九五年

翻訳

神林隆浄訳『国訳一切経 印度撰述部』密教部一、大東出版社、改訂版、一九七〇年
福田亮成訳『新国訳大蔵経』密教部一、大蔵出版、一九九八年
河口慧海訳『蔵文和訳大日経』西蔵経典出版所、一九三四年
宮坂有勝訳『和訳大日経』東京美術、一九八八年
岩本　裕「(現代和訳)大日経」(『仏教聖典選』七)読売新聞社、一九七五年
頼富本宏「(現代和訳)大日経抄」(『大乗仏典　中国・日本編』八)中央公論社、一九八八年
神林隆浄訳『国訳一切経　和漢撰述部』経疏部一四、大東出版社、改訂版、一九八一年
那須政隆訳『国訳一切経　和漢撰述部』経疏部一五、大東出版社、改訂版、一九八一年

入門書

神林隆浄『大日経講義』仏教聖典講義刊行会、一九三五年
那須政隆『大日経口疏講義』真言宗智山派宗務所、一九七三年
高神覚昇『密教概論』藤井文政堂、一九七〇年
宮崎忍勝『大日経に聞く』教育新潮社、一九七〇年
金岡秀友『密教の哲学』(『サーラ叢書』一八)平楽寺書店、一九六九年

研究書・論文

栂尾祥瑞編『大日経の研究』(『栂尾祥雲全集』別巻II)臨川書店、一九八四年
酒井真典『大日経の成立に関する研究』修訂版、国書刊行会、一九六二年
　同　『大日経研究』(『酒井真典著作集』一)法蔵館、一九八三年
　同　『大日経広釈』(『酒井真典著作集』二)法蔵館、一九八七年
　同　『百光遍照王の解明』高野山遍照光院歴世全書刊行会、一九六七年
北村太道『チベット文和訳　大日経略釈』藤井文政堂、一九八〇年
松長有慶『密教経典成立史論』法蔵館、一九八〇年
頼富本宏『密教仏の研究』法蔵館、一九九〇年
栂尾祥雲『曼荼羅の研究』密教文化研究所、一九五八年
石田尚豊『曼荼羅の研究』東京美術、一九七五年
頼富本宏『曼荼羅の鑑賞基礎知識』至文堂、一九九一年

田中公明『曼荼羅イコノロジー』平河出版社、一九八七年
同　『インド・チベット曼荼羅の研究』法蔵館、一九九六年
壁瀬灌雄「大日経註釈の一問題」（『日本仏教学会年報』二〇）
吉田宏晢「『大日経広釈』部分訳」（『大正大学研究紀要』六七〜六九）
越智淳仁「新校訂チベット文『大日経』」（『高野山大学論叢』二七）
同　「buddhaguhya の仏身論」（『密教文化』一二二）
同　「法身説法について――Vairocana と Mahāvairocana――」（『密教学研究』一七）
佐藤隆賢「『大日経』住心品における六十心について」（『大正大学研究紀要』五二）
津田真一「百六十心の研究――大日経住心品の体系化の試み――」（『豊山学報』一四・一五）

追補

立川武蔵・頼富本宏編『シリーズ密教』（全四巻）春秋社、一九九九〜二〇〇〇年
頼富本宏・白木利幸『四国遍路の研究』国際日本文化研究センター、二〇〇一年
頼富本宏『金剛頂経入門』大法輪閣、二〇〇五年
越智淳仁『図説・マンダラの基礎知識』大法輪閣、二〇〇五年

頼富 本宏（よりとみ・もとひろ）

1945（昭和20）年、香川県に生まれる。京都大学大学院文学研究科（仏教学）博士課程修了。文学博士。種智院大学教授、同学長、国際日本文化研究センター教授、神戸市・実相寺住職などを務める。2015（平成27）年、逝去。

主要著作に『中国密教の研究』（大東出版社）、『密教仏の研究』『わたしの密教』『あなたの密教』（法藏館）、『曼荼羅の鑑賞基礎知識』（至文堂）、『密数とマンダラ』（講談社）、『すぐわかる図説マンダラの仏たち』（東京美術）、『『金剛頂経』入門』（大法輪閣）など。

『大日経《だいにちきょう》』入門《にゅうもん》 ——慈悲《じひ》のマンダラ世界《せかい》

2000年 10月 6日 初 版 第1刷発行
2020年 1月 10日 新装版 第1刷発行

著者 頼富本宏
発行人 石原大道
印刷 三協美術印刷株式会社
製本 東京美術紙工
発行所 有限会社 大法輪閣
〒150-0011 東京都渋谷区東 2-5-36 大泉ビル 2F
TEL 03-5466-1401（代表）
振替 00160-9-487196番
http://www.daihorin-kaku.com

 ISBN978-4-8046-1421-2 C0015